云南出版集团公司
云南人民出版社

总 策 划/李正阳 吴 松
主　　编/蔺斯鹰
本卷主编/王琨楼

《文化保山》丛书编委会

总　策　划：李正阳　吴　松

主　　　编：蔺斯鹰

副　主　编：倪志平

总　监　制：李　维

监　　　制：江庆波

编　　　委：蔺斯鹰　倪志平　王琨楼　朱光亮　段一平
张有武　黄　玲　杨艳梅　杨杰坤　胡丽华
杨新锦　范红玉　毕　蕾　蒋开磊

《文化保山·综合卷》

本卷编委会

本卷策划：蔺斯鹰

本卷主编：王琨楼

本卷编务：王琨楼　毕蕾　蒋开磊

本卷撰稿：王琨楼　刁丽俊　李正波　李显耀　毕　蕾　蒋开磊
艾怀森　施晓春　蔺汝涛

本卷图片提供：王琨楼　范南丹　蔺汝涛　王黎锐　艾怀森　杜小红
李正波　李家鸿　毕　争　段应宗　苏　新　毕　蕾
刁丽俊　施晓春　罗金荣　陶晓昌　赵志苍　董　磊
赵晓东　于观明　周　潞　毛新安
保山市文化产业办　腾冲县文化产业办　龙陵县文化产业办

总序

保山是云南开发较早、历史文化积淀较为丰富的边疆多民族地区。20世纪90年代初，人类学家在隆阳区发现了“羊邑古猿”化石，其生存年代为晚中新世至上新世，距今约800万年至400万年。这一重大发现填补了中国猿、人演化进程中最关键时期的化石空白，证明我国是世界人类主要发祥地之一。而蒲缥塘子沟文化遗址出土的古人类化石、动物化石、石骨角牙制品等各类可供鉴定的实物标本，古人类用火遗迹和我国目前已知时代最早的房屋遗迹，说明保山这一方神奇的土地，至迟在七八千年前的旧石器时代，这里的先民们就创造了独具区域特征的史前人类文明，开始孕育辉耀边地的保山文化。

文化是历史的积累，保山文化就是在保山这块特定的土地上，由保山各族人民在生产生活中共同创造的物质财富和精神财富的总和，是保山历史发展的综合成果，具有阶段性、连续性和累积性。庄子曰:“物之生也，若骤若驰，无动而不变，无时而不移。”时有古今，地有南北，风俗殊异，礼仪屡迁，每一种文化都会因时间的不同和空间的差别而有内容和结构的变化，保山文化与其他任何文化一样流转变动、生生不息。

古哀牢国在中华民族的发展史上占有十分重要的地位，“其地东西三千里，南北四千六百里”，“西通大秦，南交趾”（《新唐书·张柬之传》），“分置小王，往往邑聚，散在溪谷，绝域荒外”（《后汉书·西南夷列传》）。大量考古材料也证明至迟在战国中期，“哀牢国”已形成了具有统治机制的部落联盟。进入奴隶社会，其开国之王便是著名的“九隆神话”中沙壹“触沉木若有感”而生的“龙的传人”九隆。

随着西南丝绸之路的开通，汉文化的传入，中原先进生产力的运用，使哀牢王深感必须与时俱进才能获得边地的和平与繁荣。东汉永平十二年（69年），哀牢王柳貌率邑王77名、族民5万多户共55万多人内附，汉明帝以其地置哀牢、博南二县，并和益州西部六县一道设置永昌郡。哀牢归汉在当时是一件具有里程碑意义的大事件，举国欢腾。著名史学家班固在其《东都赋》中记载："绥哀牢，开永昌。春王三朝，会同汉京……内抚诸夏，外绥百蛮……万乐备，百礼暨，皇欢浃，群臣醉。"哀牢归汉是当时朝野上下一心、顺时应变、向往先进文化、积极进取的结果。

"哀牢归汉"后建立永昌郡，因地域广阔，各民族杂居，成为全国第二大郡。"哀牢归汉"为保山文化的发展创造了条件，永昌郡的确立奠定了保山文化发展的基础。两个时代不可分割又各有特色，永昌郡时代爆发出前所未有的创造精神，从而完成了将汉唐文化扎根边地的过程，把保山文化推向花团锦簇、流光溢彩的高峰。

保山地处西南边地，踞"八关九隘"之威势，扼"三宣六慰"之咽喉，为历代兵家必争之地。三国时，雍闿叛蜀，永昌功曹吕凯"执忠绝域，十年有余"；唐时"通计南诏兵三万，而永昌居其一"；1277年，缅甸东吴王朝集缅、印兵约五万、象八百、马万匹袭境，终是大败而去；明代兵部尚书王骥"三征麓川"，捍卫了国家领土完整与边疆稳定；第二次世界大战期间，二十万中国远征军入缅作战，首开全国抗日战争大反攻之始，在中华民族抵御外侮的历史上树起一座英勇悲壮的战史丰碑。战争是人类社会的一种历史现象，是政治的一种手段，更是不同文化之间的抗争。一些文化因为战争消亡了，另一些文化则因战争得到发展。特别是战争对于人们思想的影响、围绕战争著就的文学作品、战争留下的遗迹、因为战争而发生的军事科技，对于文化的演进起着特殊的作用。

在漫长的历史长河中，居住在保山这块土地上的各族人民创造了风格独具、光辉灿烂的文化。这些文化相互交流、彼此融合、竞相发展。在这块古老而又年轻的土地上，流传着数以千计的口传文学，回荡着数以万计的民歌、小调和器乐曲，飞旋着千姿百态的民族舞蹈，存活着多种古韵流风的戏剧曲艺、鲜活的民间美术和传统工艺，承袭着风情万种的社会习俗，屹立着巍峨清静的寺观庙宇，散落着精美舒适的传统民居，少数民族节日丰富多彩。这些与自然界季节更迭、祈求丰收、崇敬英雄、民族习俗、宗教信仰等密切相关的文化，是鲜活的民族发展史，是民族生活方式的集中体现，也是民族精神的生动展示。

为发扬光大保山文化，我们编辑出版了这套《文化保山》丛书。力求以扎实确凿的史料为根基，采取富有文采、生动流畅的散文笔法，对其进行多元观照与文化透视，反映重大历史、文化主题，并给予历史阐释和文化反思。强调知识性，但不是一般性的知识读本；强调学术根基，但不是纯粹的学术专著；强调可读性，但不是只顾新异的凿空立论和华而不实的游戏笔墨。

《文化保山》丛书用大文化的视野，将抒情、叙述与思辨融为一体，从文化的角度全方位、多视点解读保山文化里一切包含魅力的意象，诠释边地园林、山水、风俗、饮食、民居、市井、工艺、戏曲等文化，展现生态、形态、情态浑然天成的东方农耕文明、乡土建筑文化、社会发展文脉等山河画卷，涉猎广泛，内涵丰富，向读者展示了一幅色彩斑斓、文化气息浓郁，集文学、历史、地理、艺术于一体的历史文化长卷。

《文化保山》丛书采用图文并茂的表现形式，选择相关的、经典的图片插入其中。图片形象丰富，一目了然，能够深入再现历史与现实，立体凸现每一不同历史时期社会生活各方面的发展变化，是文本内容的画面直观反映和背景补充，图与文珠联璧合，相得益彰。

任何一种文化，都有其地域性。保山辖隆阳区、施甸县、腾冲县、龙陵县、昌宁县，因地域空间的相对差异性，在保山文化这个百花园中，虽大同也存小异，从而各有特色。《文化保山》丛书除综合卷外，分卷为《文化保山·隆阳》、《文化保山·施甸》、《文化保山·腾冲》、《文化保山·龙陵》、《文化保山·昌宁》，各为丛书中的一种，是《文化保山》丛书不可分割的一部分，又具有相对独立性。

保山不仅有得天独厚的自然风光，还有深邃悠久的人文景观，与缅甸等东南亚、南亚国家友好往来，文化交流源远流长，在区位、资源、文化、历史等方面具有很好的优势，是中华文化圈与东南亚文化圈的交汇点，形成了中原文化与南洋文化、汉文化与边地少数民族文化、现代文明与原始文明相互交融、和谐共生的多元民族文化。保山这个历史上曾经几度辉煌的边陲重镇，必将依托自己独特的地缘优势和悠久的商贸历史，在不断的交流与合作中，迈向一个辉煌的未来。

《文化保山》丛书编委会

2012年10月

目录 CONTENTS

二、南方丝绸古道：从家门口经过的国际通商大道

三、大美无言：高黎贡之惑

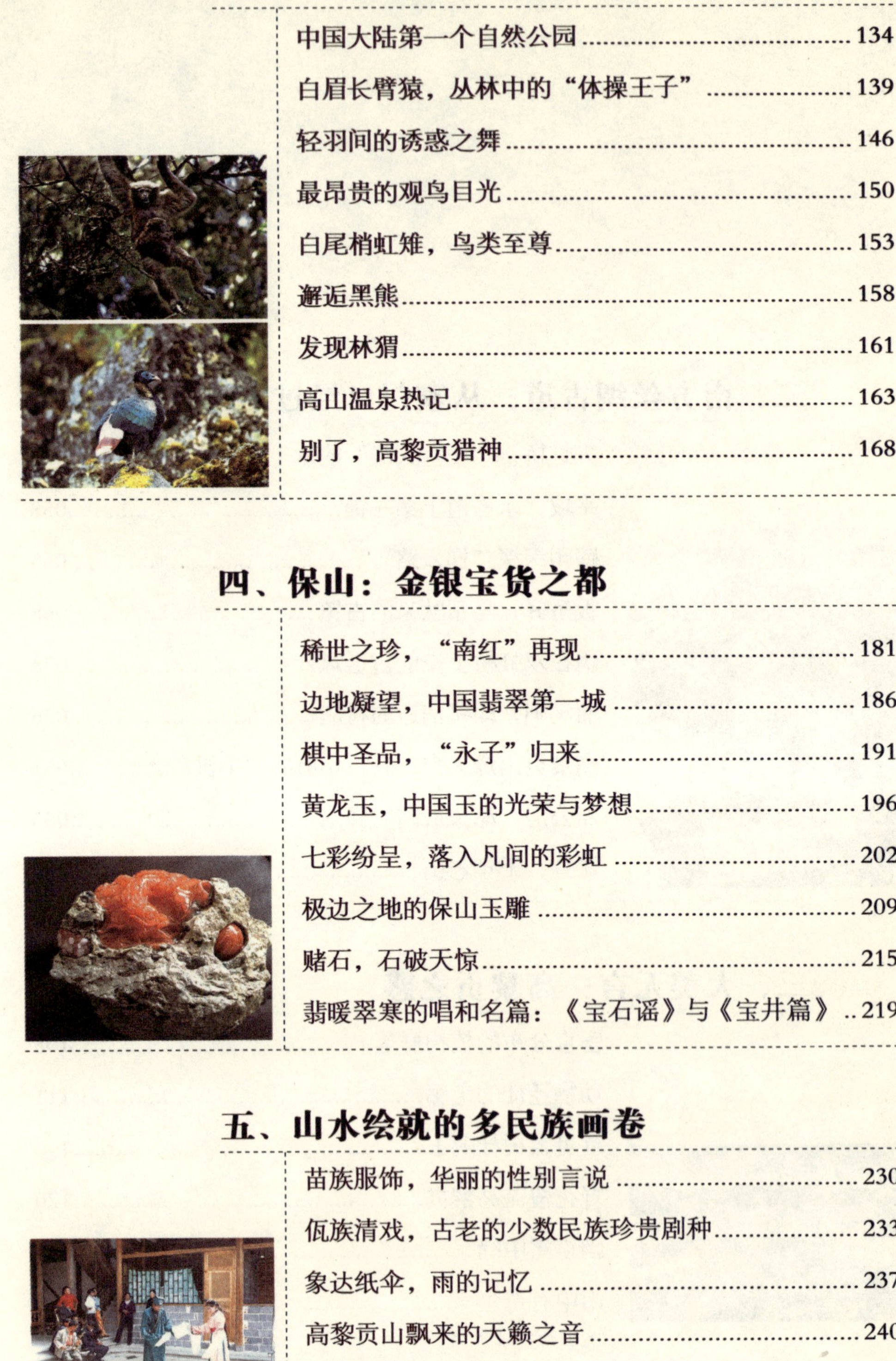

四、保山：金银宝货之都

五、山水绘就的多民族画卷

六、神奇滇西，英雄保山

综合卷

一、哀牢旋胜：一个边地王国的历史记忆

“保山有座哀牢山，哀牢山上有个哀牢国，哀牢国里有个哀牢王”——这首传唱了几千年的“凭吊哀牢大官”的古歌彰显着那段消逝久远的历史。而在现实中，每年农历正月十五的“哀牢犁耙会”，似乎又在找寻千百年来的那个关于哀牢古国的记忆……

哀牢览胜：一个边地王国的历史记忆

在人类星球的东方，在亚欧大陆板块与印巴次大陆板块剧烈碰撞的交汇处，隆起了一片险峻的高原。这里沟壑密布、山峦叠嶂，大山挟着名川一路奔袭，形成了“三江并流”的壮丽山川景象。

大陆板块的相互挤压，使这一带的山脉和水系如帚形，并由此而使中国西高东低的山形和水系转而变为北高南低，故有“横断山”之称。这片层峦叠嶂的高原大地就像被一只大手搓揉过，从而形成许多塌皱的山峦。历史上的“哀牢国”、后来的永昌郡、现在的滇西重镇保山就隐匿在这群山隆起的塌皱中。

哀牢国是历史上一个古老而神秘的国度，由最初的哀牢部落发展而成，形成时间大致在公元前300多年的战国中前期。哀牢国疆域辽阔，号称东西3000里，南北4600里，东起洱海区域，西止于伊洛瓦底江，南达今西双版纳南境，北抵喜马拉雅山南麓。特产丰富，民族众多。哀牢国的中心地保山，是人类起源地之一。

哀牢国是一个多民族聚居的地方，除濮系民族外，还杂居有氐羌和百越两大系。哀牢归汉以后，又有中原汉族迁入哀牢境内，与哀牢土著民族杂居，使哀牢国形成了以土著民族为主、外来汉族为辅的多民族杂居的历史国度。

哀牢国土地肥沃，资源丰富，气候宜人，矿产丰富，林木茂盛，动植物种类繁多，发展农、林、牧、矿产和各种手工业具有得天独厚的条件。《华阳国志》和《后汉书》等史籍载，这里“宜五谷蚕桑”、“出铜、铁、铅、锡……”，尤多珍奇宝货和黄金、光珠、琥珀、翡翠、水晶、玛瑙……并有孔雀、犀牛、象等珍禽异兽。勤劳、勇敢的哀牢民族，用自己的智慧在这块古老的土地上创造了丰富多样的文化。无论是石器文化、青铜文化，还是耕织文化、服饰文化、饮食文化、婚俗丧葬文化和音乐、舞蹈等民族民间文化都独具特色，辉耀一方。

易罗池，哀牢先民的创世神话

『圣人皆无父，感天而生』。哀牢先民的创世神话是触沉木而木化为龙，哀牢人因而由此融入了『山川险阻』的边地元素和龙的文化血脉中……

保山坝在远古时代算得上是一个海子，《保山县志稿》载：“保山平原，乃一陷落之低洼盆地，系一古海，支流所经之区，环周百余里，高处森林密布，低处沼泽湖海，河流纵横，无路可通，居民多沿四面山麓生存。”哀牢归汉后，汉武帝在保山设置嶲唐、不韦二县时，“从金鸡村赴现城池，必沿山麓经板桥，过梅花渡至邢家湾登岸，沿郎义村山麓，仅此一路可通。”打渔村一带是被称作海子的广阔水域，明代状元杨升庵把它叫做青华海，与现在的青华海大致在同一个地方，只是现在的清华海水域面积已不能称为海，却也算得上是一个水上公园。到明洪武年间，情况发生了变化，十万大军临滇，边乱戡定后，

“小背龙”流行于腾冲一带

实行军民屯田制，开河导水，围海造田，这河就是现在的东河。东河诞生后，始终作为保山坝灌溉和排水的主要河道，当时的海子也被分成东西两半，东河以东的称东海子，东河以西的称西海子。

像所有人类早期的文明都滋生在河流旁一样，古哀牢国的创世神话就与滋养大地的水有关。哀牢国的诞生，就缘自“九隆的传说”。

易罗池，又称九隆池，位于九隆山下。《后汉书·南蛮西南夷列传》载：“哀牢夷者，其先有妇人名沙壹，居于牢山，尝捕鱼水中，触沉木，若有感，因怀孕，十月，产男十人。后沉木化为龙，出水上。沙壹忽闻龙语曰：‘若为我生子，今悉何在？’九子见龙惊走，独小子不去，背龙而坐，龙故舐之。其母鸟语，谓背为九，谓坐为隆，因名子曰九隆。其后长大，诸兄以九隆能为父所舐而黠，遂共推为王。后牢山下有一夫一妇，复生十女子，九隆兄弟皆娶以为妻，后渐相滋长。种人皆刻画其身，象龙文，衣皆着尾。”

九隆传说中蕴涵了哀牢氏族图腾崇拜、对龙文化的认同、渔猎经济意识、婚姻制、文身、血缘分封制及“贵小”王位继承制、王位世袭制等多重意义，是哀牢国价值取向的萌芽及发展，在哀牢国区域文化发展的历史过程中一直有着重要影响，从而也使哀牢国具有其文化的独特性。决定了哀牢国地区各民族的价值取向、伦理、审美、政治、文化意识等诸多方面，可较为系统地了解到哀牢国在整个历史进程中其氏族价值观及氏族文化体系、文化心理等方面的发展轨迹。

耍龙亦称“玩灯”，是保山民俗文化之一。

哀牢故地原本绝域荒外，山川阻隔，生民以来世世相继，分置小王，往往邑居，散在溪谷。然而，当历史行至汉代，九隆传说进入史家记述之后，这一哀牢先民的创世神话却丰富了以下文化内涵：圣人皆无父，应天而生，生父一般为神或龙，也由此说明哀牢王权天赐神赋，不同凡响，从而为王权的统治

易乐池是九隆传说的起源地

戴上了神圣的光环；哀牢先民从群婚制向偶婚制完成了过渡，《吕氏春秋》说："昔太古常无君矣，其民聚生群处，知母不知父，无亲戚兄弟夫妇男女之别与上下长幼之道。"哀牢创世偶婚制的表达是这一母系氏族过渡为父系氏族的典型特征，也是进入奴隶制社会的基本征兆。生父似意为龙，这与中原龙神文化一脉相通；先民有文身和衣着尾的传统，展现了浓郁的边疆少数民族风情和特点；传承王位为幼子继承制。

一个民族或者国属谓之"哀牢"，我们无法从词意的表述中找到答案。然而当这个词汇融入边地，当我们听到当地长者对自己最小的儿子爱称为"阿佬"时，你对于这个以"幼子继承制"为传统的王国必然充满着亲切和敬畏。

易罗池还在元明时期就已辟为公园，其景如诗如画，有一池、一亭、一塔，面积为1.82万平方米。塔为文笔塔，立于池西山坡上，古称兹云古塔，始建于唐代，几经修复，更加雄伟。塔两侧有联：

高塔出世开千里慧眼阅尽神州风云；

文笔倚天蘸一池龙涎写成华夏春秋。

湖心有濯缨亭，上有明将邓子龙题联：

百战归来，赢得鬓边白发；

千金散尽，只余湖上青山。

有塔之地，多为泽国。由此可以想象，以农耕文明为特征的哀牢故国是怎样的一块泽国福地。

九隆的传说是保山文化的发端。易罗池汇集保山文化的来源及精华，池是砚、亭是墨、塔是笔，保山坝的阡陌大地就是纸，书不尽哀牢岁月沧桑。

傈僳族妇女的服饰华贵而艳丽，把大山装扮得花团锦簇。

青铜器，哀牢文化的巅峰

青铜器上斑驳的蚀痕，刻录着一个朝代的兴衰。聆听几千年历史的余音，一只哀牢编钟就足够了。

走出神话，我们如今已能借助诸多史料及考古发现大体领略哀牢古国那悠远而瑰奇的历史风貌了：以九隆为酋领的哀牢夷至迟在2300多年前的战国中后期（周服王时），便在“土地沃腴”、“宜五谷蚕桑”、“出金银铜铁”的哀牢地创建了具有强权机制的奴隶制部落联盟——哀牢国。由于境内水利、矿藏、动植物资源极为丰富，发展农业、牧业、手工业以及早期铸造业具有得天独厚的自然条件，哀牢逐渐成为一个物阜民丰、欣欣向荣的文明古国。

哀牢人不仅把“五谷蚕桑”侍弄得好，而且很早就“知染采文绣”，技术水平也很高。史载哀牢人用当地盛产的桐华（木棉）织出“幅广五

以简洁、秀丽的几何形图案构成，是山字足铜案最显著的艺术特征。

箭箙铜盒的拥有者应是集神权与兵权为一身的显赫人物

尺，洁白不受垢污”的“桐华布”和用优质苎麻织成的“文如续锦”的“兰干细布”，品质绝佳，多有蜀商争相运销获利，以致被误称为“蜀布”并风靡一时。

哀牢人在长期的生产、生活中，把图腾的理念升华成美好、和谐的龙文化，不但创造出“九隆神话”，同时也创造出了流芳百世的青铜文化。

青铜，是人类最早开发并大量使用的一种合金，当人们在原本只用于取暖、照明和熟化食物的火熔铸出第一件青铜器物的同时，一个崭新的时代也就在炼炉之旁应运而生了。据专家考证，以今保山市为中心的古哀牢地的青铜文化始于公元前 14 世纪前后，至东汉早期为新兴的铁器文化所取代，前后延续了 1300 多年，其鼎盛时期大体也就在哀牢国的存续时期。迄今发现的门类齐全、功用及制型各异的青铜器生动表明，哀牢先民以青铜铸造了边地历史的辉煌。古哀牢地出土的青铜器中，除大量生产工具和生活用具外，尚有相当数量的以钟、鼓为代表的礼乐器和以钺、戚为代表的兵器。

编钟是我国古代特有的宫廷打击乐器，也是历代帝王礼事、宴辜活动中不可或缺的“庙堂之乐”。云南迄今共出土以“滇王编钟”为代表的编钟 36 件，其中哀牢属地今昌宁县就有 6 个点出土 14 件之多。这些编钟虽久经沉埋，但完好如初，色泽鲜明，纹饰清晰，音质洪亮，音列井

然，并有双音钟。编钟对青铜铸造技术要求很高，而特定的乐音又对每件编钟的制型、大小、高低、厚薄及合金配比等有着特殊的规定性，稍有差错都将影响其音频、音质和音响效果。编钟的出现和使用，表明哀牢人不仅掌握了较高的铸造工艺，而且还懂得了一定的乐理知识，并在测音、试音及演奏上也达到了较高水平。证明在战国中晚期到西汉晚期，也就是哀牢归汉之前，哀牢国的社会、经济、文化生活已达到较为先进的水平。

同编钟一样，别具一方特色的铜鼓也是上古社会的礼乐重器。云南是世界铜鼓的起源地，迄今发现6种类型共200余具，而古哀牢地传世和出土的占了半数，其中包括5具长幼有序、“孟仲叔季”齐全的始祖型（即万家坝型）鼓。迄今所见出土年代较早的铜鼓是在昌宁出土的八甲大山铜鼓，鼓面小于鼓身，鼓面中央有太阳纹作圆饼状凸起，专家鉴定年代当在公元前6世纪中期，是世所罕见的“始生式”Ia型铜鼓，

鼓体残缺，声威不减。

此鼓曾运往日本东京展出，现珍藏于北京国家博物馆。这种始生式铜鼓全国出土仅有7件，皆出土在哀牢国地域内，弥足珍贵。铜鼓的大量出现和使用，标志着哀牢国两极分化的加剧和阶级关系的确定，即有了典籍所载的“王、渠帅、小王、邑君”等奴隶主贵族，更多的人则沦为奴隶。

如果说，象征着物主政治地位的青铜钟、鼓等礼乐重器是古哀牢国阶级社会业已定型的标志的话，那么此间出土的象征着物主军事权威的铜钺、铜戚等军中重器以及刀、剑、矛、戈、矢等常规实战兵器则生动表明以掠夺和反掠夺、征服和反征服为基本动因的战争这种大规模的暴力行为，已成为哀牢国生存及发展进程中一个经常性的“国之大事”。事实上，哀牢国之所以能够崛起于西南极边并强盛一时，生产力的发展与生产关系的相对先进固然是一个最基本的前提条件，但战争的直接催化作用也不可低估。其结果是周边一些原非九隆世系的部族或主动或被迫加盟以求得自身的生存，“哀牢夷”也就由最初的九隆氏族扩展演化为“有闽濮、鸿僚、僄越、裸濮、身毒之民”的庞大族群，而哀牢国的疆域则随之东扩、西渐、南伸，并最终开创了“其地东西三千里，南北四千六百里”的历史辉煌。

千年风雨，历练岁月艰辛。哀牢古国留给我们的不是时光碎片，不是岁月积尘，也不是时间无痕，而是层层金沙，是大浪淘沙后的精华，是延续千年的文化薪火。青铜文化历史悠久、工艺精湛、技术娴熟、内容丰富，是哀牢文化的巅峰，也是世界文化宝库中的精华。

哀牢铸造，运用于世界机械制造业的精尖技术

古为今用，中为洋用，哀牢铸造跨越时空，是当今世界熔模精密铸造技术的发端。

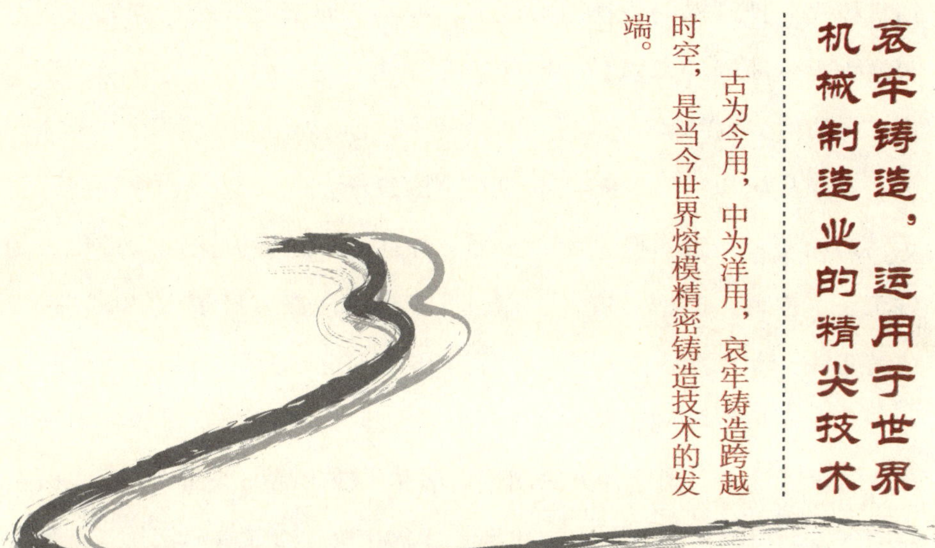

在青铜器的铸造上，不管历史有多悠久，有一种方法至今还在沿袭和使用，这就是“失蜡法”。失蜡法可以追溯到春秋战国时期，是一种青铜等金属器物的精密铸造方法。保山始于何时虽然无确切考证，仅从保山出土的哀牢编钟、山字形铜案、铜盒、青铜剑等来看，早在古哀牢国时期，失腊法就已广泛运用于青铜铸造。据考证，失蜡法的用料由蜂蜡、松香和植物油或是牛羊油按不同比例配制而成。制备时，在加热的容器中依次放入蜡、松香和油料，边溶化边搅和成糊状。稍冷后取出，通过反复拉拔揉捏，固态的蜡与液态的松香、油料充分混合，成为塑性极好的蜡料，可以随意拧扭、弯曲、在压力下擀成片状、捏成梗状、搓成条状。塑性如此良好的蜡料，给予铸造师以极大的创作空间和操作自由度，可根据不同情况和需要，雕刻出十分复杂精美的器物形状，做成不同的铸件模型，然后在蜂蜡做成的器物表面用耐火材料填充泥芯和敷成外范，干燥以后放进窑里面加热烘烤，蜂蜡遇热溶化成液体以后，从预先留好的小洞流出来，剩下的是一个中空的铸件模型。把高温的青铜溶液注入，以填充原来是蜂蜡占据的空间，等青铜溶液凝固冷却以后，砸碎铸件外壳，就可以取出与蜂蜡模型一模一样的精美的青铜铸件了。

春秋战国以后，失蜡法的应用范围逐渐扩大，除鼎、彝外，还用于铸造印玺、乐钟、佛像、贮贝器、饰件等。这种方法后来进化成翻砂工艺，也称“砂型铸造”。在当下哀牢故地很多村镇，仍用这种方法铸造钟、鼎、犁头、铁锅等，从哀牢国至今也已沿袭了几千年而不变。

在滇西抗战期间，驻保山的中国飞虎队的飞机制造机械师奥斯汀见今隆阳区汉庄人用这种方法制造生活和佛教用品而深受启发。当时航空喷气发动机的发展，要求制造像叶片、叶轮、喷嘴等形状复杂，尺寸精确以及表面光洁的耐热合金零件。由于耐热合金材料难于机械加工，

零件形状复杂，以致不能或难于用其他方法制造，因此需要寻找一种新的精密的成型工艺。奥斯汀在战争结束后回到美国，就将这种失腊法改进并运用到喷气式发动机的制造上，铸成了喷气发动机叶片和涡轮盘。之后，失蜡法技艺发展成为现代精密熔模铸造技术，在世界各地迅速得到发展。因发现于保山，所以又称“保山法”。古代流传下来的失蜡铸造法，经过对材料和工艺的改进，相继在航空、汽车、机床、船舶、内燃机、气轮机、电讯仪器、武器、医疗器械以及刀具等制造工业中被广泛采用，同时也用于工艺美术品的制造。这种现代熔模精密铸造方法产生并在工业生产中得到实际应用也就始于 20 世纪 40 年代中后期，并一直以较高的速度向前发展，世界各主要工业国平均以 7%—12% 的速度递增，特殊用途的铸件以 30% 的惊人速度递增。

轻叩双蛇纹铜编钟，发出的仍然是那个时代的优美乐音。

铜鼓是保山古代悠久而灿烂文化的结晶，是边地少数民族智慧的象征，它具有东方艺术的特色，更是世界文化艺术宝库之珍品。

出土的汉代青铜器，向我们诉说着曾经的文明。

金井破雾，哀牢国的气象观察站

以农耕闻名的哀牢古国，早就观察到了风、雨、雷、电对于生产生活的重要作用，因而有了观天察云的『金井』。

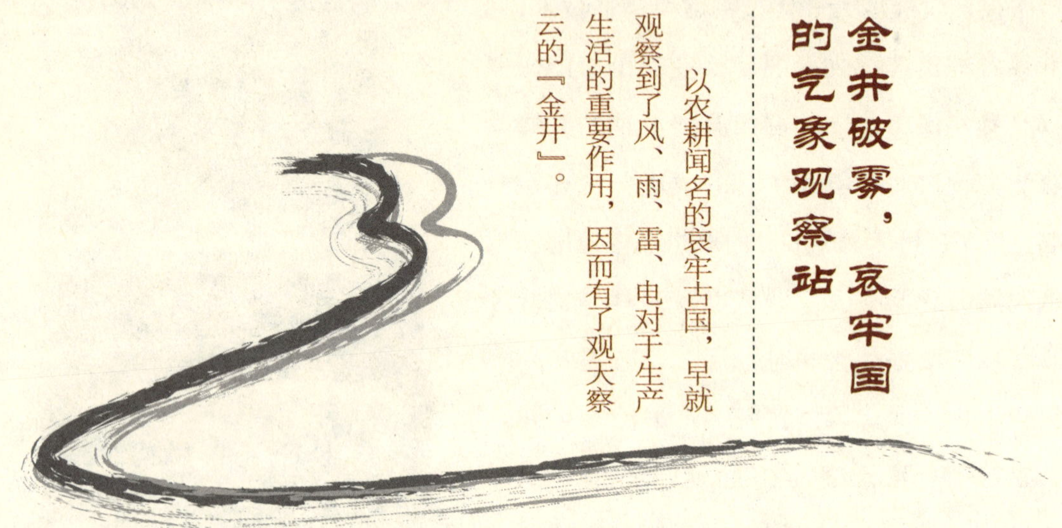

上哀牢山，去看金井，没有公路，走的都是山里人长年累月用脚踩踏出来的崎岖蜿蜒的山路，缠着山脊，绕过山坳，在深壑对面的峻岭上延伸着，消失在密林深处。

路越爬越高，雾从山脚下的村子里升腾上来，伴着炊烟，到山腰时竟自散开，稀稀朗朗。有几朵浓雾从它后面赶了上来，缠裹着猛地又向上去了。

雾在林里，人在雾里，雾如雨霁，漂浮在林中。一忽儿，雾赶到前面去了，留下一处空白，正好看到保山坝子已被远远地甩在了山脚下。田陌向西铺展而去，直至九隆山下。九隆传说中的易罗池，波光滟滟。

在阳光的照耀下，如一面天镜，折射出哀牢国千年时光。

再上一个山峰，又上一个山峰，完全没有了雾，保山坝也躲在了密林后面，已至哀牢山的腹地，穿过一片苍翠的松林，在山顶一处石岩上，看到了传说中的金井。

哀牢山是古哀牢国的神山圣岭，金井是哀牢的灵魂。据刘毓珂《永昌府志·地理舆志·山川》说，哀牢山“顶有石穴，土人呼为金井，春首识其盈涸以卜丰歉”。明诸葛元声《滇史》也说，哀牢山“其绝山顶，有一石如人，在怀中有二穴，名天井（金井）。土人于春首视水盈涸以卜丰凶”。在哀牢国的传说中，金井满而不溢，千人同饮也不会干涸，神奇自不待言。更为神奇的是可以预测来年农业生产的丰欠，及至民国时期，每年的大年初一，仍有永昌府官员选派有农事经验的老人登上哀牢山顶，于正午时分观察金井的水位相较上年是升还是降，以预告这一年是风调雨顺还是干旱少雨，并以此提出一

哀牢山因酷似伟人形象，又称“毛公山”。

这小子长大后说不定就是个农事好手

哀牢山下的保山坝，自古就是丰饶富庶之地。

遗存的金井石碑

年的农事安排和应该采取的措施，相当于一个气象观察站。并且“十拿九稳”，很少出错，哀牢国的农业因此享誉南中。

走近金井，如同老农一般俯着身子细细地瞧，井里的水像绿宝石那样熠熠闪光，又像太阳底下的晨雾，带着新绿，有着清澈。底部那带着浅灰色的岩石，映衬着天空的蓝色。据说井里原有一对金鳅，全身透明，美丽异常，遇有游客，便双双仰头摇尾。后有一贪婪之人，欲取走金鳅，敲断井中横梁。金井从此面目全非，金鳅亦不知去向，唯有满山满坡的青松林，把这一泓绿水，映照得更浓郁，更深沉，更使人遐想着历史上那迷人的哀牢国度。一泓飘荡着历史风云的绿水，怎就能预示一年的天气呢？是大自然物化了的预兆凸显了这个农耕民族的“地灵”和“神”吗？

离开金井，已是正午。雾早没有了，如同逝去的岁月。随着气象技术的进步，人们不会再依靠金井来预测来年丰欠，唯有金井迷雾，还会飘荡在以后的历史中，在传说中继续传说下去。

玉泉淙淙，流淌的是民族融和的清音

哀牢人由水而生，与水相伴，水流成川，因融和而浩荡……

“玉泉”在哀牢山下，皆状如象鼻，出有二泉。相距不盈尺，一温一凉，甚为奇异。《永昌府志》载：“永昌城东的哀牢山，山西麓下有哀牢国御花园。园中多奇花异卉，珍禽怪兽，尤以玉泉最富特色。相传昔日玉泉，白沙铺底，围以雕栏，甘洌甜美的泉水在晨曦的照耀下银光闪烁。更为神奇和难得的是，池底不时涌起水珠，满池璎珞，并有比目鱼时时巡游。”传说它们曾是一对恩爱夫妻，因不甘忍受恶官侮辱而投泉自尽。夫妻双双殉情后，化为比目双鱼。每当春明景和、天朗气清的日子，比肩出游，相依相伴。

玉泉所在是哀牢王的御花园，数千年来，一温一凉两股泉水从岩

玉泉位于哀牢山下，传说那里是哀牢王的御花园。

古人借“井”抒情：比目是双鱼，犹如左兄右弟，华夏一统，夷汉同宗。

石下汩汩流出，珠圆玉润。如今在大官庙古崖下，葱茏绿树的掩映之中，苔痕斑驳的岩石前，二泉依然分流入潭，经一座古老的单孔石桥流入沟渠，灌溉着周围的农田。只是“状如鼻”的岩石已不复存在，20世纪50年代，在兴修水利过程中为增加水的流量而炸去“状如鼻”的出水口，出水量没有增加，水中的比目鱼却随之消失在历史的长河中。

早在400多年前，邓子龙作为靖边名将，征战沙场后来到这里，似已预料到将来有一天，比目鱼会从这里消失。同时慨叹当时的边事不宁，于是有感而发：

哀牢前属国，山川尚有灵。
水池分冷暖，金井幻阴晴。
比目鱼还在，封神识汉名。
独怜征战地，岁岁草青青。

也有人说，玉泉的水来自地下河，比目鱼就生活在地下河里，只是不出来罢了。

然而，人们赋予玉泉的更多是社会意义。哀牢王柳貌率众归汉，是华夏各民族团结史上的重大事件，不仅朝廷尽欢颜，就是平民百姓也是由衷的高兴。可谓众望所归，人心所向。后人以玉泉为题，借题发挥，吟咏哀牢归汉伟大壮举：

比目是双鱼，犹如左兄右弟，任他波翻浪叠，总有同心归汉；
出水分冷暖，恰似冰心热血，虽然派别支流，到底一样朝宗。

这是题写在玉泉的一副对联，抒写出中原汉民族与西南各少数民族之间剪不断的亲缘关系，同时也让玉泉有了一种象征的意义，即各民族犹如兄弟，只有团结，才会有一个稳定的生活环境和牢不可破的边疆。

览胜塘子沟，蒲人与缥人先民的栖居地

九州之外有四极四荒，又有八纮八綎，所谓穷发之乡、不毛之地，皆边裔也。然而地处边夷的保山旧石器时代的『塘子沟文化』却大有优于中原之势……

“哀牢”进入史书记述的历史只有2000多年，而西南人在这片土地上生存的历史却远不止于此。

古语曰：生民创造之艰，百倍于守文。关于哀牢先民的历史最早可追溯至800万年前“羊邑古猿”时代。之所以称之为“猿”，那是因为那个时代的滇西高原上早已生存着灵长类的一支——类人猿。而在隆阳区蒲缥镇，8000年前“塘子沟文化”群的发掘和出土，使保山这块圣土完成了从“猿”到“人”的转变。

塘子沟文化遗址位于隆阳区蒲缥镇塘子沟村村旁台地，为旧石器时代晚期遗址，面积约1000平方米，文化层厚20—90厘米。1987年

蒲缥人头骨化石的发现，填补了云南省5000至1万年间人类化石的空白，把滇西特别是怒江流域人类活动的历史提早了4000多年。

在塘子沟这个积压了数千年之久的文化层中出土了石制器11类400件、骨器4类46件、角器4类71件、熊类犬齿制作的牙器7件，动物化石标本计无脊椎动物、鱼类、鸟类、哺乳类4纲38种达1800多件，还有火塘、红烧土、炭屑、烧骨等用火遗迹以及我国迄今发现的时代最早的房屋遗迹。出土的人类化石7件（头骨1具，上下颌骨和单颗牙齿6件），分属老、中、青4个个体，显示蒙古人种特征，命名蒲缥人。经碳14年代测定，距今约8000年左右，为研究滇西地区的早期人类历史，提供了重要证据。

塘子沟遗存显现出哀牢地域与其他旧石器晚期文化迥然不同的地方特征。首先是具有鲜明特色的兼具敲砸器、石砧、砾石锤等多种功用的单平面砾石手锤，数量占全部

石器的近30%；其他如凿坑石器、角牙锥、角矛、角棒等均为全国首见，角铲的类型和数量远远超过全国此前出土之总和，骨角牙器与石器几近各占一半，制作的工艺水平均胜于其他旧石器文化。其次是狩猎工具的数量质量在全部生产工具中占显著优势，采集工具居次要地位，人类食用后的遗弃物中动物骨骸数量巨大，表明人类经济生活是属于狩猎为主兼事采集捕捞的较特殊类型。再就是遗址中出现的柱洞、夯土层面是我国时代最早的房屋建筑遗迹。

另外，在施甸姚关万仞岗岩厦处清理发掘出土的距今8000年的人为缺失两颗上门牙的约为30岁左右的“姚关人”头骨化石，他与“蒲缥人”处于同一个古人生活的时代。经考古学家推测，虽然姚关人是属于旧石器时期晚期的古人类，但是在这一批出土的石器中，却发现了大量与新石器时代相像的打砸石器。还发掘出包括猕猴、虎、熊、牛、鹿、麂、麝、豪猪、羊等哺乳类动物化石标本100余件，火塘两个。说明姚关人在生活后期

塘子沟现场探方

塘子沟文化是继元谋人遗址文化之后发现的第二个旧石器时代文化遗存。图为局部磨光石片。

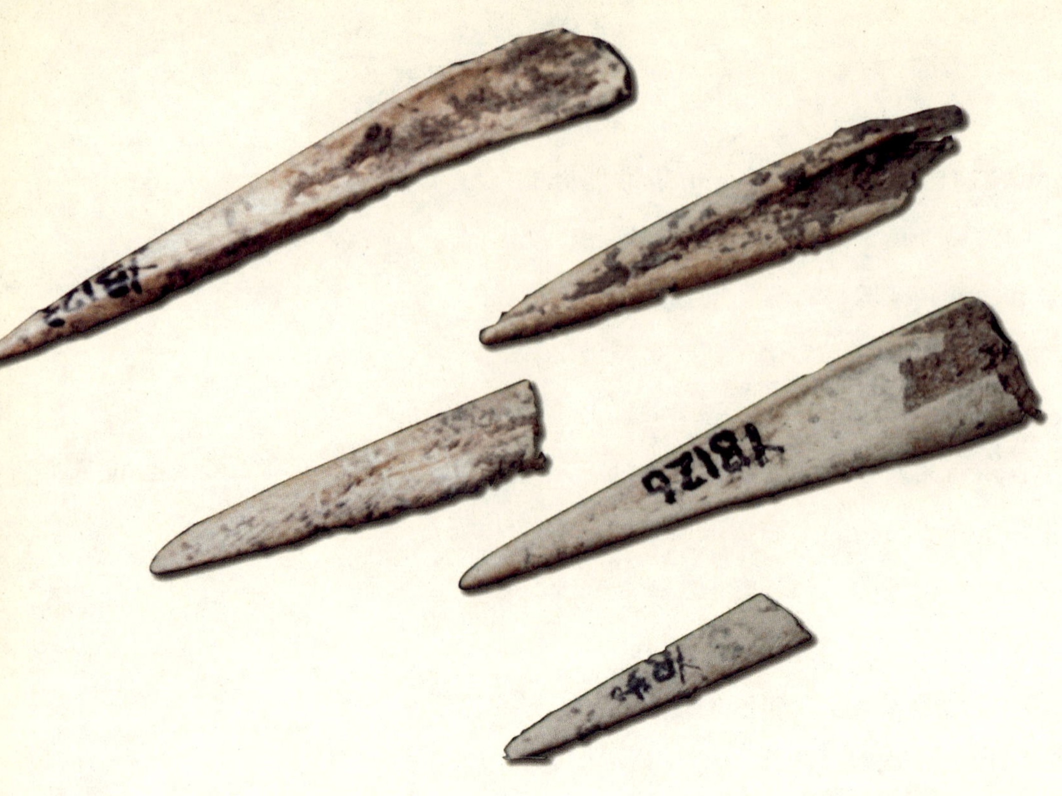

已掌握了打造石器的方法，会用狩猎所得动物骨骼进行加工制作，变成狩猎工具，这与塘子沟出土的蒲缥人极其相似。换句话说，至迟在七八千年之前就有史前人类在保山这块“绝域荒外”的土地上生息繁衍。

哺育了“蒲缥人”的蒲缥坝四周丛山拱卫，坝子当中阡陌纵横、村落棋布，蒲缥大河从南向北淙淙流淌，自然环境十分优异。塘子沟遗址在古湖畔顺着山势延伸，“蒲缥人”的这个氏族聚居地坐落在蒲缥坝北山南麓约2000平方米范围内，当时是塘子寺山向东延伸的“半岛”，三面环水，与众多的山峦台地隔水相望。在“蒲缥人”到来之前，这一带是野牛、野猪、黑熊等野兽的往来盘踞之地，后经人与兽之间的激烈争夺，成了“蒲缥人”的一方得天独厚的生存领地。“蒲缥人”选中塘子沟台地作为安身立命的定居之所绝非偶然，这里依山傍湖，环水而居，既可确保生产生活用水之需，又因地势的高

旧石器时代晚期的骨针可以说是最原始的剑，是与野兽搏击的最好武器。

菱形石矛。可以想见握持者的威猛。

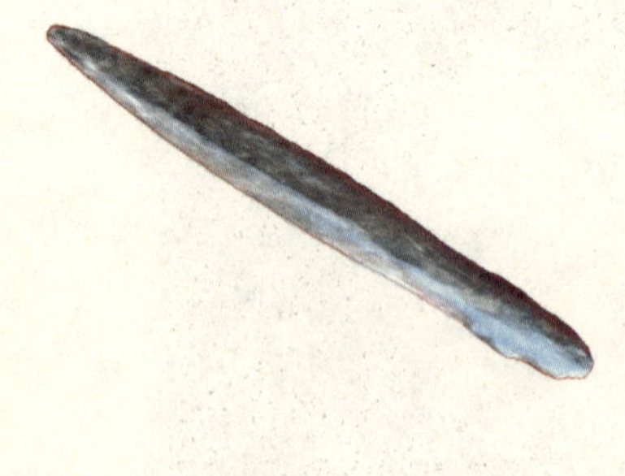

峻而无水患之忧，更为重要的是最大限度地减少了来自异类的威胁。保山先民们就是在这样充满生机也充满竞争和凶险的自然环境中趋利避害，走上了艰苦卓绝的滇西史前文化发展的道路。

采集和狩猎是“蒲缥人”赖以生存的两大基本方式，他们总能在不同的季节寻取到不同的野果及植物鲜花嫩叶等天然食物以维持生命。然而，面对“肉食”的诱惑却激发了“蒲缥人”更大的生存智慧。

我们无法知道当年的“蒲缥人”是如何获得火的，是得益于雷鸣闪电而引发的森林大火，还是钻木取火。用火和熟食是“蒲缥人”生活史上的一大进步。“蒲缥人”初尝了兽肉烧熟的鲜美之后，制造捕猎的工具竟是如此的狂热。在“蒲缥人”的武器库中，最多的是石制砍砸器、尖状器和骨锥、角锥一类威力不大的短小兵器，威力较强者首推弓箭。使用弓箭是“蒲缥人”的一大进步，他们以富有韧性的竹木为弓背，以动物皮筋或藤条为弓弦，将骨片打磨成尖锐的箭镞，他们能把那个时代最原始的生产力发展到顶点。

用火却是人类的一大进步，“蒲缥人”利用居住地石芽凹窝做火塘，不断添柴加薪，使之昼夜不灭。加热熟化的食物既好吃又便于消化和吸收，这就大大提高了“蒲缥人”生活质量和健康水平——我国夏商时代的人口平均年龄还不到18岁，而出土的4个“蒲缥人”个体中年高者已达56岁以上，平均年龄也不下36岁。就社会形态而言，“蒲缥人”所处的时代是原始母系氏族公社阶段，而保山之后的“九隆传说”却把我们带进了偶婚制的奴隶时代，也由此开始了我们称之为“史”的文明。

白沙坡，闪耀着青铜光芒的土地

划破农人脚趾的青铜战斧，溢出风雨侵蚀的斑斑痕迹；牧放的老牛，踩出了通往古战场的路。白沙坡，人影如云一样地跑过，回荡着千年金戈铁马的交响。

地处昌宁县大田坝乡大田坝村东边的白沙坡是一个顺着山势延伸而下的小山丘。1974 年的秋天，农人刘采山路过坟岭岗时，被什么东西划破脚趾，原来是两把长满铜绿的古代战斧。1976 年大田坝村村民刘波放牧途经坟岭岗，从老牛踩塌的地穴中出土了 40 多个器物，经鉴定后确认是古代青铜器。1994 年 5 月，省、市、县组成联合发掘队，对坟岭岗墓地进行正式发掘。

大田坝村距昌宁县城西北 57 公里，属狮子塘山系间的一个小盆地，国土面积 34.2 平方公里，海拔约 1700 米，大田坝河由南往北穿盆地而过，注入澜沧江。白沙坡高于盆地约 60 米，在这里考古队正规发掘的古墓有 50 多座，其中有随葬器物的墓葬 36 座，共出土器物 300 余件，多为青铜兵器和装饰品，另有少量陶器、石器等。出土器物有铜矛、铜剑、铜镯、铜铃、花形和蝶形铜饰等。剑、矛置于墓主胸腹部位，牌饰放在左侧，镯佩于右臂。

如此集中的墓葬群，在西南地区确属罕见。考古专家认为这个墓群属青铜时代晚期，即 2200 年前的战国至西汉时期，墓主为嶲或者昆明部族。出土青铜器千余件，包括礼乐器、兵器、生产工具、生活用器四大类。也由此说明：奴隶制国家最大的两件事，就是祭祀和打仗。礼乐器和兵器的铸造，为的是哀牢国频繁的祭祀和战争的需要。礼乐器主要有铜案、铜盒、编钟、铜鼓和铜铃；兵器主要有铜钺、铜剑、斧、矛、护圈等。

哀牢国战争频繁，最早记述是在公元前 8 世纪的周宣王时代，《纪古滇说集》载：周宣王时，西天竺国（印度）阿育王有神骥一匹直奔东去，遂遣子率众追击，不期哀牢君主阻兵塞道，不复返矣。而后，又有《缅甸史》载：古印度王子来缅甸建太公城，于纪元前 600 年时为华人（哀牢人）所毁。由此而知，哀牢势力触及缅北地区。其后的战争是：公元前 109 年，西

看到这些铜剑，脑海中就会浮现先人们与野兽搏斗、与大自然抗争的悲壮场面。

出土文物除了这些兵器外，还有铜镯和贝币，战争毕竟只是实现和平的一种手段。

南丝绸古道拓修到了叶榆（今大理），汉武帝在滇中（今昆明晋宁）设益州郡，遣将征“西南夷之未服者”，渡澜沧水，取哀牢地，置“不韦县”迁吕不韦后裔吕嘉氏族从今四川到保山坝定居，并“开文教之风”，从而带来了先进的汉文化。此后，在夷汉文化大融合的同时，并有频繁的矛盾冲突。东汉建武十八年（42 年），益州郡夷帅栋蚕率诸夷反叛，朝廷派将军刘尚率汉军 3000 余人进行平息，二十一年（45 年）正月刘军追至不韦（今保山）大战，斩杀七千人，生得五千人，马三千匹，畜三万头，夷帅栋蚕被杀，诸夷才平息。这次战争对哀牢人震动很大，虽然汉王朝在战争之前就已经在保山设立不韦县，但并没有使哀牢政权降服。唯有在这次战争以后，哀牢才真正“转衰”。公元 47 年，鹿茤之战；即建武二十三年（47 年），哀牢国为了进一步扩充自己的领土，小王扈栗率兵乘箄船沿江南下攻打已与汉王朝略有联系的附塞鹿茤，最后哀牢官兵以失败而告终，并认为鹿茤有“受命之王乎”、“汉威甚神”，于是产生了“内属”之心，是哀牢归汉的思想转折点。汉章帝建初元年（76 年），扈栗之后的哀牢王类牢与永昌郡守令忿争，遂杀守令而反，攻嶲唐（澧涧）、博南（永平），燔烧民舍；次年，邪龙（巍山）昆明夷卤承应募率种人合诸郡兵击斩类牢于博南；汉孝安帝元初六年（119 年），永昌、益州蜀郡夷反，杀长吏，燔城邑，益州刺史张乔讨破降之；随后的蜀汉时期，后主建兴时，永昌郡夷僚持险不宾，数为寇害，蜀汉遣将斩其豪帅，破坏邑落，郡界始宁；西晋末年哀牢闽濮反。

如今生活在保山大地上的人们，或许无法考证白沙坡哀牢墓群中的濮族先民们消失于哪一场战争。然而，我们却可以十分把握地认定：发生在哀牢大地上的每一场战争都是一次“哀牢转衰”的过程，以至于繁衍至今的哀牢后裔们永远地融入了华夏文明的“大家庭”中。

甸山古墓群，哀牢文化的悄然彰显

当代生机勃勃的文明，有多少能够沉淀下来，一如甸山文化，成为后人的追忆。

相对于现代人来说，哀牢国太久远，总觉得那是前世的事情。殊不知当今的文化，传承着的就是哀牢文化的衣钵。难怪几千年来，哀牢国总是我们说不完、道不尽的话题。却又如雾中看花，时隐时现，没有具体的建筑可供考察。哀牢文化，皆物化于现今人们的生活习俗当中，触手可及，却又如雾一般的拿不准。

好在古人总是时不时地给我们一个惊喜，就在我们想要静默时，总有出土文物提醒着，不要忘了，这里曾是哀牢国的疆域。昌宁县田园镇龙泉村大甸山战国古墓群的发现，出土了大量青铜器，物证着哀牢古国的存在。不仅久远，而且让人难以相信，在那遥远的过去，也

有着震惊当世的文明。

2012 年 10 月 8 日，村民杨志美在龙泉砖厂用推土机取土，发现从土里翻出一个长约 60 厘米、形似弯月状的青铜器，有文物意识的他立即报告给了文物管理部门。经省、市、县三级考古专家联合组成考古队进行抢救性考古发掘后，确认昌宁大甸山大型古墓葬群是一个可以上溯到春秋末期，下限至汉代，年代跨度延续时间近 1000 年的哀牢国古墓葬群。而在这一时期，正是哀牢古国生存发展和繁荣时期。大甸山古墓葬群可供发掘的面积为 5000 平方米，已发掘面积 2000 多平方米，发掘墓葬 100 余冢。出土文物包括青铜器、铁器、石器、陶器、琥珀和藤篾等 6 个品种，出土各类器物近 200 件套。有 4 种类型的器物属于大甸山出土文物的代表，分别是大小不同、造型各异的人面纹饰弯刀，

甸山古墓群发掘现场

一体浇铸、长1.288米的大型铜柄铜钺，用于保护小腿的藤编护腿以及用于保护手指头的藤指护。此外，还有用青铜浇铸的腿环、臂环、臂钏以及刻有S形纹铜盒和螺旋纹的铜鼓、铜钟，另有铜扣饰、琥珀串珠等文物也极具价值。

这些文物离现在已是2000多年了，如果再往前追索，哀牢人创造早期的青铜文明和农耕文明的时间还要更早。在这个时期铁器代替了石器和青铜器，牛被用来耕地。各国之间的商业贸易得到发展。手工业的进步也很快。这也就是在昌宁出土的文物中，为什么多以青铜兵器为主，而大甸山出土的约有60厘米长、10厘米宽的人面纹饰弯刀和铜铁合制的大型铜柄铁剑，藤编护腿等物，都是用于作战的。藤指护可以说是手套的鼻祖，而琥珀串珠则证实了哀牢国时期西南丝绸之路就已开通，有了商业贸易，也有了饰品加工。这也就是说，哀牢人在2000多年前，就已经把自己的故事演绎得非常生动多彩。这故事里有战争有商贸有农耕更有感人的文化精神，绝不比世界上其他早期文明逊色。

黄土之上，青铜之光。

流连金鸡村，哀牢故土之上的汉文化起点

『宝鼎茶闲烟尚绿，幽窗棋罢指犹凉。』金鸡乃边地之凤凰也，汉时设治，称为『不韦』，无疑是哀牢故国之于汉文化的『有凤来仪』……

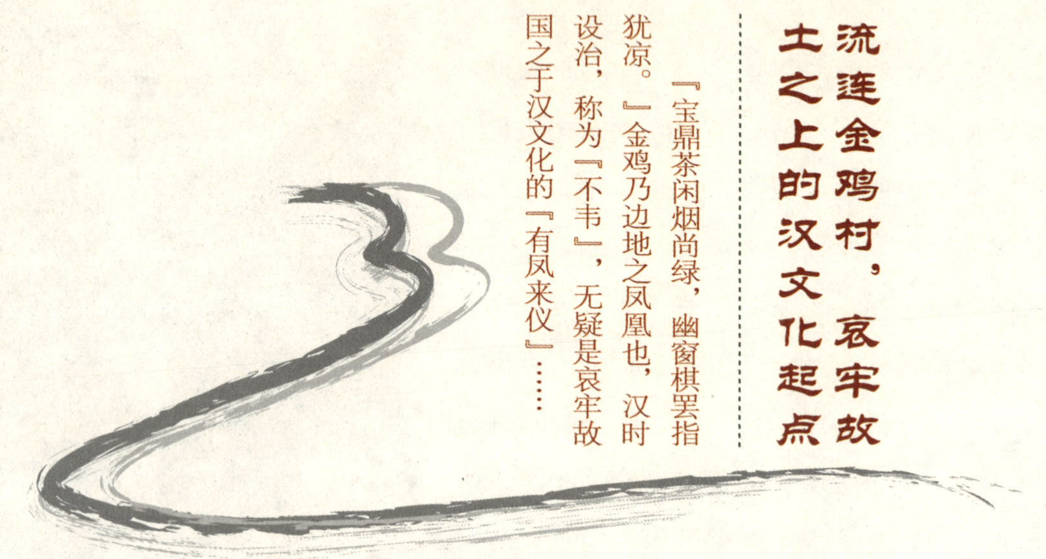

相传哀牢山下有一片金色竹林，林中有凤凰栖居，哀牢人不知，谓之“金鸡”。公元前109年，汉王朝遣兵征讨“西南夷之未服者”，渡澜沧水，取哀牢地，在保山坝金鸡村设“不韦县”。

自此，自汉武帝遣使“四道并出”以求通“身毒”以来，在“闭于昆明（洱海地区），终莫能通”之后，汉文化第一次越过澜沧江，深入哀牢腹地开始影响“山川险阻，生民以来不通中国”的哀牢地区。

在澜沧江以西的广袤大地上，金鸡村是中原汉文化在边地的第一个起点。

金鸡，坐落于保山坝东北角哀牢山下，玉泉水淙淙流淌的地方。

在这里，汉晋古城的断壁残垣依然静默，秦砖汉瓦的书写依然华丽……其历史之悠久，汉文化底蕴之深厚，在滇西一带首屈一指。

金鸡古戏台是保山保存最完整的古戏台。

早在汉武帝元狩元年（公元前 122 年），开西南夷，始通博南（今大理永平）；元封二年（公元前 109 年）设置不韦县，属益州郡。故晋代史学家常璩在《华阳国志·南中志》这样记载："孝武时，通博南山，度兰仓水、耆溪（今隆阳区瓦窑河），置嶲唐（今云龙漕涧）、不韦二县，徙南越相吕嘉子孙宗族实之，因名不韦，以彰其先人恶行。人歌之曰：'汉德广，开不宾，渡博南，越兰津，渡兰仓，为他人。'渡兰仓水以取哀牢地，哀牢转衰。"

"先人"即千古奇人吕不韦，战国末期著名商人、政治家、思想家。堪称商人鼻祖，国际贸易第一人，商人从政先驱，文化传媒祖师爷。他白手起家，成为一国首富，还将商品贸易发展到赵国，发现"奇货可居"的道理，最后跻身上层达官贵族之列，成为相国，贵为"仲

父”，权倾朝野，实现了他“小商在于民，中商在于政，大商在于国”的政治理想。

吕不韦是“杂家”文化思想的代表，善于招贤纳士，笼络人才，“以秦之强，羞不如，亦招致士，厚遇之，至食客三千人……乃其客人人著所闻，集论以为八览、六论、十二记，二十余万言。以为备天地万物古今之事，号曰《吕氏春秋》。布咸阳市门，悬千金其上，延诸侯游士宾客有能增损一字者，予千金。”成语“一字千金”也就出于此。

“不韦县”是益州郡24县中最西边的“极边之县”，吕氏家族怀着多么惶恐不安的心情，踏上蜿蜒蛇行的古道，渡兰沧水，取道平坡铺、水寨铺、天井铺、官坡铺，迁徙流放到这方蛮荒之地，面对一片汪洋泽国、四壁青山，心底滋生多少悲凉和感慨！一位曾经叱咤风云的祖先，一个曾经显赫无比的家族，经历世事沧桑的变迁，天上人间的骤变，加入到边地的血雨腥风之中。从某种意义上说，不韦县的设立，与其说是汉武帝的明智之举，不如说是吕氏后裔抛弃枷锁后的又一次新生。

让汉室始料不及的是，本欲“彰其先人之恶”，却被保山人记其人之善。吕氏后人谪居蜀国，早无朝廷俸禄。又从蜀国流放永昌，为生计必须自己从事农业生产，最起码是自给自足。于是从川蜀带来了先进的农业生产技术，春耕夏锄，植桑养蚕，粗纺细织，以求自养。土著人知而仿效，吕氏后人也乐于指教，有利于与土著居民和睦相处，在有意无意间促进了当地生产力的发展。当地人念念不忘，得以传说至今。有学者考证，说保山的铁器铸造技术就是吕氏族人于西汉中期从中原带入的。据《续汉书》载，当时的不韦县已成为西南地区铁矿开采及铁器铸造的强县，特别是铁犁的铸造推动了保山种植业的发展。保山在“不韦”设治后，大开“文教之风”，先进的生产技术和文化逐渐交融于边地，保山大地上的汉文化逐渐兴隆。

东汉建初二年(77年)，永昌郡治从嶲唐县(治今曹涧)迁于不韦县，更扩大了不韦县对周边地区的政治、经济、文化的影响。吕氏后裔吕凯是保山籍中第一个被列入全国正史的名人，《三国志·蜀书》中载：蜀汉开国昭烈帝刘备薨于永安，益州郡地方豪族渠帅雍闿反，杀蜀所署太守正昂，降于东吴，东吴遥署闿为永昌郡太守。当时，永昌郡太守空缺，吕凯任永昌郡功曹，王伉任府丞，渠帅雍闿兵临永昌郡东北，投书吕凯，胁迫反蜀。吕凯和府丞王伉率民众坚守永昌长达10年之久，其间写下著名檄文《答雍闿书》：“天降丧乱，奸雄乘衅，天下切齿，万国悲悼，臣妾大小，莫不思竭筋力，肝脑涂地，以除国难。伏惟将军世受汉恩，以为当躬聚党众，率先启行，以上报国家，下不负先人，书功竹帛，遗名千载。何期臣仆吴越，背本就末乎？”

一篇《答雍闿书》，既是对离经叛道者的战斗檄文，也是对赤子忠臣的由衷礼赞。且不说功曹之心，忠肝义胆，就其文采可称早期保山汉文化的代表之作，同时也是后世推崇的滇文名篇。由此可知，汉晋时期，边地永昌已然成为汉文化在滇国大地上的中心。吕凯为何要“执忠绝域”10余年而不叛蜀，道理也很简单，吕氏家族从蜀迁徙而来，蜀是吕氏家族的第二故乡，岂能背蜀投吴！诸葛亮遂荐吕凯为云南太守，封阳迁亭侯。西晋以后，中原陷于长期战

曾经的将台寺，演变成佛教的大雄宝殿。

这些汉代的瓦当和滴水上面的图案非龙即凤，其工艺令人惊叹。

用汉砖砌墙的地方，令那些史学家唏嘘不已。

乱，中央王朝无力顾及边疆地带，永昌文化与内地的交流慢慢的少了，直到唐南诏时才开始复苏。明清时期，江南汉民又大量入迁保山坝落籍，带来了诸多先进汉文化，并兴学办教，使以儒家为中心的汉文化成为保山文化的主流。

古人犹可追，往事越千年。走进厚重古朴的金鸡村，犹如走进尘封的史书。

不韦县城址，在金鸡村西北侧古城坡，长约1000米，宽约800米，这就是保山最古老的县城——“不韦县”城址所在。古城坡末端那块镌刻有“汉阳迁亭侯云南太守吕季平先生故里”的青石华表，是金鸡人为纪念有传播汉文化之功的吕凯而立。纪念的不仅是一个秦砖汉瓦建造的家族，也是纪念一段曾经苦难与辉煌的历史。不远处的点将台，依然让人想象得到战旗猎猎、金戈铁马的出征场面。而边上那棵拴马树，更显遒劲老迈！吕凯当年或出征或征战归来，把马一拴，登上点将台，对中原大地的祖宗遥寄思念，对南夷边地的父老心存感激，怎不会为一方平安尽心竭力。

创建于汉晋时期的小街，是当年吕凯回家的路。街由青石板铺砌，笔直而幽深，坦荡而古朴。两侧为传统瓦屋，简单无奇，质朴无华，典型的江南水乡小镇风格。小街取自于吕凯的字“季平”，故名季平街。街的一头是戏台，单层歇山式阁楼，楼上为戏台，楼下为街门，背西面东，雕梁画栋，面向中心街场。主台飞檐垂柱，内壁题诗绘画，穹顶绘有经典名剧的曲目和剧照，具有浓郁的艺术氛围，是历代金鸡主要戏剧演出地及文化活动的主要场所。

吕公祠位于金鸡村南缘路口一侧，明代中叶为祀吕凯神位而建，为传统宗祠建筑。清末，四川宿儒廖鹤来游，题联“插戟点将一片丹心照日月，止戈宁民千秋遗迹壮山河”，也算是对背井离乡来到这里的家乡故人的一种怀念。

诸葛营与诸葛堰，武侯南征散落在边地的文化遗存

孟获生擒雍闿平，永昌南下一屯营，僰人也解前朝事，立向斜阳颂孔明。

——【明】曹遇题《诸葛营》

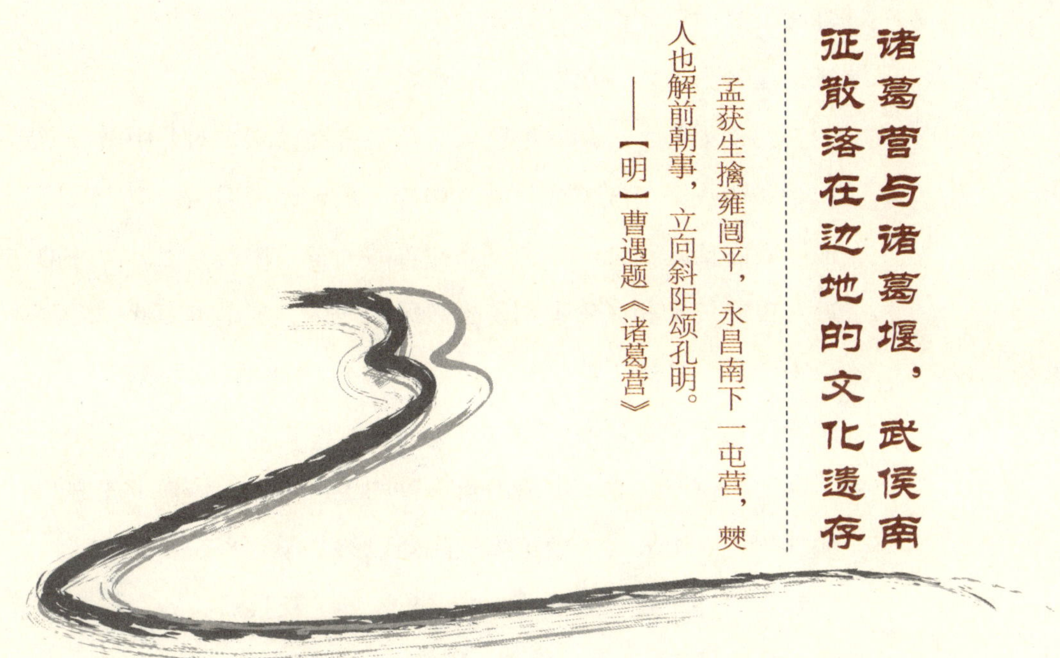

蜀汉时期，以文治武功著称的诸葛武侯，或许一生并未涉足保山大地，与他相关的文化遗存却永远地镌刻在极地边关的土地上，

《三国志·蜀书·后主传》中载：建兴三年（225 年）春三月，丞相亮征南中四郡，四郡皆平，改益州郡为建宁郡，分建宁、永昌郡为云南郡，又分建宁、牂牁为兴古郡，十二月，亮还成都。

诸葛亮征南中时间不足一年，在平定四郡中最艰难的是益州郡“七擒孟获”，最得助的便是永昌郡“吕凯执忠”。

“七擒孟获”的历史纳入了《三国演义》，而“吕凯执忠”的历

史却写进了《荐吕凯表》。

诸葛亮在定南中后写给后主的荐表中说：永昌郡吏吕凯，府丞王伉等，执忠绝域，十有余年，雍闿、高定逼其东北，而凯等守义不与交通。臣不意绝域荒外的永昌风俗敦直乃尔！遂荐吕凯为云南太守，封阳迁亭侯，荐王伉为永昌太守。同样，吕凯在《答雍闿书》中赞武侯道：今诸葛丞相英才挺出，深睹未荫，受遗托孤，翊赞季兴，与众无忌，录功忘瑕。

为何如此？皆因政策服人。诸葛亮在《隆中对》中就制定了“西和诸戎，南抚夷越”的“和抚”政策，随后又针对少数民族地区实际情况，进一步完善为“攻城为辅，攻心为上”。并把先进的生产技术和文化带到了少数民族地区，“诸夷慕武侯之德，渐去山林，徙居平地，建城邑，务农桑”（杨慎《滇载记》）。武侯“深入不毛”征南中后，曾“命人教打牛以代刀料”，即教老百姓用牛耕田，改变以前刀耕火种的生产方式，传播了先进的农耕文化。保山人后来做了大量陶器以祭农桑之兴，如汉庄镇汪官营发现的建于蜀汉延熙十六年（253 年）及其前后的蜀汉古墓群出土的大量陶制冥器如陶牛、陶狗、陶鸡、陶鸭、陶仓、陶灶等，展示了当时保山六畜兴旺、五谷丰登的社会生活风情。

诸葛亮“七擒孟获”定南中，战术上是“欲擒故纵”，战略上却是“攻心为上”的和抚政策的体现。南征出兵不久，从滇东

作为南方丝绸之路中国境内最南端的要塞，汉营古城处处都显示出军事要地的特征。

率兵西上援助高定的雍闿，因到迟了一步引起高定的怀疑，被高定部下杀死，于是孟获代替了雍闿。诸葛亮抓住时机，纵兵奋击，于卑水与高定决战，斩了高定，收复了越巂郡。接着，五月渡泸，乘胜追击逃回益州郡的孟获，孟获在盘江上游和诸葛亮展开决战。诸葛亮决心对这位深得夷、汉所服的孟获实行攻心政策，使其心服，真心归顺。于是一战即擒孟获，再战又擒，七擒六纵，最后一次孟获心悦诚服地说："公，天威也，南人不复反矣。"之后，诸葛亮又以"九龙传说"为题材，作画赐夷，以示对西南民族宗教传说之敬重。

在保山，与诸葛亮有关的传说、掌故、地名很多，诸葛营就是其中之一。

诸葛营亦称汉营，在保山城南郊过境公路西侧，依山傍水，地势开阔，自古有农桑之利、交通之便、城廓之险。相传诸葛亮南征之后曾在此地屯兵，并遗下“旧汉人”建寨长住，故而取名汉营、诸葛营。

如今依然突兀在地面上的巨大城墙和护城河是汉营作为古城的标志之一。城墙用土掺上沙石夯筑而成，断面夯层十分明显，层厚 10 厘米左右，高达数十层，夯筑工程十分浩大。遗址内目前尚有大量建筑台基、道路、排水沟等遗迹。古城内分布最广、发现最多的遗物是汉晋砖瓦。这些砖瓦多见于城墙边沿和被封闭的城门一带，装饰图案丰富多彩，常有模印的几何图形或仿真的铜钱、车马、鸭鱼、花草、禾穗等装饰图案。

与诸葛营相伴的是诸葛堰，俗称大海子，保山坝子南部重要的农业水利设施和著名风景旅游区。诸葛亮南征时兵至保山，驻扎在诸葛营，

人畜饮水全靠村北的大沙河。大沙河夏秋泛滥，冬春干涸。为解决人畜饮用水问题，在法宝山麓开凿了长宽约400多米的池子用以蓄水，供给诸葛营及当地百姓饮用。之后，屯垦戍边的将士及江南移民不断迁来，明成化年间，巡按御史朱皑征发军工民夫，在旧堰的基础上进行扩建，以砖石砌堤，形成堤围周长3公里的大堰，在东堤筑闸，分水口若干，以灌溉农田用。自此，诸葛堰水利工程日趋完善，成为古代滇西兴修水利设施的典范。中华人民共和国成立后，经过扩建、维修、加固，蓄水量由原来的30万立方米增至208万立方米，灌溉汉庄农田7000

太保山上的武侯祠正在修缮，人们对诸葛武侯的纪念也将世代继续下去。

诸葛堰几经扩修，已成为重要水利设施。

诸葛堰——夏季作物的秸秆还站在水里

诸葛营的护城河成了农民的灌溉渠

亩，当地人民为感怀诸葛亮兴修水利的恩德，称之为“诸葛堰”，俗称“大海子”。蓄水期间，诸葛堰波光粼粼，水鸟野鸭上下翻飞，使人浮想联翩。与别处水利设施不同的是，诸葛堰每年农历九月初九关闸蓄水，小满开闸放水，夏至以后蓄水尽泄，堰内农田照样种植一季水稻。

哀牢犁耙会，延续千年的农民狂欢节

这是几千年农耕文明的显影，也是农民这个庞大群体以犁耙的名义，礼赞一个属于他们的狂欢节。

哀牢犁耙会始于唐代南诏国时期，是以买卖农业生产工具为主的祭祀庙会。每年农历正月十五，是哀牢犁耙会的会期，延续至今，每年赶会人数多达 10 余万人，被称为一年一度最大的“农民狂欢节”。

清代乾隆《哀牢山四至碑》说：“自哀牢肇建兴以来，其山名与国并立……耕耘迄今历千百年矣。”明代谢肇淛《滇略》载：“永昌（今保山）正月十六祠大官、小官庙，夷汉皆往会祭。”清代倪蜕《滇小记·大官庙小官庙》又记：“岁以正月十六致祭。”

很明显，哀牢犁耙会起源于唐代，南诏国王为了追寻“南诏本哀牢后裔”的历史渊源，在哀牢国首邑之地建庙塑哀牢国王像以示纪念，

“犁耙会”是庄稼人自己的街子：买的卖的全是农具；买主卖主全是农民。

保山也是美食之乡，犁耙会上的各种小吃堪称舌尖上味蕾的舞蹈。

后来演化成了以买卖农业生产工具为主的庙会。

每年的正月十五，方圆几十里、上百里的乡村农民，都会聚集到河图镇哀牢山大官庙附近，为一年的农事活动置办必备的农具。诸如犁、耙、扁担、绳索、竹帽、蓑衣、镰刀、锄头、粪箕、筛子、簸箕、篮子、扫把等应有尽有。这一盛会也标志着春节过完了，吃好了，玩好了，应该开始转入农事活动了。“初一闲，初二逛，正月十五找活干”，说的就是这个道理。

哀牢犁耙会延续千年，就如同一条河流在流经的地方总会增添一些内容。如今的哀牢犁耙会不仅仅是农具交易，还有民间文艺表演、万人登山比赛、攀岩比赛、犁田比赛。在哀牢犁耙会上你不但可以买到称心如意的农具，还可以大饱口福，下村的豆粉、板桥的烧肉米线、丙麻牛肉、金鸡口袋豆腐等传统特色小吃，是当地人的至爱。“吃生肉”这种习俗在《马可·波罗游记》中就有记载，它是哀牢国民族原始饮食习俗的继承，至今不衰。

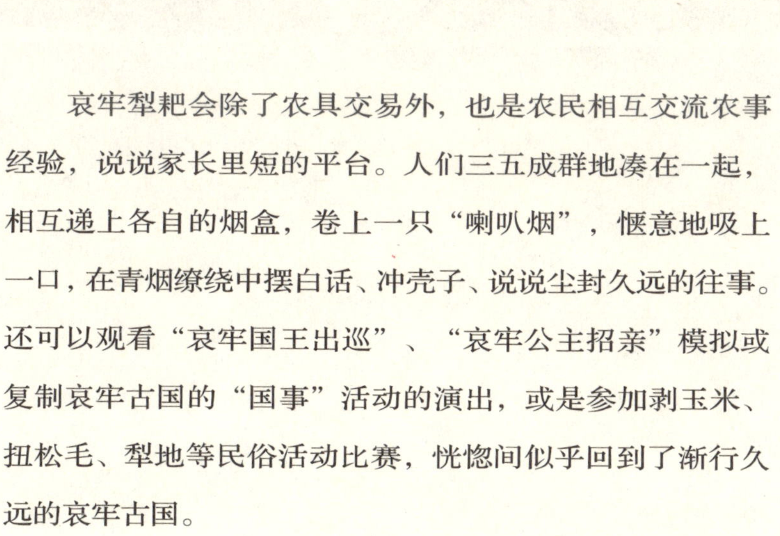

哀牢犁耙会除了农具交易外，也是农民相互交流农事经验，说说家长里短的平台。人们三五成群地凑在一起，相互递上各自的烟盒，卷上一只“喇叭烟”，惬意地吸上一口，在青烟缭绕中摆白话、冲壳子、说说尘封久远的往事。还可以观看“哀牢国王出巡”、“哀牢公主招亲”模拟或复制哀牢古国的“国事”活动的演出，或是参加剥玉米、扭松毛、犁地等民俗活动比赛，恍惚间似乎回到了渐行久远的哀牢古国。

“犁耙会”是哀牢国的庙会，古哀牢国依靠相对发达的原始农业兴盛一时。

综合卷

二、南方丝绸古道：从家门口经过的国际通商大道

两千多年前始于成都，经保山出缅甸、印度、巴基斯坦的西南丝绸古道一直是中国西南面向南亚进行贸易、文化交流的主要通道。斗转星移，日月交替，当写满传奇的古道被现代高速公路取代的时候，蹄印深深、苔藓累累的古道成为一种独特的文化遗迹存留在奇山异水中。

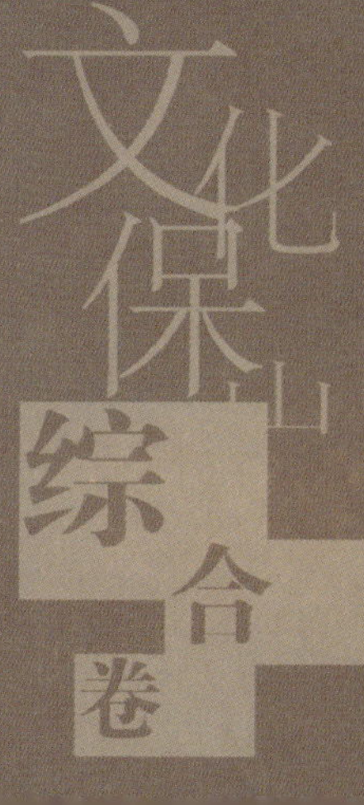

综合卷 ZONG HE JUAN

南方丝绸古道：从家门口经过的国际通商大道

保山处在横断山脉腹地，是地球上眉头皱得最紧的地方，这里高山耸峙，江河深切，应是一个与世隔绝、孤陋寡闻的偏僻之地。其实不然，保山因地处西南边地，是云南对外开放最早的地方。早在两千多年前，无数马帮、象队、商贾、脚夫在此开辟了一条秘密的民间国际商道，即“蜀·身毒道”，后称西南丝绸之路。这条国际商道是连接中国、印度、波斯、巴比伦、埃及、罗马、希腊等文明古国的纽带。

西南丝绸之路从今四川成都、宜宾起始，经昭通、曲靖、大理过保山出境，经缅甸到达印度，再往西延伸与西北丝绸之路西段汇合，经安息（今伊朗）、条支（今伊拉克）到大秦（古罗马帝国）。这条有着厚重南北民族迁徙痕迹和民间贸易色彩的自然通道早在春秋战国时期就已形成。零零散散的行商小贩带着蜀地的丝绸、筇竹杖、铁器沿着古道进入东南亚和西亚地区。我国的丝绸织造、造纸、印刷术、火药等伟大的创造发明，先后经丝绸之路流传到世界各地。而印度、中亚的琉璃、宝石、海贝以及宗教文化也随客商沿着这条古道传入中国。由于商业的发展，逐步演化成一条自发形成的巴蜀商人与身毒、大夏秘密通商的民间“走私通道”。

公元前 221 年，强大的秦昭王为了达到经营云南、扩大疆域的宏大构想，命曾因修筑都江堰而余荫后世、名垂千古的水利工程专家蜀郡太守李冰，承担修筑从巴蜀通往今昭通道路的重任。即北起宜宾、南至曲靖，途经盐津、大关、昭通、鲁甸、宣威等县，全程一千多公里。因沿途高山绝壁，难以开凿，李冰采用积薪焚石、浇水爆裂的方法在陡峭的山崖上凿道，艰难地把道路向南推，宽仅五尺，故称“五尺道”。“五尺道”的开凿，是官方修到云南的第一条道路，沟通了都城咸阳经四川与云南东部的联系，并在云南设置郡县，委派官吏入滇治理，使其成为秦帝国的组成部分。

秦帝国灭亡之后，汉武帝统治下的西汉王朝北击匈奴，南伐南越，东伏诸夷。汉武帝视“西南夷”地区为“北击匈奴，南伐南越”的战略要地，得“西南夷”不仅可以向西开通一条入身毒（今印度）达大夏（今阿富汗）的交通线，以联合西域诸国共击匈奴，而且向南可以从夜郎沿柯江（今北盘江）直下番禺（今广州），加强对南越地区的控制。因此在建元六年（公元前135年）派遣都尉唐蒙续修“五尺道”，于公元前112年完工。“五尺道”从僰道经朱提（今昭通）达建宁（今曲靖），川滇之间从此“栈道千里，无所不通”。

公元前122年，张骞出使西域归来，向汉武帝报告了他的发现，再次刺激了汉武帝将疆域拓展至西南夷地的决心，封张骞为博望侯，派遣四路使者分头探索通往印度的道路，使者经长期调查后回去禀报说，道路是经滇西地区过缅甸入印度的。汉武帝于是举兵西进，却受到西南夷各民族头人和部落酋长的抵抗。历时10年，也只将“五尺道”推进到洱海地区。

西南夷的部落头领们可以用战争来阻止不断侵入的中央王朝的势力，可是却不能拒绝沿道路而来的中原文化有形与无形的渗透。随着中原文化与边地文化的交融，农耕技术的输入对促进当地农业经济的发展起到了积极的作用。当时的哀牢国还处在奴隶制社会时期，社会生产力发展水平落后，哀牢国王及诸部落酋长仰慕中原文化，哀牢国王柳貌于东汉明帝永平十二年（69年）率72部落内附，遂在哀牢地设立永昌郡。西南丝绸之路“始通博南山、渡澜沧水”，通过缅甸进入了印度，完成了汉武帝“通往大夏”的雄图大略。保山因此成为南方丝绸之路上最后一个大都市，是中缅印物资集散地。商贾往来，马帮穿行，使具有中原文明的汉族直抵滇缅之地。

西南丝绸之路从四川起步，分别走东南面的“五尺道”和西南面的“灵关道”，最后汇合于大理，从大理往西，经漾濞进入永平县。永平因博南山而古称博南，所以，这一段丝绸之路被称为“博南道”。跨过澜沧江便进入永昌郡，再经永昌郡出缅甸、印度等国，经保山往西至缅甸这段道路便称为“永昌道”。

永昌道是西南丝绸之路在国内的最后一段。在保山境内有北线、中线和南线之分。北线从板桥经西庄、清水河过一碗水梁子，再经瓦房、汶上至勐古渡，翻越高黎贡山北斋公房达腾冲界头出境进入缅甸，是在西汉以前就开辟了的最早的道路。由于路途遥远，唐代以后，又逐渐开辟了中线。中线出保山城仁寿门上至磨房沟到杨柳青岗坝，再经阿东、渔塘过怒江双虹桥上至高黎贡山南斋公房，翻越高黎贡山后至江苴出缅甸。这条古道略晚于北道，形成于东汉设立永昌郡前后。南线是明代在原来商道基础上开辟的官道，从保山过蒲缥、道街、怒江惠仁桥，再从坝湾经高黎贡山磨盘石、蒲满哨后越过大蒿坪进入腾冲县，最后进入缅甸。唐樊绰《云南志·卷二》(《蛮书》)载："高黎贡山永昌西，下临怒江。左右平川，谓之穹赕(今道街)、汤浪(今坝湾)，加萌所居也。草木不枯，有瘴气。自永昌之越赕(今腾冲)，途经此山，一驿在山之半，一驿在山之巅。朝济怒江登山，暮方到山巅。冬中山上积雪苦寒，秋夏又苦穹赕，汤浪毒暑酷热。"唐代商贾歌谣说："冬天欲归来，高黎贡山雪；秋夏欲归来，无那穷赕热"，由此可见在这条道路上跋涉是非常艰辛的。好在一路上建有驿站供来往客商歇息，明景泰《云南志》载："蒲缥驿，在城南六十里，正统十二年建置；潞江驿，在潞江安抚司北一十五里，正统十一年建置。"又说："其本司所辖者，打板箐、蒲缥、八湾……凡二十二铺。"到清代，驿铺更多，清乾隆《永昌府志》载："总铺南去三十里蒲缥铺，三十五里打板箐铺。"这条古道一直到民国时期都是繁华的，成为第三条主干道。

西南丝绸之路是从古至今中国与缅甸、印度、阿富汗等国家进行经济文化交流的一条重要通道。从经济和人文历史的角度来审视这样一条道路，它是古代中国与东南亚、南亚和西亚相联系的一条最早的陆上"贸易交通线"，同时又是一条与西南地区发展紧密相关，与东南亚、南亚和西亚友好往来的文化交流、民族迁徙、宗教传播、使节过往、民俗濡染的"人文廊道"。

霁虹桥，『要塞天成』的水上咽喉

有着『西南第一桥』之称的霁虹桥，『壁立千仞』、『悬崖奇渡』，犹如『沧水飞虹』，是中国四大古桥之一。

在久远的年代里，西南丝绸之路上无数马队商帮跨急流、翻危岩，穿行于云南的深山密林中。漫漫古道上，他们渡过无数的江河溪涧，其中最险的江河就是位于保山市罗岷山和永平县博南山之间的澜沧江。沧江浊浪排空，两岸险峰若闭若合，阻隔了无数行商旅人的脚步。

霁虹桥最早建于东汉永平年间（公元前234年），始为藤篾桥。唐人樊绰《云南志》（《蛮书》）里说：“澜沧江南流入海，龙尾城（今大理）西第七驿有桥，即永昌也。两岸高险，水迅激，横亘大竹索为梁，上布箦，箦上实板，仍通以竹屋盖桥。其穿索石孔，孔明所凿也。”根据此段史料记载的推断，在三国时期，诸葛亮部队南征时，就改渡为桥了，只不过是一座竹索桥。元代不见资料记载，仅在《雍正通志》

里说：“元贞年间（1295—1297 年）也先不花西征，易以巨木，改藤篾桥为木桥，时逢蒙蒙细雨，长虹贯日，遂将兰津桥改名为霁虹桥。”有“雨止云散，长桥如虹”的含义。

明朝初年，木桥被大水冲毁，只好又恢复船渡，澜沧江水急浪高，船被江水吞没时有发生。明洪武二十八年，铸两铁柱于两岸崖间，拴上绳子，用以牵引船只过渡，却也未能保证所有船只安然无恙，兰津渡被往来客商视为险途。明成化十一年（1475 年），江顶寺了然和尚用化缘得来的资金修建铁索桥。这时的铁索桥是简陋的，铁索上铺木板，行人可从上面雁序而过，虽不用涉水，却也是上无所倚，下无所凭，上下颠簸，左右摇晃，行人无不胆战心惊。清康熙二十年（1681 年）改铁索为铁链，比之铁索桥自是牢靠了许多，走在上面也把稳了许多，成为滇西建造铁索桥的典范。霁虹桥修成后，源源不断的客商马队经

沧江浊浪排空，也未阻住商旅行人的脚步。

毡帽、马夹、长筒靴，是曾经的时尚。

霁虹桥一直是“永昌道”上重要的水上咽喉

由博南山而来，数百年间，霁虹桥一直是“永昌道”上重要的水上咽喉。

霁虹桥总长 113.4 米，净跨径为 57.3 米，桥宽 3.7 米，全桥共有 18 根铁索，铁索两端分别固定在两岸的峭壁上。铁链扣环直径约为 2.5 至 2.8 厘米，宽约 8 至 12 厘米，长约 40 厘米，环环相扣成链，其中底链 16 根，成二四四四二的形式排列；承重链 4 根 1 组共 3 组，扶手链每边 1 根，总重量约有 20 余吨。底链上铺木板为桥面，离水面 12.5 米。桥梁两端分别建有亭榭和关楼，两端建栅门，立税卡，设官庭，驻使节。西岸桥头有碉堡，临江扼险，历代朝廷皆派精兵把守。桥东岸建有御书楼，悬挂着清皇帝康熙手书“飞虹彼岸”的金匾。旁有武侯祠，塑诸葛亮烫金像，桥西岸建有观音阁。徐霞客游记里这样记述：“临流设关，矾石为门。内倚东崖，建武祠及税局；桥之西，矾关亦如之，内倚两崖，建楼台并祀创桥者。”这些建筑或就悬岩起檐，或于陡坡立亭，蔚为壮观。因驮运盐巴、粮食、土布、棉纱的马帮较多，每天清早桥亭大门未开时，等候过桥的旅人和骡马就已经排到五六里地以外。

霁虹桥历经各朝各代，皆是屡毁屡修，修废不一。从明成化年间(约1476年)至民国二十七年(1938年)滇缅公路通车的500年间，雾虹桥被澜沧江水冲毁10多次，有碑为证或有文字记载的重建和大修达20多次，小修不记。滇缅公路通车后，大量的物流经功果桥，日本为了封锁中国这条唯一的国际援助通道，派飞机轰炸沿途的桥梁，霁虹桥也未能幸免。1949年秋，滇桂黔边区纵队第三团在执行任务中，为防止敌人合击将桥链錾断。1952年冬，人民政府重修霁虹桥。铁链从缅甸运来，到了惠通桥后装车运到保山坝，再用人工如蚂蚁抬虫一般从保山坝抬到江边。铁链每扣长37厘米，粗7厘米，重3公斤，一根铁链有600多扣，总重近2000公斤，一路上又有官坡和天井铺这样的碰鼻子坡，其艰难可想而知。铁链抬到江边后，还要挣紧拉直，尽量减少下垂的弧度，就用“滚筒紧缩法”，法虽土，却非常管用。以后几十年，霁虹桥一直是澜沧江两岸人民往来方便快捷的交通要道。只可惜1986年10月12日，桥上游因山体滑坡而将江水壅堵，当江水冲破障碍一拥而下时，造成桥头滑坡，关楼被毁，铁索扯断后落入江中，仅有桥墩护堤、摩崖石刻、铁柱、飞石口涵道等留存下来。1997年，隆阳区退休职工段体才老汉在隆阳区洞经协会的支持下，募集资金20万元，于1999年7月在霁虹桥上游20米处新建一座长120米、宽2米，可供人马通行的钢索木板桥。

霁虹桥自建成以来，几修几毁并不重要，重要的是为我们留

摩崖石刻是古道的文化名片

下了厚重的古道文化、宗教文化和桥梁文化。与霁虹桥浑然一体的是伫立在沉寂的古渡旁的摩崖石刻，下了平坡走近江边，写满文字的山体便以决然的气势抢入眼帘。一字压一字，一幅盖一幅，高约 80 米笔直的山体成了一道拔地苍天的文化墙。多数题刻字大盈尺，风骨高古，雄浑壮丽，隶、草、楷书各体皆备，颇有气魄。从内容上看，一类是题颂长虹卧波的，

如清康熙癸未冬（1703 年）保山知县张其嵋所题“霁虹桥”三字行书，每字幅高 1.27 米，宽 1.13 米，体壮气足，格外醒目。明代成化年间督学使吴鹏所题“西南第一桥”，直书阴刻，字高 0.8 米，笔力雄健，章法也佳。第二类是赞美古渡天堑的，如清康熙年间的“天南锁钥”，乾隆年间的“悬崖奇渡”，明嘉靖年间的“壁立万仞”，还有“兰津渡”、“金齿咽喉”、“要塞天成”等，均古意苍苍，各具特色。第三类是称颂劳动人民聪明才智的，具有代表性的是每字高约 1.8 米的“人力所通”。除了题字，还有诗文。明代新科状元杨升庵的《霁虹桥》、郡人张含的《兰津渡》、楚人江盈科的《过霁虹桥拜武侯祠》、监察御史王大任的对联“怪石倒悬侵地隘，长江诘曲傍山多”等，内容涉及交通、政治、经济、文化诸多方面，刊刻着自古以来骚人过客，政商各界的真迹，记载着兰津古渡和霁虹桥的历史，可补方志所阙。它不同于无章的涂鸦和粗陋的文字，而是以融艺术美感和文化内涵于一体，赋予一座古桥独特的气质，是古道一张当之无愧的文化名片。

2006 年为了应对小湾电站蓄水发电后淹没库区的既定事实，在霁虹桥的斜上方又建造了一座悬索吊桥。新桥很壮观，能通机动车辆，却因没有了那令人称道的摩崖石刻，没有了桥上凝结的岁月风霜，霁虹桥“上无所倚，下无所凭，飘然是空”。即使有雨后斜阳，澜沧波光，也让人感受不到“古道西风瘦马”的苍凉味道，终究逃不出“树小墙新画不古”的宿命。今人有办法截住澜沧江洪流，却再也无法托起霁虹桥之神韵！

如今的古桥和摩崖石刻已经淹没在水下 60 米处，但在实物之外，一种精神，一种品质，一种凝重而厚实的积淀和内涵仍然存在于现实生活当中，那才是古道的风骨，古道的气质，古道的灵魂和精髓。没有这古道，古道上的桥梁，便不会有后来绵绵不绝的中华民族文化长廊，以及我们恣肆汪洋的现代文明。

平坡，永昌道上第一铺

马锅头老死在庄稼地里，曾经走南闯北的骡马永远在这山上吃草，只有玉米和野草守望着古道，这就是平坡铺的历史。

两千年的“蜀身毒道”，延伸至博南道的尽头、永昌道的始端，就是兰津渡了。霁虹桥犹如澜沧江上的一根扁担，一头挑着博南山，一头挑着罗岷山，从桥东走到桥西，你就从博南道步入永昌道，从大理州进入保山市。

平坡铺作为“永昌道”上第一铺，是一个百户左右的小山村。名虽为“平”，只是相对于博南山与罗岷山的陡峭来说坡度稍缓一些而已，其实还是坡。如果说博南道从杉阳至霁虹桥是“大落”的话，过了霁虹桥踏入永昌道就是“大起”了。远来的商贾，跋涉的旅人，从霁虹桥上来，爬的都是碰鼻子坡。经历了大起大落之后，到平坡铺已是人

困马乏，前面紧接着又是陡峭狭窄的梯云路，更是难走，正好在平坡歇脚休整，恢复体力，补充粮草，平坡铺因而一直都是商贾云集的驿站，一天到晚，马铃铛声此起彼伏，热闹非凡。

在古道繁荣时期，平坡铺户户开马店，人人卖马草，全与古道、与马帮相关。尽管平坡有大大小小30余家马店，小马店可歇二三十匹马，大马店可歇六七十匹，但仍有晚到的马帮住不上店，于是千余米长的街道，时常拴着些骡马。半夜里马匹受不住寒冷，或为了驱赶蚊蝇而扬蹄跺脚，蹄声嗒嗒；或相互摩擦取暖，铃声阵阵，是平坡铺独有的

李家马店

小夜曲。开马店的生意不错，卖马草的一天下来收入不菲。平坡人还开百货店，设茶肆，办饭店，来往客商所有的消费行当都没有落下。平坡附近村寨壮劳力还扎了轿子或滑竿，方便体力不济的行人或妇女。

如今的平坡，唯有村中遗存着一条宽3米的小街，青石凛凛，蹄印深深，把杂沓而来的若干个故事镌刻在斑驳的小街上。小街历经2000多年的岁月风雨洗刷，仍然是“永昌道”保存最完整也是最集中的一段。每一个光滑的石头，都是一首优美的诗；每一道凸凹的路面，又都是一个个飘逸的音符。两端有半圆拱形街门遗迹，拱门上“太乙生水”、“俗美风淳”仍依稀可见。

蹄印深深，岁月之痕。

古道衰落了，赶马仍然是生活的一部分。

小街两旁一座座老屋，就是过去人声鼎沸的马店及商铺。遥想当年，每天黄昏以后，马店灯火阑珊，一排排马桩拴满了骡马，赶马人卸下锅灶，在堆满货物的院子里生火做饭，炊烟袅袅之中，酒肉飘香，马嘶人喊，大碗喝酒，

大块吃肉，大声猜拳，赶马人劳累一天之后的各种各样的情绪，在狭小的平坡得到最完美的挥洒。传说中建文帝流落平坡时住过一夜的李家马店居于村口，现任“店主”李如一，正如他的名字一样，始终如一地守着激荡的澜沧江，守着胎衣丰润的故土，守着祖辈留下的马店已度过了50多年风雨人生。他家房檐下，一块清光绪十三年永昌都司卫赠挂的寿匾“期颐在望”，以永久的沧桑之态吸引无数后人痴迷而有神的目光。祖辈留给他的，不仅仅是这匾和这仍可遮风避雨的古老建筑，更多的是这个院落在风雨飘摇中过滤出的坚韧和厚重在他骨子里留下的印迹。

走进街中间的一所四合院，就如同走进了一个马帮博物馆。墙上挂着蓑衣、铓锣、马鞍，马鞍是木头做的，鞍头包着黄铜。狭而长的花岗石马槽以及花岗石杵臼一如既往地躺在原地，院内铺有一块长两米、宽一米的大石，形似一条平卧的大鱼，石头上布满了犹如鱼鳞般的斑点。这是平坡铺有名的周家马店旧址，院主人周洪发说，那是澜沧江上的鱼石，是他阿公的杰作，和院外街心古道上镶嵌的那一块是一对。街心的那一块，一样的赭红色石板，一样的色泽炫目，形似红鲤，经百年踩踏，出现了四对八个循序对应的蹄窝，鱼石成了平坡马帮文化悠远历史最美丽的佐证，也成了平坡人津津乐道的精神传承。

平坡铺因古道而兴，亦因古道而衰；文明因古道而传，亦因古道而塞。自滇缅公路开通后，古道上来往的客商和马帮没有了，平坡失却了嘈杂和繁华，平

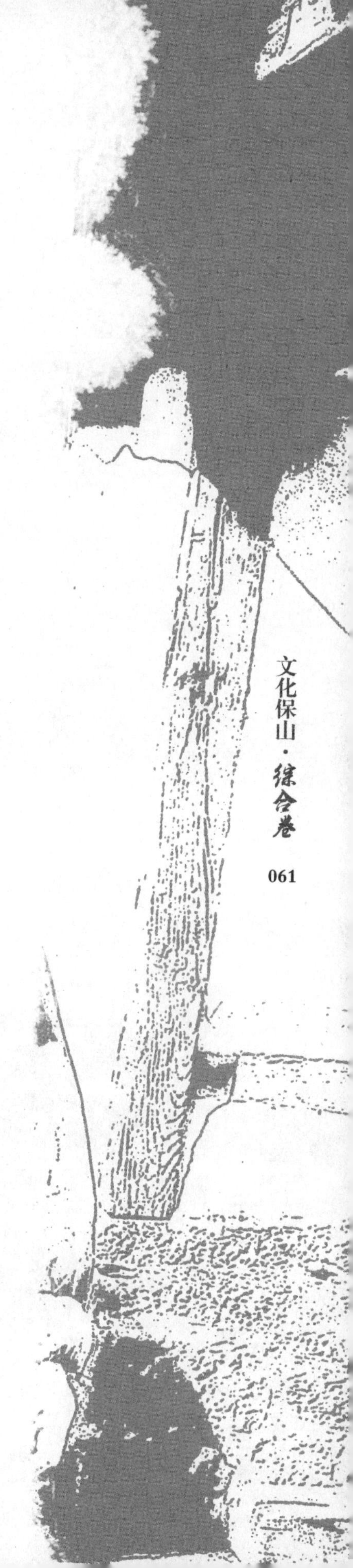

马帮文化是平坡人津津乐道的精神传承

坡铺人转行成了庄稼户，驿站变成了山村，马锅头老死在庄稼地里，曾经走南闯北的骡马永远在这山上吃草，只有玉米和野草守望着古道。

然而，石板路、骡马、霁虹桥，永远是平坡人现代生活的历史背景和精神底蕴。当古老的霁虹桥随着小湾电站建设没入江水之时，平坡铺人强烈要求重建一座桥。桥不能断，桥不断路就不会断。桥和路，是他们连接远方梦想的纽带。与桥一起修建的，还有从平坡到杉阳的公路，那绕山而行的生命之路，将是永昌道至博南道最精彩的现代延续。

蹄印深深『梯云路』

一径陡绝，崎岖回环，云雾缭绕，有人赶着马行走在形如梯子的山道上，让人想到明清时期的山水画风。

民谚云："蜀道哪有滇道难，大江湍急大山蛮。"梯云路是西南丝绸古道"永昌路"上最为艰难的一段，道路开始得非常突然，才出平坡铺，前行的路从脚下一直向上延伸到峡谷高处。山脚海拔是1000米，行到路的最高处是1900米。若是平行距离，这算不了什么。若说是一盘900米长的梯子，攀爬起来其艰难程度可想而知。这当然不能算是一盘真正意义上的梯子，这是一条路，一条从谷底攀到谷顶形如梯子的路，因"凿石为梯，穿云得路"，故名"梯云路"。

西南丝绸古道越过澜沧江后，在平坡铺休整了一晚，第二天早上起来，首先要翻越的是罗岷山。元代以前还没有"梯云路"，而是绕

随着时间的推移，古老的丝绸之路已经建设成为国际通商大道。

南而行，经五里哨到达关铺步入长弯路段，虽不太陡却要迂回十多里。传说有一显宦到永昌公办，回程时从水石坎小路直下平坡铺，水石坎的三宝金月亮、金鸭蛋、金鳅鱼显灵放光，显宦与其随从拿走三宝。为报天赐，回宫奏准改直古道，从水石坎凿石为梯直上关铺，不必再经五里哨，是为捷径。因水寨河的水捣石而下，箐水汹涌，沿路而流，又名“水石坎”。

行在梯云路，但见乱石穿空，飞瀑四溅，头上涧雾扑面，脚下水波涌动，踩着石磴，绕过破壁，云雾飘忽不定。视野所及，但见罗岷、博南二山夹江对峙，浩浩澜沧江在脚底下如一丝蛛网，东曲西折飘荡而去。落脚处，但见每级石磴、每个顽石都被时光打磨得光滑无比，人行其上，须是一百个小心。而更令人惊叹的是，光滑的各形蹄痕，有的环窭相连直落成穴，滑行长达 10 多厘米，有的斜刻成槽，末端缀

古道似一首绵延不绝的无字史诗

简单而悠久的棋盘

千年岁月镌就的蹄痕

一深陷的圆洞，浑若一个个触目惊心的感叹号。这是由无数马匹经数千年跋涉完成的举世罕见的奇异石刻，似一首绵延不绝的无字史诗，铭记着古道的岁月风霜。汉武帝的使者张骞在大夏（阿富汗）发现的蜀布和筇竹杖就是从这样的路上运过去的，马帮将中国的丝绸、布匹、瓷器、铁器、漆器、茶叶等运送到了缅甸、印度及阿富汗，同时也把不计其数的宝石、珍珠、海贝、琉璃和印度的佛教、掸人的乐队和杂技传入中华大地。

梯云路一处稍平的地方，凿在石上的棋盘映入人们的眼帘。旅人至此作中途小憩，捡几个碎石，再找几根寸长木棍，各作棋子，便可开仗。如今古人已去，棋盘如同一个象形文字，让后人猜不透棋盘上到底镌刻着多少商旅马帮的传奇故事。走过梯云路的“尾道桥”，见巨岩上有一个海碗大小的圆滑凹槽，传说三宝中的“金鹅蛋”就是从这里被取走的。

破壁欲合处，“罗岷”两个隶字赫然夺目，为民国元老李根源先生所书。又有两行小字，“行人至此，小心移步”。虽不知系何人何时所题，却语重心长，相比较民国元老的勒石，虽没有大气势，却更具人情味。

时至今日，仍会有三五匹骡马，踏着上千年前骡马踩磨下的蹄坑，用相同的节奏，敲出千年不变的蹄音。山民赶着这些骡马，驮着木柴、栎炭或其他山货到县城卖，驮回电饭锅一类的家用电器，用

不变的速度维系着一种平静不变的农耕生活。这种生活所能展现的，是一种城市生活之外的乡村风情。

上至云梯顶端，但见一抹夕阳红，一江黄色的沧浪之水，山民赶着牲口从集市上回来，顺云梯而下，人畜皆已消失在古道上，吆喝声还从山谷中传来，回荡在历史的深处。此情此景不由使人想到清代游者尹艺的诗：

五丁开不到，奇险扼哀牢。

野水争流急，悬崖久仰高。

天惊顽石破，人踏彩云豪。

我亦登临客，乘风一叱骜。

一步三惊的梯云路，与兰津古渡、霁虹桥一起成了人们永恒的记忆。如今，只有山民或是寻幽访古的探奇者，才会用他们坚实的脚步，将这根悬挂在云天之中的岁月空弦轻轻奏响。

古道、铁索今犹在，唯有驮骑早已消失在岁月深处。

板桥驿，马帮驮来的古镇

斑驳的墙壁，沧桑的门窗，一成不变的百年老店，还有用青石板铺就的千年老街，外向型铺面和内聚型住家的前店后宅式的传统民居，古老的板桥驿见证着历史的变迁。

走完“梯云路”，继续前行，经牛角关，就可到达官坡。官坡是板桥镇的一个行政村，位于保山市城北 14 公里处，因山顶有古隘“牛角关”，故名关坡。旧时府衙常到这里迎送来往保山的达官贵人，亦称“官坡”。村内残存一段长约 1.5 公里，宽 2 米的石铺古道，是南方丝绸之路进入保山坝内的一处重要遗迹。古道沿山脊缓慢下行 10 公里，就到永昌道重要驿站之一的“板桥驿”。

旧时的保山坝子沼泽处处，又有东河从坝子中间穿过，板桥驿因东河两岸梅花盛开，烟柳迷津，来往商贾都靠“竹索或木舟”摆渡，有“梅花古渡”之称。三国时期，诸葛武侯南征，其前锋抵达板桥后飞马禀报：此地为一平坝，遍地荆棘，古木参天，河水横流，大队人马难以通过。

青石板铺就的街道，见证着历史的变迁。

据说能降服火龙的魁阁

诸葛亮听说“古木参天”，立即传令“架木为桥，以图过往”。于是，兵士们砍来一棵棵大树搭在河面，上铺木板，“板桥”之名由此而得，一直沿用至今。

板桥商业的萌发，始于西汉时期，相传有一个叫丘梁玉，一个叫董胡子的人从中原内地跟随马帮沿“蜀·身毒道”来到“梅花古渡”，看来往行人较多，做点小买卖既方便行人，自己也有钱赚，于是就留了下来。小买卖越做越火，彼此约定每五日交换货物一次。于是，方圆数十里的人们都来板桥“赶街子”，逐步形成集市。南诏时期，阁罗凤大量迁徙“白蛮”来永昌，板桥人口也随之剧增。元朝末期，街

茶室兼营开水店，几代人的营生。

坊住户达200余户。雍正八年（1730年），永昌道改称迤西道，板桥驿为“迤西第一大集市”。清末，板桥已形成区域性的商品贸易加工集散地，赶街人达数万之众。

另据《保山县志》记载：元初，纳速剌丁开边平缅，见板桥繁华殷实，且扼据永昌城北出入之门户，又当进省旧道，遂在此建驿站，接纳南来北往的马帮。清朝时期为方便地方官员迎来送往之需，特设五里一亭、十里一塘，板桥即塘房所在。从这里踏上进城路，烟柳夹道，荷花匝地，如在画里行。清代诗人刘树堂有诗云：“远望北津道，环溪是绿杨。树自今日少，水自昔年长。船筏通三里，人家在一方。最宜垂钓者，倚石醉斜阳。”西南丝绸之路催生出悠久厚重的马帮文化和商业文明，板桥驿抒写了浓墨重彩的一笔。

板桥驿遗存有青龙街，南北走向，中间铺一溜青石板，两边镶嵌鹅卵石。街两边的房子一律两层瓦屋房，二楼住人，一楼就是铺面，铺面后是自家的院子。铺子上没人，你一喊，主人就从后院出来了。

街上有马店、钉掌铺、茶馆、戏台、照相馆、理发店、栎炭土炉糕点铺、金银首饰加工等。“万家的顶子”、“马家的银子”、“赵家的牌子”、“戈家的饼子”、“董家的包子”、“丁家的馆子”尽显特色，各有千秋。街上建有三教寺，即儒释道三教合一，寺内有戏台，可见古道对于宗教文化的传播功莫大焉。

走在青龙街，你会发现马帮并没有远去。虽说外面的世界有了高速公路，有了汽车，日行千里不再是神话。但在这里的山区，骡马仍然是重要的交通运输工具。只是这些骡马不再作线性远行，只在家门附近作短途运输。驮铃渐稀却仍然没有沉寂，青龙街上深浅不一的蹄印，时不时有马蹄再次踏过。走进一家挂着“古道钉掌铺”牌子的小店，专卖驮马用的东西，马掌钉、马鞍子、马屁楸、马铃铛，凡属马帮用的应有尽有。马站依然存在，马厩门上钉着两块板子，上面有字，一块上是“回避”，另一块上是“肃静”，很可能是过去府衙留存下来的，本可以作为文物，却钉在马厩门上，让人五味杂陈，不知说什么好了。

随意走进街边老茶馆，让人惊异于千年岁月在这里的沉淀。茶室一点也不显眼，也没个招牌，虽有街民指点，最终还是走过了又走回来才找着了。茶室里的光线有点暗，进去一小会就适应了。惊奇的是外面的世界都已经进入创新思维，高速公路四通八达，中国人开始遨游太空，神州九号已与天宫一号对接成功，刘洋这个当代嫦娥飞天后又

百年糕点老店“桂香楼”

飞回来了，登天的路再也不难。可在这古驿道上，小茶室里的茶桌，有的是四根木条顶着一块木板，有的是明清时期就用来装米的柜子当作桌子用。茶客们坐的条凳，一块枋条下伸着四只凳脚，跟摆着的桌子倒是很协调。泥土地面，扫得很干净，还有被火烟熏黑了的板壁和楼楞，楼楞上蜘蛛忙着织网。有人进来，像在自家一样，坐下后用眼神随意向四处瞟去，碰到熟人，对一下眼神，就算打过招呼。茶室主人给他拿来跟其他茶客一样的茶壶和茶杯，装好茶叶，冲上沸水，将盖轻轻盖上。

让人惊异的还有这里的茶费，给一把茶壶，一个茶杯，茶叶随意放，几年前坐一整天也就是一毛钱。这一毛钱的价格，印证了这条古道的悠久。现在加到一元钱，相比城里茶室，可算是便宜之至。只是，茶室的主人如何营生？主人回答说，主要靠卖开水，五角钱卖八磅水壶那样一壶。

临街铺面一个老虎灶，开水锅突突地冒着热气。

走进青龙街，犹如一次穿越，让人一下子跌进记忆深巷。千年岁月，风貌一成不变。马帮悠远的铃声，蘸着夕阳暮色“叮当”作响。偶有骡马穿街而过，蹄踏声伴随着骡马滚烫的鼻息，淹没在往日的茫茫尘埃之中。夕阳余晖，依稀照见渐行渐远的背影。

古道在一个又一个变幻不定的场景中继续前行……

飘在双虹桥上空的古道风云

苍茫暮色里，山风瑟瑟，一桥凌波飞渡，静若雨虹，摄人心魄的宁静之美，弥散在冬日的怒江大峡谷。

以往都是站在桥上抚摸滔滔怒江的大气磅礴，用眼睛过滤一条千年古道的如烟岁月。此刻站在双虹桥之上，竟是一种心欲飞翔的迷幻，云和晚霞离身体很近，似乎伸手就可以抓一缕披到身上。在蜿蜒的古道上，马帮的铃声若有若无，尽管那不是走向夷方的马帮，只是附近山民驮运粮食的劳动伙伴，但在丝绸之路的蹄印里，仍是古道深处最有韵味的风景。

双虹桥在隆阳区芒宽乡境内，是南方丝绸之路怒江天堑上一座最古老的桥，它的存在其实已不在于桥本身，而完全是一种文化的象征了。两千多年前，当来自成都的蜀布、筇竹杖，来自云南各地的盐巴、丝绸，

汇集于西南大商埠永昌，再走过茫茫四十里西山梁子到达怒江东岸时，眼前绝对是江水汹涌，惊涛拍岸。往来客商要过怒江，必须以船渡之。徐霞客在游记里记载："崇祯巳卯年四月十一日，自永赴腾，过怒江。又五月二十二日，自腾返永，过怒江，并于此渡船。"万历通志载："潞江渡，旧刳木为舟以渡，往来甚惊人。"因水流湍急，货物马匹众多，舟楫不能负重，将人和马匹冲走的事时有发生，加之怒江古为瘴疠横行之地，所以在古时渡怒江成了崎岖丝绸之路上的一大险事。

为方便过路马帮和商人，使丝绸之路畅通无阻，乾隆五十四年（1789 年），知府陈孝升捐资建桥。利用江心石崖"砌之以石，两岸以铁索横牵之，悬空而渡，遥望之，如双虹然"，苍劲而唯美，成了丝绸古道上最经典的风景，也承载起特殊的使命。马帮从永昌道上来，从这里翻过高黎贡山，经腾冲出缅甸，到达遥远的印度、

岁月更替，涛声依旧。

大夏（阿富汗），接起通往南亚的古老商业文明。这座桥也在百年风雨的冲刷剥蚀下不断修复并保存下来。清咸丰九年，它被兵士焚毁；1923年，罗明、蒲缥士绅在旧址重建。1942年，怒江以西在日本铁蹄下沦陷，远征军拆桥以守，1945年反攻腾冲，远征军在栗柴坝、双虹桥一带渡江，收复腾冲后又修复了双虹桥，沿用至今。

几经沧桑，静若雨虹。

现在，桥的关楼还在，桥墩下的礁石虎群一样伏在江心，大有一跃而出之势。人站在晃晃悠悠的铁索桥上，江水奔腾，东岸的怒山和西岸的高黎贡撑起双虹桥最雄性的美。

蒲满哨，即将消逝的村庄

一条连接夷方又穿越全村的石板路，几十间在风雨剥蚀中失尽芳华的老屋，十几个与古道长相厮守的老人，就是蒲满哨的一切。

也许没有一个村庄，能像蒲满哨一样，与历史上3条著名的路有着割舍不掉的联系，一条青石幽幽的丝绸古道，一条声名显赫的史迪威公路，还有一条担负着近半个世纪生命线的老保腾公路。甚至没有一个村庄，能像蒲满哨一样，以十几名饱经沧桑的老人与世无争的生活，攫住进村者的每一寸目光，让人直想把世事看穿，把千年遗风揽入胸间。

蒲满哨在高黎贡山最南端绝顶，古永昌与古腾越的交界处，一个如今只有8户人家的古老村落，当因路演绎的辉煌在它的舞台落幕之后，在高黎贡山深处的云蒸霞蔚间，它似一个记忆的符号，永久地停顿在驿道尽头。这是一个被云雾浸染得没一丝杂音的村落，这是一个遥远的丝路之梦可以随意附着的村落，一条连接夷方又穿越全村的石板路，几十间在风雨剥蚀中失尽芳华的老屋，11 名不愿随子女搬迁下山，而与古道的宁静长相厮守的老人，就是这里的主宰。尽管如此，蒲满哨并不显得呆板，挂满篱笆的西番莲，撑起浓浓荫凉的瓜架，压坠枝头的桃桃李李，足以使留守老人们的生活有滋有味。

一株经历了 300 余年岁月的核桃树下，在这里生活了 82 年的杨美珍讲述着蒲满哨作为丝绸古道重要驿站和边防哨卡百年来的风雨变幻和兴衰荣辱，先不考究她所讲的与历史的脉络是否大体相向，仅以她对 82 年风雨人生的清晰解读，她的记忆及思维方式，是一座苍茫的大山和镌刻于角角落落的丝路传奇天然赋予的，与她清瘦的面容一样朴素而耐读。

蒲满哨，古为蒲蛮哨，据传是蒲蛮人居住的地方。两千年前蒲蛮人常与汉朝戍边士兵发生战争，在一次“三千人搬弓，八千人支箭”的战斗中，蒲蛮人战败，双方以箭指路划分边界，箭射到的地方，即为蒲蛮人退守的地方，汉朝将士便在高黎贡山分水岭设卡布防。分水岭以西的区域普遍被百姓称为“夷方”，所设哨所称为“蒲蛮哨”，即“防止蒲蛮人”进来的监视哨卡。

明清时期丝绸古道逐渐南移，蒲满哨就成为磨盘石之上最险要的隘口，同时哨卡也成了官府向过往客商收税的“海关”。马帮过了蒲满哨，就往烽火台、城门洞、小平河一带推进，下龙江，过腾冲，出缅甸了。杨美珍在少女时代和风华时期，时常把地里的瓜瓜果果及自织的土布，带到城门洞（俗称草皮街）、小平河集市换些生活用品。因为她家房屋宽敞，过路的马帮常在她家歇息吃饭，她也就闻着马帮的鼻息，咀嚼着马锅头的悲欢离合，以及古道的辉煌没落度过了大半生。杨美珍两个儿子一个在坝湾盘田，一个在德宏种地，儿子接她到坝子里去生活，她却不愿意离开生活了一辈子的地方，宁愿孤身一人守着一幢老屋，

年轻时曾有很多梦想，
一生却只做了一件事，
那就是守护高黎贡山。

种着一亩包谷，细数着如水的日子。

杨昌能在蒲满哨是个名人，他在大蛇腰护林点当护林员已几十年，是高黎贡山的土行孙，没有什么地方他不能去，也没有什么地方他不认识。大蛇腰距蒲满哨约一公里，属隆阳区地界，与腾冲县的大蒿坪真正的一岭之隔。因长居大蛇腰几十年，58岁的杨昌能顺理成章地被所认识的人称为“大蛇腰”，地名成了他的人名，人们大多忘了他的真名。他一边护林一边养了百十只羊，老伴从杨家田上来陪他，闲不住就包了一段只跑一班车的老保腾路养护。

杨昌能最明显的特征是腰上挂把砍刀，刀随走路的节奏有力地在屁股上拍打着，一只身形健美的黑狗与他寸步不离。在高黎贡山的密林中穿行，疯长的枝杈刺条离了他的砍刀开路可不行。虽然近花甲之年，身形瘦削的他依然矫健、迅疾。他故事一讲就是几大箩，蒲满哨的兴衰，永历帝残军与吴三桂追兵在磨盘石的惨烈之战，诸葛城的前世今生，他都讲得经是经，络是络。

也许从蒲满哨翻越高黎贡山是一条相对容易的道路，二战时期著名的史迪威公路就沿古道的走向蜿蜒而去。在路边，时不时会出现一个巨大的石碾罩住行走者的目光，那是滇西民众用血肉之躯铺筑一条胜利之路时留下的永久纪念。因缺少压路机，当时的盟军工程师就让民工用巨石凿成圆柱状，用纤绳拉动当压路机用，为筑路抗倭立下了汗马功劳。它是一个民族在危难时刻的力量象征，甚至现在它已成为一个经典的文化符号立在路边，让后人以无比崇敬的心情瞻仰它、抚摸它。据有关报道，其中一个石碾，被盟军想尽办法用集装箱运到大洋彼岸，摆在军事博物馆里，见证一段在东方缔造的筑路神话。

老保腾公路是贴着古道开凿的，为了修建这条公路，民国时期曾三次组织修筑，都未修通。抗战后期，这条路作为国内正线被列入规划，可最终仍因高黎贡山、怒江、龙川江的险峻地势而改道。直到新中国成立后，腾保公路才修通，蒲满哨如今还立着修路纪念碑，记载了1951年8月至1952年9月人民政府重修保腾路的经过。在一年零一个月的时间里，保山、昌宁、镇康、龙陵、腾冲五县民众13000人先后奋战在这条流淌着前人鲜血的公路上，因为工程的艰巨和危险，又有39位民工永远躺在了这条英雄之路上，只是老保腾公路虽还不是太久远，也因高速公路的通车而成为古道了。

在蒲满哨的脚底，是磨盘石的惨烈与沉重；在蒲满哨之上，古城门的千古繁华残留给后人的是无尽的猜想。蒲满哨的老人们每一天的日子，都飘荡着来自山顶这些陈物旧事的沧桑气息，往日的繁华以及演绎的故事，总让老人咀嚼留恋。

从距蒲满哨约一公里的大蛇腰上山，踩过沉积无数年的腐叶，穿过一片片竹林，跋涉于逼仄的古道，鲜活的苔藓，丰茂的水草，清亮的溪流，湿润的空气，行走者的身影在幽暗的浓荫里穿梭。穿过一片白色杜鹃花盛开的山坡后，眼前豁然开朗。杨昌能说“烽火台到了”。但眼前除了苍天的榕树、栎树，什么也没见到。跟着杨昌能搜寻而去，在一棵榕树旁，一片杂乱无序的灌木丛中，现出一断壁残垣，大蛇腰说：“这就是烽火台了”，可它在风雨飘摇中早已坍塌。

继续前行，从烽火台往西穿过一片开阔地，来到一个被两侧山体挤压成狭长通道的地方，这就是古城门洞了。城门洞宽约 10 米，两侧石基清晰可辨，砌城的砖约有现代砖的四块大、两块厚。杨昌能说：上世纪 50 年代城门洞还很威风地立着，烽火台与城门洞之间的那片开阔地，其实是林立的店铺。过路的马帮及做小生意的小商贩，还有附近村寨的居民常来赶街，所以这里曾经很热闹。后来保腾公路修通，马帮逐渐减少，古城门洞也就逐渐衰落了。

追溯城门洞的建造历史，从查阅的资料推证，这可能就是蒲满哨守卡士兵驻扎的地方，年代约为诸葛亮南征之前，当地居民也一代代传下来，叫这个古城门洞为诸葛城。士兵的家属，也许就住在距此五六公里的蒲满哨村。

82 岁的魏连坤与 77 岁的老伴杨焕娴是蒲满哨最幸福的人，老夫妻俩一辈子寸步不离，生活在这白云做客的地方。偶有游客光临他家瓜藤缠绕的木门，“吱呀”一声，鹤发童颜下的笑脸就迎了出来，他们的身后，就是层峦叠嶂的群山。客人围坐在花鲜菜绿的小院里，每次

大雾蒸腾，冷风嗖嗖，在风与树的动感之中，一块被护林员和蒲满哨居民称为“天池”的水面突现眼前，烟波渺渺，如梦如幻。

魏连坤与老伴杨焕娴是蒲满哨最幸福的老人

见证了蒲满哨兴衰的杨美珍，每次总是把来访者送出很远。

离开，都拔不动脚步。

魏连坤算是蒲满哨“见识”最广的人。他没读过书，14 岁起就随父亲帮赵金美家赶马。说起那段赶马生活，魏连坤充满怀念。他们有 30 多匹马，5 个赶马人，还有几支枪，土匪也不敢惹他们。驮上保山的丝绸、土布、茶叶、盐巴等从腾冲到密支那，往返一趟约需半个月。1951 年，18 岁的魏连坤报名参加了志愿军，退伍后到地方当了 3 年的乡长，因不识字，工作吃力，主动脱去那顶小小的“乌纱帽”，过起了自由自在闲云野鹤般的山村生活。除去在外当兵的几年，魏连坤在蒲满哨生活了 70 多年。他的儿子很多次要接他下坝生活，他对儿子说：要是我什么时候死了，你把我拿去埋了就是了，反正我活着是蒲满哨的人，死是蒲满哨的鬼，管不着的。

蒲满哨已在这云雾之上

别小看深山老林中的蒲满哨，这里还有“名人故居”呢！

一所气派的四合院，老屋刚翻修过，与周围古朴的房屋形成鲜明的对比。大门右侧挂了一块黑底烫金的匾额，上写“蒲满哨赵金美故居”。蒲满哨繁盛的时候有54户人家，赵金美是寨子里最大的马锅头，算是“大户人家”，他的大儿子在泰国，二儿子在台湾，这房子就是二儿子赵正光修的，匾也是他挂上去的。年纪大了，每年都要来几次，除了祭祖坟，还把生基也修在了屋后，他想叶落归根呢。这些老人对于蒲满哨的坚守及情感是后人无法感受得到的。

深秋的风已经很凉了，弯曲盘旋的公路也是冷冷清清。不管过去的蒲满哨是怎样的人欢马啸、车水马龙；不管曾经穿行在高山峻岭中的人们又经历过怎样的艰难、辛酸与痛楚。当这些老人被岁月淹没，这里最终也会成为废墟。然而，新陈代谢、社会更替、人类繁衍是生生不息的。人们迁徙了，又给另一块处女地以新的生机。时间、历史，不就是这样流动延续的吗？

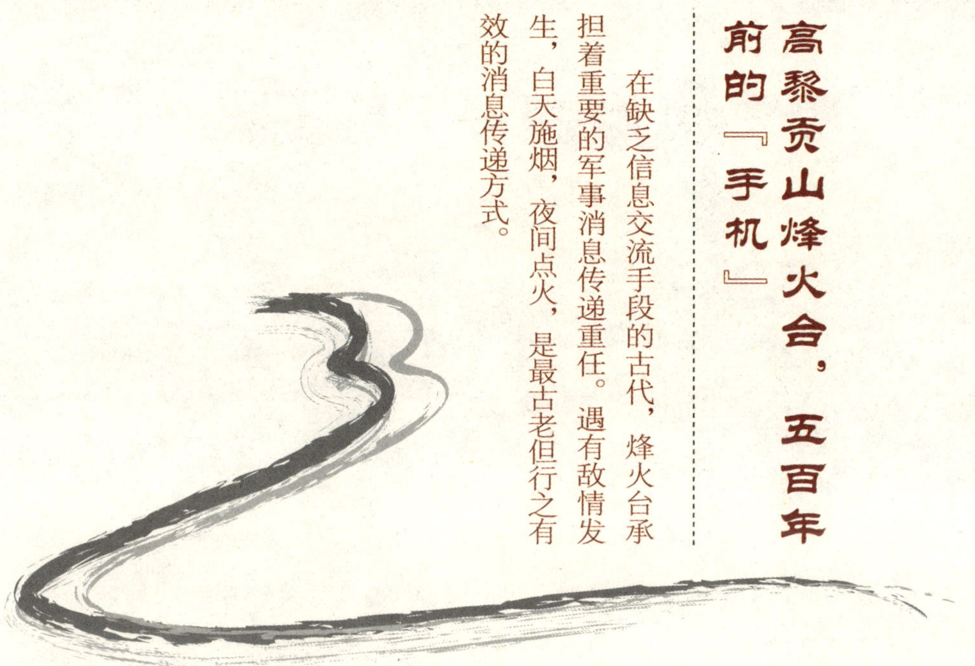

高黎贡山烽火台，五百年前的『手机』

在缺乏信息交流手段的古代，烽火台承担着重要的军事消息传递重任。遇有敌情发生，白天施烟，夜间点火，是最古老但行之有效的消息传递方式。

凡是沿着老保腾公路翻越过高黎贡山的人，稍稍留意就会发现在78公里处往上可以到达太平铺，那里有一处保存完好的古老的烽火台。烽火台在高黎贡山上一共有6处，沿南方丝绸古道设置，符合古代烽火台“五里一燧，十里一墩，三十里一堡”的布局。除太平铺一处外，其他几处确切地说，烽火台只剩下一个名称和一堆乱石。

“铺”是古代传递公文和投递信件的地方，相当于现在的邮电所。《元史·兵志四》中载：“元制，设急递铺，以达四方文书之往来。”铺有铺司，是负责掌理公文邮件等传送事宜的官员，还有担任传送公文、

邮件的铺兵，专门传送皇帝诏书的马匹称为铺马。铺司、铺兵住的房和关马的马厩组成铺舍。在通讯手段十分原始的情况下，铺担负着各种政治、经济、文化、军事等方面的信息传递任务。铺都是设在驿马道上，行旅商人总是“借宿”于铺，使得铺的功能有了扩展，在一定程度上成为古代物流和马帮运输的一部分。

太平铺已无人家，就是断墙缺壁也不曾留下，只留石铺的村道在这山岭，依稀可以看出当年寨子的布局，可以想见这里曾经是怎样的繁华。在高黎贡山上，这样的人文遗迹一处又一处，由点成线，由线成面，反映着那割不断的历史的延续和文化不断地延展。

高山之上，烽火狼烟。

烽火台建在太平铺边的一个土坎上，一列三炬，成一字形排开，相距1米，呈圆锥形，用块石砌成，高1.5米，底部直径1米，中空，有火门洞。相较于北方的烽火台，显得太小，在这高山之上，其功用并不会因小而有丝毫减弱。高山将它托起，矗立于云山之间，虽然断壁残垣难掩荒凉之色，但燃烧狼粪的灶门依然洞开。

烽火台也称烽燧、烟墩，属军事设施，设有不同等级的管理烽火台的官吏，还按照远近大小分别配置若干兵卒。敌寇夜至相告时举火为烽，敌寇昼至则烧薪草狼粪遥望其烟称燧。宋代曾公亮等人编撰的《武经总要》中对烽火台的使用有详细的叙说："凡贼入境，马步兵五十人以上，不满五百人，放烽一炬。若余寇贼五百人以上不满三千人亦放两炬，番贼五百骑以上，不满千骑，审知南入，放烽三炬。……其放烽一炬者，至所管州、县止。两炬以上者并至京。"这也就是为什么太平铺烽火台是三炬的原因。

站在烽火台上远望，山际是灰蒙蒙的苍穹，峰峦如聚；近处是莽莽林海，三五人家。遥想当年，狼烟一举，角声四起，山林深处人家，执弩挎刀，奔赴疆场，卫国保家，是何等地壮烈！而今天呢？太平铺人家已迁徙别处，用土坯垒成的墙已返本还原，只留石基在山间，写下了这部灿然的历史。踏着昔日寨中巷道的青石板，多么想跟往日的村民们高谈阔论一番，多么想知道当年他们是怎样点燃这边寨烽火，怎样去抗击一切来犯之敌的！岁月轮转，沧海桑田，这被遗弃了的烽火台，这村庄，是一首诗，一首充满岁月沧桑的史诗。它给予人们的是回忆，是思索，是对先人的敬仰。

烽火台其实就是500年前的手机，从其能凭空传递信息、告知安危的功能上来说倒也不错。只不过因为是500年前的手机，功能简单也在情理之中。

烽火台立在高黎贡山绵绵的山脊上，苍苍莽莽，高低起伏，连成一条无形的线，书写着西南千年战火与硝烟，呼唤与祈祷着永远的和平与团结。据考，高黎贡山烽火台始设于周朝初期，元朝还大规模修筑过，一直沿用到民国时期。但它的功能已远非军事一项，而是扩展到给沿途马帮告知“危险”信息。如果过往商人、行人在山里遭遇疾病、瘴气或被路匪抢劫需要营救，只要用晒干的狼粪或是牛粪燃起浓烟，山下的人就会迅速赶来救援。随着时代的进步，电信事业的发展，无线电和雷达的使用，用烽燧来传达边关军事信息的年代已一去不复返，但作为一段灿然的历史，这烽火台，这山寨废墟，仍然是后人坚强生存的背景力量，璀璨不朽的精神象征！

高黎贡山上的碉楼

斋公房，海拔最高的驿站

埋在雪中的竹林似曾隐居过映照七彩的凤凰，石峰上的蓝天似曾腾跃过飞龙，西岭吹来的山风里，如今还负载着挟弓猎人的歌……

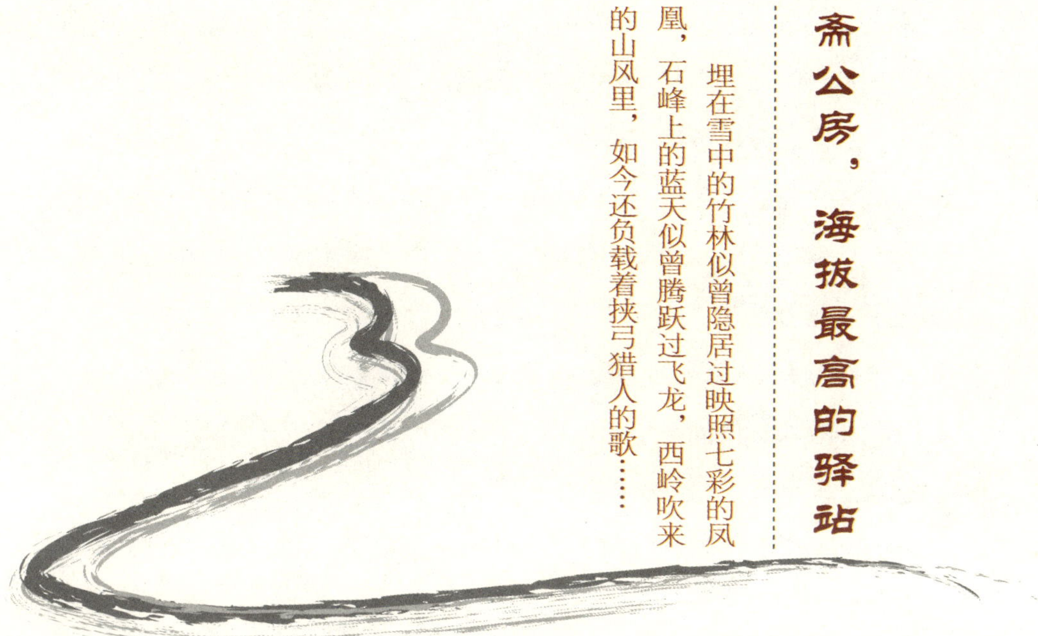

过了双虹桥后，就准备着翻越高黎贡山了。具有亚热带风光的潞江坝，是高黎贡山的起点，海拔只有600米，要攀越的斋公房主峰海拔是3350米，有着2700多米的高差，一路上要经历春夏秋冬四季，出发时穿着夏衣、提着秋衣、背着棉衣，四季服装都齐了，才能上山。

百花岭处在高黎贡山东麓半坡上，是个傈僳族、汉族杂居的村寨，百花盛开，所以称百花岭。百花岭建有高黎贡山保护站，翻越高黎贡山的人总会先到达这里，在保护站同志的帮助下，做足充分的爬山准备后，等待第二天一早沿着古道，翻越高黎贡山。一切准备就绪后，还有时间的话，可以去吴朝民家串串。

古稀之年的吴朝民是百花岭很有名气的一个人，他像明星那样接受人们的采访，采访的内容只与滇西抗战有关。不管来访者是学者还是记者或是游客，他都不厌其烦地摆出同样的战争遗物，讲着同样的故事。他能熟练地说出当年远征军将领的名字和攻打南斋公房的部队的番号，他会唱当年流行的抗日歌曲。他像一个收集历史的人那样，收集着遗留在高黎贡山森林中的战争遗物。他把这些遗物陈列出来，他的家被人们称之为高黎贡山上的“民间抗战博物馆”。他既是“馆长”也是讲解员，他会告诉你哪样是六零炮弹、哪样是迫击炮弹、哪样是枪榴弹以及这些战争遗物后面的故事。他说山头上的斋公房有一个碉堡，是中国远征军修的，是用他家的骡子驮“洋灰”上去，有一匹骡子活活累死了。他在自家的墙上画了一幅当时敌我双方对峙图，像个指挥官那样拿一截树枝站在那里给来访的人讲解。就是这样一直生活在高黎贡山深处的人，将他童年对滇西抗日战争的印象作为他人生的资本，丰富他自己也丰富了每一个到高黎贡山的人，成为他生活中的一部分。

这是高黎贡山这本百科全书当中的一页，读过这一页，就是第二天早上了。

从百花岭出发，古道就消失在茫茫林海中，人也消失在古道上。头顶上枝搭叶缠，行人犹如穿梭在一个幽暗的隧道，阳光只存在于外面的世界。即使站在山峰上，也不可能眺望，相比山峰上密密匝匝的树木，就会觉得人的渺小。你能看到的只有脚下的路，所能做的，就是顺着路走，脚下的泥土潮湿而松软。

路是蜿蜒的，如蛇形般在大山中钻出钻进，深入这山，跨过那梁。路上铺着石头，石头上覆盖着厚而且水分充足的青苔，还堆积着厚厚的腐烂的树叶，一脚上去会踩出水来，每一次行走脚底都会发出嚓嚓的声音，这是森林里唯一的声响，因而显得格外清晰。当然也很滑，一不小心就会四脚朝天。在这险峻的山上，就是这铺路的石头也不知要耗费多少人力、物力，是绝不会亚于今天修一条高等级公路的。中间的路石已经凹凸成一个个令人惊叹的蹄印，多少骡队马帮负载着历史的文明从上面走过，留下这一帙风干的青史，让后人用脚来作轻轻地踏摩。在长满苔藓的石头表面，时而会看见有一些新鲜的动物粪便，古道衰落之后，兽迹便多于人迹了。

路边有驿站遗址，虽被岁月的荒草淹没，还是能看出其中那浑宏壮美的迷人意境。也有碉楼，呈方形，用块石砌成，多在险要处，传说是古时税官设卡收税所在。城门垛横跨古道而建，是拱门一类的建筑，完整的城门垛已不复有，只留石基在古道两边，且已被苔藓植物厚厚地包裹着，不细看是看不出来了。尽管如此，悠悠两千余年的古道，其古朴的意境，其壮美的气魄，雄浑、苍凉的神韵，是很难用一句话概括的。

高黎贡山铺满杜鹃花的古道

时到如今，仍有马帮翻山而过。

听到山溪潺潺流动的声音，是黄竹河。河上有一座石拱桥，桥上的石栏覆盖着苔藓，铺着的石块已很少有人踩踏。栏柱的顶端刻成仙桃样，斜走的纹路仍清晰如昨。站在桥上，可以想见，行走的马帮，头骡驮架上的铜铃在桥上摇响，蹄声如雨，前后相继，铓锣一拨又一拨的余音在山谷中回应。马帮后面跟着的赶马人，吼着山歌，唱着小调，给那家中春闺里的人一种难以了却的遥望。

小桥一旁立有石碑，从石碑上可以读知，这座桥叫"永定桥"，建于清朝初年，碑上还刻着所有捐资建桥的名字，其余物事，却无从得知。小桥一向多烟雨，山林中的小桥更是烟雨苍茫。小桥于这深山老箐中失落了什么，又获得了什么？过去兴隆时有没有想到过会有今天的冷落！有失有得，有怅有乐，总是亘古相循。山下，柏油路在浇筑机

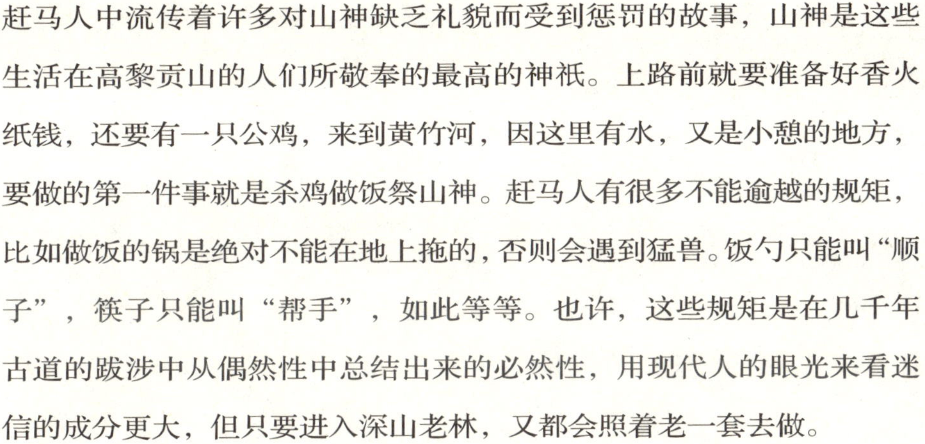

黄竹河上的永定桥，是高黎贡山不变的风景。

的推动下，正声势浩大地沿着南方丝绸古道的同一方向进发。一座座公路桥顺势而起，大气磅礴，延伸着宽敞的路。山涧上的小桥，倒显得冷落了。但从历史纵向上看，小桥是连着过去的道路，有了这古道，古道上的小桥，才有了过去的交通，才有了今天的创造。要是没有这古道，没有这小桥，高黎贡山就是单调的、乏味的。

在桥的一边是赶马人祭山神的地方，在来往客商特别是赶马人心中，进入大山就是进入山神的领地，祭山神就是一件非常严肃的事情。赶马人中流传着许多对山神缺乏礼貌而受到惩罚的故事，山神是这些生活在高黎贡山的人们所敬奉的最高的神祇。上路前就要准备好香火纸钱，还要有一只公鸡，来到黄竹河，因这里有水，又是小憩的地方，要做的第一件事就是杀鸡做饭祭山神。赶马人有很多不能逾越的规矩，比如做饭的锅是绝对不能在地上拖的，否则会遇到猛兽。饭勺只能叫“顺子”，筷子只能叫“帮手”，如此等等。也许，这些规矩是在几千年古道的跋涉中从偶然性中总结出来的必然性，用现代人的眼光来看迷信的成分更大，但只要进入深山老林，又都会照着老一套去做。

过了黄竹河继续上行，大风包是又一个可以歇息的地方。从山脚上来一直都是林木，唯有到了大风包，一下子秃了头，方圆也就那么百多个平方米，不长树木，只长着蕨叶和荒草。林木站在圆顶的四围，拼命把枝丫往里伸长，就是不敢“越雷池一步”，真个有些奇了。原来，这里是风口，由于风狂雨骤，树木的种子在这里不易“立脚”，形成“秃顶”奇观，“大风包”因此得名。“秃顶”上仅有的蕨叶和荒草则靠了周围树木的呵护才“苟且偷生”，“秃顶”的边缘马缨花正在开放，显出格外的红艳来，如烈焰腾烧。还有道路两旁生长着大片蓝色的鸢尾花，美丽的花瓣在风中摇曳。

大风包峰海拔已是2345米，站在“秃顶”上，虽不可俯视脚下群峰，却可以眺望斋公房峰那云来雾去的巍峨雄姿。在圆圆的山包上作片刻的小憩，仰着脸看天上的白云，听风过路的声音，觉得人也轻轻忽忽的，像在梦里。在这满是生机的山林，每一朵飞花，每一叶新绿，每一刻怡然的宁静，每一片明丽的阳光，都散发出沁人的甘味。

依然沿着石头铺成的山道向上行进，两旁的林木更幽深，树衣也更厚实了。终于，在树脚下，在草丛上，发现了星星点点银色的雪霰。再往上走，就渐渐地多，渐渐地厚，渐渐地白。古道上，山沟里，一堆堆的雪，白得就像打翻了豆腐筐箕一样。先是在石与石间积成小洼的白，在树下铺成斑驳的素色，后来就盖住了路石，古道成了白茫茫的一带，穿行在山林间了。雪也上了枝头，压在了枝叶上，绿装素裹，分外的壮丽。这对于不常看到雪的南方人来说，是多么欢喜的风景。

大雪带来北方的风景，也使行走更加艰难，森林依然幽暗，道路更加陡峭。大雪遮盖了一切，让人无法判断下面是石头抑或是一个深坑，快到山顶时，雪已经没膝了。在大风包遥看的主峰，现在是更加分明了。石崖上白雪皑皑，却又未完全覆盖，黑白分明，如一幅巨型国画，巍巍壮观。

斋公房建在东坡的一个小坳里，朝阳又避风。曾经有那么几十年，这里是断墙缺壁，大半掩埋在风雪之中，唯有西房的两堵用五面石砌成的人字形屋山墙还挺立着。为着高黎贡山保护管理和科学考察，也为虽然稀少但仍然不曾绝迹的行人提供食宿方便，斋公房于1998年翻修重建，一正一厢两间。正房就是住宿的地方，也可以存放东西。厢房是火塘，用来做饭或是烤火。

此处为何而称斋公房，完全是因为高黎贡山西麓有个明善堂，既

南斋公房驿站雪景

是斋堂也是创建于明末清初的在滇西较有影响的民间印店，用本地手工抄的构皮纸印刷学生课本、醒世读物、经书，经马帮、商人广泛传播于东南亚华侨手中，对于文化的交流与传播起到了很好的作用。堂主是个斋公，不仅吃斋念佛，同时也济世于人。用明善堂赚到的钱在高黎贡山巅背风坡上建了一间用石头砌墙的房子，让过往客商有个遮风避雨的地方，又将柴米油盐和菜蔬放在那里，供过往马帮、客商歇脚救急。此项善事持续了几百年，这里也就自然而然地被来往客商称之为“斋公房”。

与在半山腰不同，斋公房没有高大乔木，最能耐寒的云杉也没能在这里立足，只有低矮的马缨花含苞待放，还有箭竹在雪中挺立。雪覆竹下，一尺多厚，倒令人对剑竹刮目相看了。站在斋公房看山下，是“一览众山小”的感受，只见无边无际苍郁的林海，随着山脉起伏而波澜壮阔。四面是布满森林的一道又一道大岭，有如多座顶天立地的绿屏风，把这斋公房主峰拥在中间，有一山独峻之势。

斋公房往上不到一百米就是山垭口，风中挟雪，吹得人都站不住。立于山巅，四下里空茫茫一片，只有天空中铅样的云沉甸甸地，伸手可触。放眼望，脚下无数山，披漫着银色衣，高低起伏，尽奔眼底。这里漫天的飞雪、狂獗的山风，组合成千古幽绝的静和瞬息万变的动，使人胸怀壮阔，有种顶天立地的豪迈感。

踩着一尺多厚的雪去看吴朝民老人所说的碉堡，射击孔向着西面山道，当年的中国军队是计划以高黎贡山为御敌防线的，后来放弃了，退至怒江沿线设防，也不失为明智之举。只是没能御敌于国门之外，而是在自己国土上设立防线，不能不说是中国历史上的悲哀！时光流淌，岁月逝去，碉堡仍然耸立着，只是也和附近的山岩一样，都成了黑褐色，融进了这雄伟的群山之中。除了碉堡，两侧山脊上还挖有堑壕，早已被箭竹占领，很难看清原貌了。

斋公房是高黎贡山上的最后一个食宿站，也是西南丝绸古道上海拔最高的一个驿站。夜宿斋公房应该是件很兴奋的事情，却也是彻夜难眠的事情。即便带着睡袋，也难敌夜里的风寒。赶马的汉子就坐在火塘边聊着，也不知他们到底睡了还是没睡。在原始森林里宿营，火是不能熄灭的。火光不仅仅能驱逐黑暗和寒冷，更重要的是驱逐野兽。高黎贡山原始森林里的夜晚很静，马拴在院子里，不时的踢踏声在夜里很响。睡不着时就起来烤火，烤着烤着又会睡着了，再醒来时，天亮了。

高黎贡山的早晨清新而又明艳，密密的树林托起一个火红的太阳。天边有云，树林把太阳交给了云彩，太阳在云里放射出光芒，还替云彩镶了一道光亮的金边。然后走出来，再把一片片云变成了红霞。这时候，光亮的不仅是太阳、山峦和树木，连站在高黎贡山上看日出的人也成了光亮的了。

西面山脚下就是龙江的冲积盆地之一的曲石坝，坝子的那一边是山，山的那一边，就是缅甸了。千年古道——“蜀·身毒道”就从这里翻越而下，过了山垭口开始下坡，坡脚就是腾冲曲石坝子，江苴街也就在这山脚下了。

斋公房峰白雪皑皑，黑白分明，如一幅国画，巍巍壮观。

江苴，千年老街

蓝天白云下的古驿站隐藏在二月盛开的油菜花海里，在大山的怀抱中，宁静与灿烂同时舒缓流淌。

从南斋公房下山，虽没有上山时那样气喘吁吁，却也不轻松。一个苍蝇搓脚，就可以让你滑下好远。几次搓脚后，才发现这也是一种下山的方式，只是小心不要掉下峡谷才好。下到山脚，经过一片水草丰美的田野，便可抵达高黎贡山西坡的江苴。

作为驿站的江苴，确实是一个可以让疲惫的赶马人做一个好梦的地方，一个让人暂时分不清故乡与他乡的地方。蓝天白云下的古驿站隐藏在二月盛开的油菜花海里，在大山的怀抱中，宁静与灿烂同时舒缓流淌。上世纪 50 年代以前的几百年甚至上千年间，马帮在经历了高黎贡山的艰难跋涉后，从南斋公房下到林家铺，黄昏之际，远见一个炊烟笼罩，灯火阑珊的驿站，那心情会是怎样的颤动。终于有一个可以歇脚的地方了，旅途劳顿在瞬间融化，于是加快脚步，只想着快点走到能够安睡一晚的地方。

从路程上说，马帮从成都平原踏进五尺道或灵官道，再经博南道进入永昌道，行程已有3000余里。这3000余里路其实就是一根长长的绳，“五里一哨，十里一铺”就是这绳上的结。人们一路走来，经过一个又一个驿站，就是从一个结走向另一个结。江苴就是这根绳上的一个结，只是这个结在古道衰落之后，不再作为驿站而存在，而蜕变为农耕为主的世外桃源。唯有历史的痕迹依然明显地镌刻在村中的街道上，或是挂在屋檐下，还有一代又一代人延续着的传说。

江苴是古道越过高黎贡山后的第一个驿站，细而悠长的街与高黎贡山平行，呈南北向横躺。说悠长，是相对于历史说的，不管是谁，不论是什么时候，只要一走入这条小街，都会生发出一种沉沉的历史感。让人想到这条小街肯定有一段发达的过去，是旷古时代的商街，沉淀着很久远的商业气息，却又跟不上时代的节奏。小街两旁低矮的房屋，

高不过两丈，狭窄的街道，宽不过丈余。走进小街，如入深涧峡底，天只剩下一条云带。街面镶的是鹅卵石，鱼脊般凸起，正凸处是宽不盈尺的青石板，沉沉一线穿南北，是由人踩踏的。街子两旁的房屋均为二层楼房，底层一丈二高，上层仅有六尺，当地人称之为“高脚楼”。一楼是店铺，当然要高些，有利于采光和安置货柜，二楼主要作旅舍或主人起居之用，六尺又有六六大顺之意，这样的房子是专为经商而设计建造的。

临街一道门，进去是深院，鸡鸣狗吠，是农家人过日子的样子。房屋四周全用木板或竹笆栅栏，即便打墙也只半截，还要离着点，说是“土克木”，房柱易朽坏，故此处房屋建造，又与别处不同。临街的门挂着门帘，窗子多是吊板，吊板放下就可作柜台，买买卖卖都从窗口递出递进。窗上的吊板一收，店铺的门也就算关上了。江苴人从来以农为本，经商只为副业，农商一体化在这里体现得最为充分，店主就是农民，农民即店主，都有一个小店铺，又耕种着十亩八亩田地，因而在店铺与店铺之间也有畜厩。一到赶街天，人热闹得只打旋涡，

曾是腾冲县抗日政府所在地的文昌宫

家家都做生意，门窗全然打开，办有饭店、商店、缝纫店、电器修理。下田的也不下了，耕地的也不耕了，到了这一天都全力以赴。三方五地的小商小贩也蜂拥而至，有的是头天晚上就赶来号了铺位，顺着街边站着或蹲下，出售竹叶小帽、菜蔬。凡是外面世界有的，这里都不少。别处没有的这里也有，有一种野生的山葱，是从高黎贡山找来卖的，形似竹叶，可煮汤吃，也可凉拌吃。还有一种苦菜，清凉去火，和山葱一样既是很好的美食，也是药用菜。上个世纪 90 年代后，老街的一头辟了新街，宽阔而敞亮，拖拉机来来去去，汽车进进出出，热闹景象非老街能比。

回过来还说老街，老街极精粹，也极单薄。门对门的立户，檐搭檐的建房，一入街来就东西不见山，南北两溜檐，拥拥挤挤。街的南端，有一块屋大的石头，突兀的凸出街面，挡在街中。两旁的房屋朝后让了让，让出街面来，让过石头，街也就此打住了。上面有一个 20 公分见方的小坑，坑中有积水，旱不干，涝不溢，倒是稀奇。据说这坑是

老街已没有了昔日的繁华

亦商亦农的村民

老人、老屋、老街，江苴的岁月之痕。

专门用来栽杆插旗的，也有人说是旧社会拿来吊人的，说法多了。好奇者问，为什么不把这石给凿平了？回答说这是龙石，是这里的风水石，凿不得，一凿石就会出血。其实是因这一带的石头里有铁矿质，溢出的是富含铁质的猩红色的锈水而已。但不管怎么说，这石至今也没有人敢动它一动，除了不知哪个年代凿下的那个用来栽木杆的小坑外。

走在这条狭窄细长甚至有些破旧的老街上，街上的老人都会讲述属于这个驿站曾经的繁华，以及某个赶马人一去不归的故事。那种凝固的表情，让人疑惑他们究竟是活在记忆里还是活在现实中？唐印保是江苴街年纪最大的老人，91 岁了还在院子里的阳光下做针线活，虽然耳朵不是太听得见，可腰板挺直，精神很好。她是 1942 年逃难来到这里的，开了一个小商铺，日子还过得下去，就一直留在这里。她那时最主要的事就是照看店铺，南来北往的马每天有上百匹，从她手里卖出去的烟丝、布匹、鞋袜、糖果不计其数。她擅长于做鞋，青帮白布底，做得好极了。昔日的赶马人不知有多少穿着她做的鞋走夷方，就在几年前她还在做寿鞋卖，老式的布鞋没有多少人穿了，她就做给老去的人穿。她的几个儿子都在城里，接她去住她又住不习惯，66 岁的小女儿唐秀英只好与她住在江苴的老街老屋，为的是能照顾她。

处于江苴街中间位置的张家马店，街边的铺面房虽然漆黑破旧，可雕梁画栋，气势不凡。院内马房、客房旧貌依然，一张落满灰尘的笨重而宽大的床，这样的床被称为“懒场铺”，可睡多人。李木隆介绍说，这是当年赶马人睡的，如果睡满了，便在楼上铺地铺。院子放着一个老长八长的石槽，当年喂马，如今用来喂猪了。李木隆是张家马店现在的主人，是日军侵入缅甸时从缅甸逃回的大批难民中的一个，其中一些人就在驿道沿线的村寨安家。李木隆说他是随着父母从仰光坐船到瓦城，然后到密支那。途中他和父母失散了就一路讨饭，帮人家看牛，最后流落到江苴，于 1953 年入赘张家马店做了上门女婿。新中国成立后他参加了工作，1990 年退休，他的孙女在院内的阳光下绣十字绣，青春的容颜成了这座古宅最美的点缀。

街的北端是文昌宫，1942 年 5 月日军侵入滇西，伴随着腾冲的沦陷，大量流离失所的难民涌入江苴，张问德率一大批爱国士绅退到江苴，成立了临时县务委员会，办公地点就设在文昌宫，在张问德“人民可用，家国可复”的信念鼓舞下，涣散的民心短时期内就凝聚在了一起。6 月下旬，张问德被云南省政府委任为腾冲县长，组织临时县政府，7 月 2 日张问德宣誓就任县长，7 月 10 日，抗日临时政府迁往界头。时间虽然过去了七十年，但是这位老人的铮铮铁骨还清晰地刻在古镇人的心中，被作为临时县务委员会的文昌宫也被完整保护，江苴也因这段历史增添了古道之外浓墨重彩的一笔。

文昌宫后来做了学校，这几年作为文物保护单位，不再在里面上课了。江苴小学就在文昌宫后面，每天日出时可以看到少先队员们在升国旗，庄严而崇高，不失为江苴街一景。学校、国旗、大山，还有这古老的小街，是多么自然而协调地统一在一起。

如今，西南丝绸古道担负的历史使命已经完成，沿途隘关店口已成陈迹，江苴街也就成了这遗迹中的一处。历史在这里沉淀下来，于是就有人因为要拍过去时代的电影，找到了江苴这条半个多世纪都没改变过的街，不用搭棚不用装饰，为摄制组省了不少钱。在江苴街拍过的电影、电视剧很多，近年就有《腾越殇魂》、《滇西 1944》、《中国远征军》在这里拍摄，于是便有人提议保存这街的原屋原舍原景原貌，于是就有人来这里作考察、说历史、做文章、抒发旷古之幽思。然而又有谁能让这里的店主兼农民在新生活的浪潮里不翻屋弄瓦呢？历史的沉淀又怎能挡得住现代社会的冲击？那曾经有过的辉煌又怎么能作为永久的骄傲？时间进入到 2012 年，曲石镇政府正筹划以古道文化和抗战文化为依托发展生态旅游产业，这里仍然是一个能留住好梦的地方。

综合卷

三、大美无言：高黎贡之惑

高黎贡山是生态天堂，也是人文渊薮。集中了举世罕有的生物多样性、雄奇壮美的地质景观、遗世独立的文化形态。

一山一世界，高黎贡山却有万千世界。

大美无言：高黎贡之惑

在比想象更遥远的岁月，亚欧大陆与印巴大陆在这里相遇。惊天动地的撞击、惊心动魄的结合，高黎贡山从深深的海底隆起，横亘在中国西南部……

高黎贡山北起青藏高原，南衔中印半岛，东邻横断山系的怒山山脉，西毗印缅山地，纵跨5个纬度带，从北到南，绵延600多公里，高耸险峻，蜿蜒绵长，横贯保山全境，是我国西部一座低纬度、高海拔的巨大山体。因地处印度板块与欧亚板块镶嵌交接带，高黎贡山因此又被称为“大地的缝合线”。既有雄浑壮丽的深山沟谷，又有恬适静谧的森林花园；既有飞流直下的狂野瀑布，又有飞红滴翠的高山草甸。

然而，高黎贡山的价值不仅仅是这些令人惊异的自然景观。高黎贡山受西南季风的影响，水气充足，降水充沛，具有温暖湿润的气候，为各类森林生长提供了优越条件。加之受怒江、龙江等河流深切，最高海拔为5128米，最低海拔仅为210米，相对高差达4918米。从山下河谷到高山顶部，形成多条气候带和相应的土壤带，为不同习性的动植物生长和分布创造了不同的生存环境。不论是气候上还是在生物上，都具有由南向北逐渐过渡和由热型向冷型变化的趋势。一些热带型的动植物可沿河流上溯，分布在高黎贡山地势较低的沟谷中；一些北方青藏高原区的动植物，可沿高黎贡山南下，分布在地势较高的山体上部，形成高黎贡山动植物种属复杂、新老兼备、南北过渡的奇观。

除了具有南北向过渡特色外，高黎贡山西部与印缅相连，东部与我国华中、华南相连，具有东西交汇的现象。西部印缅的动植物可以逐渐延伸至高黎贡山，华东和云贵高原的动植物也向西传至高黎贡山。这种南北和东西向过渡的环境，使高黎贡山成为“动植物的生命走廊”，是我国生物多样性最丰富的地区。目前已知高等植物分属于256种、1196属，共4897种及变种，高黎贡山特有植物434种，国家和云南省保护植物79种。已知有各种动物2389种，兽类154种，鸟类419种，两栖类21种，爬行类56种，鱼类49种，昆虫1690种。有孟加拉虎、羚牛、白眉长臂猿、灰叶猴、林麝、白尾梢虹雉、小熊猫等82种国家一、二级重点保护野生动物。此外，高黎贡山地区是特有物种极为丰富的地区和中国20世纪80年代以后发表新物种最多的地区，已知有高黎贡山特有物种446种，其中，特有植物434种，特有动物12种。在1980—2010年30年间，高黎贡山共发表了582个动植物新种记录，其中，植物新种231个，动物新种351个。

高黎贡山以其独特的生态环境，丰富的生物多样性资源，壮丽奇特而完整的植被，垂直的自然景观而闻名遐迩，历来为世人所瞩目。早在100多年前，就有英国人安德森、法国人叔里欧到高黎贡山采集鸟类、两栖类和鱼类标本，美国人洛克于1902年到高黎贡山采集植物标本。为时最长要数英国爱丁堡植物园乔治·傅礼士，自1904年起，在28年间7次来高黎贡山采集植物标本达3万多号，10万多份，并最早发现了大树杜鹃。明代崇祯年间，著名地理学家徐霞客到高黎贡山作了许多关于地貌和植被的记述。30年代开始到50年代，先后有蔡希陶、王启元、俞德浚、刘慎谔等动植物学家到高黎贡山采集植物标本，做过植物地理考察研究。中国科学院的动物、生态、地理等研究部门和云南大学等大专院校曾多次对高黎贡山进行考察。1960年，中国科学院昆明动物研究所、云南大学、武汉大学、北京自然博物馆共同组织了对高黎贡山动物资源的调查。1965年，中国科学院动物研究所和昆明动物研究所组织对动物资源的联合考察；1989至1991年，由西南林学院和云南省林业调查规划设计院主持，组织了云南师范大学、中国科学院昆明植物研究所、中国科学院昆明动物研究所等11个单位参加的多学科综合考察。荷兰生物多样性保护、野生动物管理专家维赫特为组长的荷兰专家组于1996年5月前来考察，联合国大学“人、土地与环境”全球项目东南亚大陆山区研究组会议在保山召开，与会人员到高黎贡山白花岭进行了野外考察。

高黎贡山除了丰富的生物多样性引起世界的广泛关注外，这里历史文化沉淀丰厚，民族文化多种多样，是一座社会的山、人文的山。考古证明，早在四千多年前，这里就有原始人群活动，至今仍有汉、傣、傈僳、回、白、苗、彝、壮、怒等13种民族在高黎贡山区域繁衍生息，具有各自不同的文化风俗，宗教信仰也呈现出多样性。傈僳族是一个由北向南逐渐迁徙的山地民族，新中国成立后逐渐在高黎贡山地区定居，成为高黎贡山的代表民族，形成其独特的民族文化。中原汉民族文化在高黎贡山也有深厚的沉淀与独立保存，代表着一段时期中国文明的抄纸、皮影戏、农具铸造以及洞经古乐等在内地已难觅踪影，在高黎贡山仍然保存着并延续下来。傣族、回族等其他少数民族也都在高黎贡山特殊的自然地理和文化氛围中，既保留自身特色同时又相互交流融汇。

高黎贡山还是中国内陆通往东南亚和印度的咽喉之地，西南丝绸之路从成都迤逦而来，经永昌古道分别从南、北斋公房两个垭口翻越高黎贡山，直通缅甸和印度。这条被称为“蜀·身毒道”的悠悠古道，直接沟通了中国与欧亚的交流，高黎贡山作为这一辉煌历史的见证，因其特殊的地理位置和自然环境而把这一段历史尘封和保护下来。如古石桥、古驿道、古驿站、古战场等，是我们的先辈艰苦创业的见证，又是西南历史文化的缩影。

高黎贡山独特的生物多样性、气候多样性、景观多样性、民族多样性、文化多样性受到人们重视。1986年被确定为国家级自然保护区，1992年被世界野生生物基金会评定为具有国际重要意义的A级保护区，2000年10月又被联合国教科文组织授予“世界生物圈保护区”。2003年高黎贡山作为“三江并流”重要组成部分，被联合国教科文组织世界遗产委员会列入《世界自然遗产名录》，2009年保山市因高黎贡山被中国野生动物保护协会授予中国白眉长臂猿之乡。

垂直分布的植物群落

高黎贡山兼有热带、温带、寒带等各种类型的原始森林，从东面怒江河谷到山顶依次分布有十多种植被类型，相当于从我国海南岛到大、小兴安岭数千公里的植被类型。

季节性雨林是热带雨林的一种类型，分布在高黎贡山东坡百花岭海拔1300—1500米之间的澡堂河沟谷内，这是目前在云南记录到的纬度最北、海拔最高的热带雨林。森林群落高大，层次结构复杂。山核桃屹立林中，秋天能看到树枝上的累累硕果；南酸枣、红椿、普文楠等树种修长挺拔；大果榕、斜叶榕遮盖出略带绿色的阴影；滇西蒲桃、长叶水麻、杜劲山、柏那参红绿相间；野芭蕉、穿鞘花的蜜香，与潮湿的苔藓和倒木的气息混杂在一起。乔木的树干、枝条上附生着许多天南星科、胡椒科的植物，在阳光下搭建出一个神秘的世界。雨林内不仅有美丽的三级瀑、狮子瀑、美人瀑等景观，还有神奇的温泉，具有极高的科学研究和保护价值。

季风常绿阔叶林主要分布于高黎贡山湿润山谷及山麓之缓坡地带，主要有刺栲林和香叶树林两个森林类型。其中，刺栲林以南部曲石、界头至天台山湿润阴暗沟谷地段所分布的类型较为典型。森林外貌呈暗绿色，树冠多呈半球形，排列紧密，整齐并呈波状起伏。组成树种主要有刺栲、硬斗石栎、多花含笑、银木荷、滇楠，并有一些落叶树种如西南桦、旱冬瓜、椿树等。乔木的中、下层有较多的热带种类，藤本植物发达，主要有岩豆藤、五爪龙、木防己、四翅莽薁、过山龙、马兜铃等，呈现出向热带森林过渡的特点。香叶树林多分布在坝缘、山麓、村旁，尤以界头、曲石等地分布为普遍。香叶树又称香果树、红果树，其果富含脂肪，可制肥皂，是保山肥皂的主要原料之一。

从怒江河谷到山顶依次分布有10多种植被类型

干直挺拔，何惧风霜。

中山湿性常绿阔叶林是保护区的主要植被类

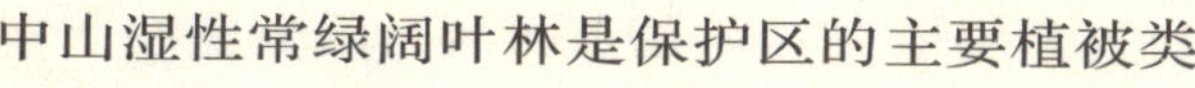

型，分布于海拔 1800—2600 米之间，是保护区的核心地带。集中了保护区大部分的植物代表种，乔木上层除壳斗科栲属植物外，还有多种紫树科和木兰科植物。这些树种躯干笔直，树形高大，树冠发达，枝叶相交。进入林中，偶有阳光透过缝隙星星点点洒落下来。又有粉红色的红花木莲 2—3 月开放，白色的多花含笑的花期稍晚一些，马缨花多为红色，开放时间有先有后，这山谢了那山红，满山遍野，甚为壮观。

山顶苔藓矮林主要分布在海拔 2700—3100 米的山坡上和顶部，由于山顶风大、土层浅薄，土壤养分不足，林木长得低矮、枝条弯曲；另因山上温凉多雨，经常处于浓雾之中，湿度大，形成林内地表、岩石、树枝上有 4—8cm 的苔藓层，附生植物丰富，形状奇特，非常具有观赏性，被人们称为“树珊瑚”。山顶苔藓矮林根据优势种的不同又有石栎林、凸尖杜鹃林、马缨花林、大叶杜鹃林之分。

高山草甸面积大小不一，有的几十亩，有的几百亩，有的上千亩，如大脑子峰北面的草甸面积就在千亩以上。草甸上生长着许多野生的药材和花卉，如草乌、重娄、大黄、羌活、绿绒蒿、多星韭、野茎菜等。

中山湿性常绿阔叶林

高山草甸是花的海洋

动物迁徙的走廊

高黎贡山特殊的地理与生态环境，为千万原生动物提供了各不相同的生存居所和丰足无虞的食物链。冰河时期广纳南北颠沛流离无家可归的动物部族，使得高黎贡山成为名副其实的动物『避难所』，因而是世界动物物种最丰富的地区之一。

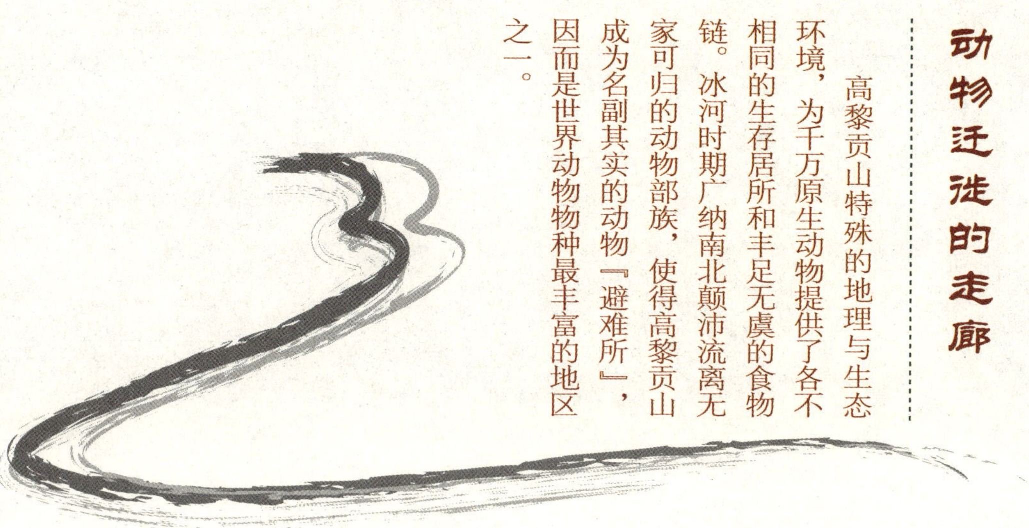

喜马拉雅山脉由西向东延伸后，至高黎贡山则转成南北走向，使高黎贡山成为青藏高原、喜马拉雅山、印缅山地、中南半岛、马来半岛南北动物区系交汇的通道和走廊，动物区系复杂而多样。更为难得的是，高黎贡山南北走向的山脉为动物的迁徙提供了桥梁作用。在距今数百万年以前，人类居住的地球曾经发生过显著的气候变冷现象，地质史上称为冰河时期。当时，温暖的北方大陆逐渐变得寒冷起来，大地被冰雪覆盖，抵不住严寒侵袭的动物纷纷向南迁徙。然而，亚洲大陆东部的山脉大都是东西向的，这些山脉就像一道道巨大的路障挡住了逃难动物的去路。而南北走向的横断山脉，恰好可以让逃难的动

物沿着河谷迅速南下，高黎贡山作为横断山的一脉，也因此成为动物迁徙的特殊通道。当冰川消退后，躲过劫难的动物又可从高黎贡山这条特殊通道返回北方，高黎贡山也就成了动物“生命的避难所”。据国内外动物学家多次考察，高黎贡山有兽类154种，占云南兽类总数的41.3%，中国兽类总数的20%。其中，有国家Ⅰ级重点保护兽类8种，国家Ⅱ级重点保护兽类19种。在高黎贡山这么狭小的地域内，分布有这样多的兽类物种，不仅在云南而且在全国也是独一无二的，在世界上实属少见。高黎贡山国家级自然保护区是我国自然保护区中拥有兽类最多的一个自然保护区。

区系复杂 高黎贡山的兽类以西南区的动物区系成分为主要特色，但也有不少种类如蜂猴、灰叶猴、大臭鼩、刺毛鼠、双色蹄蝠等系东南亚热带代表种类，它们主要从泰国、缅甸向北延伸至高黎贡山，

亲亲爱爱红脸猴

并以高黎贡山为它们向北分布的北限。而北方种类如豺、狼、貂、褐山蝠等从青藏高原向南延伸达高黎贡山，并以高黎贡山为它们分布的南限。毛冠鹿、中华姬鼠、长吻松鼠、中华竹鼠、云南兔、高山姬鼠等都以高黎贡山为它们分布的西限。缅甸和印度阿萨姆一带的缅甸伏翼、大齿鼠、梵鼠和克钦绒鼠又都以高黎贡山为它们分布的东界。这就使高黎贡山不但成为南北动物交汇的走廊，而且也是东西动物汇集的过渡地带，既有热带、南亚热带种类，也有寒带、温带和高寒山区的类型，是我国所有自然保护区中兽类类型最为复杂、物种最为多样的一个独具特色的自然保护区。

特有种多 高黎贡山自然保护区特有种37种，占保护区内所有兽类种数的24.03%，其中主要分布于喜马拉雅山区的特有种大爪长尾鼩鼱、小长尾鼩鼱、熊猴、橙腹长吻松鼠和梵鼠5种；横断山区特有种鼩猬、斑灵狸、小熊猫、蹼足鼩、羚牛等18种；云贵高原特有种云豪猪、斑胸鼠和克钦绒鼠3种。特有亚种40多个，此外尚有8个喜马拉雅山区的特有亚种和2个云贵高原的特有亚种也延伸至本地区。高黎贡山兽类中有近三分之一的种是特有种，一半以上的多型种在本地区均分化有特有亚种。

森林动物种类多 在高黎贡山的154种兽类中，有98种为森林或林缘种类，其中有不少为典型的树栖类型，如多种灵长类、松鼠、鼯鼠、树鼩、小熊猫、云豹、花面狸等。另外一些种类亦大多在林下和林缘活动，尤以常

绿阔叶林或针阔混交林的种类为多。其次是旱冬瓜林、竹林和亚高山冷杉林种类，这部分森林种类几乎占全部兽类种数的 70% 以上。这些森林动物种类是保护区兽类的主体，是构成保护区特色和基础所在，也是保护区重点保护对象。

兽类垂直带谱多而齐全 由于高黎贡山从河谷到山顶高差大，无论气候、植被和动物的分布均有明显的垂直变化。海拔 800—1100 米这一垂直带的植被多以黄茅、孔颖草等为主的耐旱灌木和草丛。栖息在这一带的有大臭鼩、南小麝鼩、中缅树鼩、大灵猫等，均属热带和亚热带的种类。西坡残存原始森林中尚栖息有灰叶猴、纹腹松鼠和板齿鼠等。猬为横断山区的特有种，蜂猴为云南珍稀的夜行性低等灵长类，为国家 I 类重点保护动物。白眉长臂猿是保护区及其邻近地区的特有种之一，为国内和国际上的 I 类重点保护动物，也是本保护区的重点保护对象。海拔 1100—2800 米地带的植被主要为各种类型的阔叶林和部分云南松林，因离农耕较远，人为干扰少，为野生动物提供了良好的栖息场所，集中了保护区绝

天地正气 ┆ 难得一见的巨松鼠

大部分的动物代表种。树栖类以灵长类、松鼠、鼯鼠为多，灰叶猴就生活在这一地带，它的头顶上有着一束直立成锥型的毛冠，尾细而长，以树叶或野果为食，是国家Ⅰ类重点保护动物。豺狼在人们心目中不是好东西，“豺狼当道”比喻残暴的坏人当权。其实豺狼是分开来讲的，豺体比狼小，体色通常棕红，性凶猛，袭击中小型兽类，其性虽如此，作为动物，被列为国家Ⅱ类保护动物。狼也是凶猛兽类，在北方比较普遍，但在南方已极为稀少，故被列为云南省的Ⅱ类保护动物。小熊猫也称火狐或九节狼，毛被绒软，色泽艳丽，是较为珍贵的一种。小熊猫以竹类为主食，是食性已特化的食肉动物之一，被称为活化石。海拔2800—3100米的地带，主要是小型食虫类、啮齿类、有蹄类为优势种群。如麝、橙腹长吻松鼠和隐纹花鼠等。最有代表性的是羚牛，体形高大，体背毛色为黄褐色，中脊有深黑色背纹，体侧、腹部和四肢均为暗黑褐色，为国家Ⅰ类重点保护动物。

人类属于自然的一部分，也是动物的一种，和其他动物一样，也必须受着森林的呵护。人是从森林里走出来的，不会再回到森林里去。但保护森林，保护动物，保护生物圈的生产力及多样性，人类社会经济的发展才能成功。在我们这个生物圈中，每种生命形式都是独特的，不管它对人类的价值如何，都应当受到尊重。

寻觅大树杜鹃王

阳光在叶隙间如星辰般闪烁，大树杜鹃拧着岁月的苍古，想要摇落那些闪烁的星星……

大树杜鹃属杜鹃科杜鹃花属常绿乔木观赏树种，为原始类型，是高黎贡山珍稀特有植物，国家二级保护植物。具有树大、叶大、花大特点，花呈粉红色，色彩艳丽，春节前后开花，有“世界杜鹃王”之称。

最先发现大树杜鹃的是被称为“采花领事”、“植物猎人”的英国爱丁堡植物园的乔治·傅礼士。1904 年他从缅甸进入高黎贡山，采集动植物标本，收集植物种子。1919 年，傅礼士再次来到偏僻的高黎贡山西坡，在莽莽原始森林中，发现了一株巨大的杜鹃花树，在当地人的帮助下取得这株大树杜鹃的圆盘标本，经缅甸运回伦敦，陈列在爱丁堡皇家植物博物馆。标本标明树龄 280 年，树高 25 米，直径 87

厘米，生长地是中国的高黎贡山，整个植物界都为发现这样的大树杜鹃花而惊叹不已。英国爱丁堡皇家植物园博物馆于 1926 年发表的植物分类著作中，第一次使用了“大树杜鹃”这个名字。

此后的半个多世纪，再也听不到大树杜鹃的消息。傅礼士带回英国去的大树杜鹃标本是不是真的产自中国，是不是真的就在高黎贡山？这些问题一直萦绕在中国科学院昆明植物研究所花卉专家冯国楣研究员的心头。1980 年，冯国楣到腾冲寻找大树杜鹃的下落。从有关资料中得知傅礼士当年是在一处名叫“河头”的地方找到大树杜鹃的，腾冲县古永乡黑泥塘附近有一处标着“河头”的地名，于是直奔黑泥塘而去，在山上转了一个星期，一无所获。在得知当年有一位姓赵的丽

花在高处，似繁星点点。

大树杜鹃就在这山林深处

江纳西族小伙子曾经为傅礼士采过植物标本后直奔丽江，不巧的是当年的小伙子在历经无数岁月后因年事已高去世，好在还有一位名叫和文明的80多岁的老人当年也曾经帮过傅礼士。老人告诉他们，当年砍树后从森林走回县城用了七八天的时间，中途曾经在一个名叫“永安”的地方住过一夜。冯国楣这才在界头乡的南边找到了永安，了解到从永安往北边走是界头，再往北边走是大塘，在大塘的最北边有一个名叫“河头”的村寨。由于当时公路仅通到界头北边的桥头村，要走两天多的路才能到达山中。又正值雨季，山上毒蛇猛兽出没，就是当地猎人这个时候都不进山。

1981年春天，冯国楣再次来到高黎贡山，终于在高黎贡山西麓大河头平叉火草地近一平方公里的地段内发现大树杜鹃群落。进入大树杜鹃群落，沟底里有大树杜鹃，偶一抬头，阴暗暗的岩壁上鲜活活又有一棵，空气里也似有一种生命的力在流动。树形苍劲挺拔，胸径在一米以上的就有20多棵。其中最大的一株高27米，基部直径达3.5米，离地面80厘米的地方分为三大杈，挺拔如劲松当风，郁结如老蛟盘窟，放逸如渴马奔泉。就是树的横枝也如山的仄峰，使无形的光有了立体。阳光从树林的缝隙中射落下来，有如落霞绮霰一般，参差破碎，是一种迷离，在枝叶间洒漫着宁静的韵律，让人沉醉。

大树杜鹃的叶，宽为20厘米，长为42厘米，

显然是任何其他杜鹃树种望尘莫及的。花为水红色，由 20 多朵单花组成一个硕大顶生总状伞形花絮，如绣球般。树下看花，必须仰起脖子来看，皆因那花开在很高很高的树梢上，离得很远很远，只见云彩是倏忽地来了，倏忽又荡然无存，阳光在树间激射，风动处，花如点点繁星，在那云天深处。按冯国楣先生的鉴定，这株大树杜鹃已有 680 年左右的沧桑岁月，是真正的“世界杜鹃王”了。

大树杜鹃分布区域狭窄，仅产高黎贡山国家级自然保护区内少数地方，成年植株不足 100 株，是典型的极小种群物种。由于其生境特殊，一旦破坏，就难以恢复，加之其种群数量稀少，树龄过大，结构趋于衰退，生长缓慢，竞争能力较弱，繁殖十分困难，明显处于濒危状态，急需要开展保护工作。淳朴的大自然，确实是经不住人间烟火味的。最好的保护办法，就是让大树杜鹃保持着亘古以来就有的那份宁静！

曼妙而宁静的花，让人沉醉。

野花覆盖高黎贡

从山麓到山顶，色彩斑斓的山花如涓涓细流，先是冒出星星点点的花苞，继而如奔涌的山泉，如火如荼地爬满山峦。白的雪、密的林、绿的树、红的花、蓝的天、清的水，鸟鸣翠谷，猿啸山林，一个生机勃勃的野生世界。

在高黎贡山，那些美丽无比的花儿，不论春夏秋冬，总是竞相开放，把高黎贡山装点得分外妖娆。对花而言，高黎贡山是它们的天堂。对高黎贡山而言，千姿百态、艳丽多彩的野生花卉则是美丽迷人的精灵。

高黎贡山因不同海拔而垂直分布着不同的植物群落，加之特殊的土壤气候特点，孕育出了丰富多彩的花卉植物资源，构成了景象独特的风光。无论是在陡峭的山峰还是在宽阔的高山草甸，每当花开季节，漫山遍野都是艳丽和灿烂，给高黎贡山增添了无限的生机。有人说，在高黎贡山看一天花，比在城市里一辈子见到的花还多。

高黎贡山花卉具有木本、藤本、草本、寄生、附生等多种生态类

型。海拔 1100 米以下的河谷地带主要分布有木棉科、千屈菜科、锦葵科、苏木科、含羞草科、蝶形花科、马鞭草科等 47 种热带花卉；海拔 1100—2800 米是高黎贡山的主体部分，是花卉资源最丰富的地方，有木兰科、山茶科、杜鹃科、凤仙花科、蔷薇科、兰科等 756 种花卉，如多花含笑、云南山茶、大白花杜鹃、锐齿凤仙花、华中樱桃、虎头兰等就主要生长在这一地带；海拔 2800 米以上有毛茛科、罂粟科、景天科、菊科、龙胆科、报春花科、百合科等 310 种高山花卉，如直距耧斗菜、小瓣翠雀花、美丽绿绒蒿、长鞭红景天、大黄橐吾、头花龙胆、粉花报春等。著名的“云南八大名花”——兰花、杜鹃、木兰、山茶、龙胆、报春、百合、绿绒蒿的原生种在高黎贡山均有分布。

齿瓣石斛，是上好的保健药材。

永远的花铃

高黎贡山的花卉色彩绚丽而丰富。开红花的有木棉、云南山茶、红花木莲、红花龙胆、杜鹃花、报春花等；开黄花的有多花含笑、黄牡丹、纯黄杜鹃、黄花虾脊兰等；开白花的有缅甸木莲、大白花杜鹃、云南大百合等；开紫花的有美丽绿绒蒿、紫背杜鹃、丽花独报春、紫晶报春、紫花百合等。并有许多香花植物，如香水月季、丛林素馨、香花白杜鹃、兰花等。即使是在冬季，高黎贡山顶上寒风怒吼，残雪随处可见，水冷草枯，而此时中低海拔地带到处都是绿肥红瘦，多种含笑、杜鹃、山茶、凤仙花、鸢尾、报春花、樱桃、兰花等众多花卉应时开放；夏季中低海拔地带开花的植物相对较少，主要有红花木莲、云南大百合、珍珠花及多种杜鹃等；而此时山顶的春天才真正到来，遍地的杜鹃、马先蒿、翠雀花、银莲花、绿绒蒿、红景天、垂头菊、百合、豹子花等形成了花的海洋；秋季是成熟的季节，高黎贡山上依然是山花烂漫，延续春天的辉煌。

高黎贡山是中国兰科植物最丰富的地区之一，有兰科植物433种，占了云南兰花的二分之一多，中国兰花的三分之一多，被誉为“兰花王国”。从生长情况可分为两大类，一类是地生类兰花，如春兰、莲

黄花独蒜兰 ┊ 独树一“炽”

瓣兰、惠兰、寒兰、墨兰、春剑、虾脊兰、鹤顶兰、兜兰等；第二类是附生在树木上、岩石上的兰花，分布在湿度较大的原始森林中，如虎头兰、贝母兰、石豆兰、石斛、蝴蝶兰、石仙桃、万带兰、禾叶兰等。兰花是保山市花，莲瓣兰是保山特有花卉，保山因而被誉为“西部兰城”。被中国兰花协会授予“中国荷型莲瓣兰之乡”。

杜鹃花是高黎贡山花卉植物种属最多的一种，有9属187种及变种，其中特有种及变种就达41种，成为高黎贡山种子植物最大的属，是杜鹃属植物的主要分化中心。据统计，世界上有69个种及变种的杜鹃花科植物的模式标本采自高黎贡山地区，是重要的模式标本产地之一。

高黎贡山是我国一个重要的花卉资源库，具有较高观赏价值的花卉品种多达62科320属1053种，对世界有着强大的吸引力。19世纪末开始，英、法等国的采集家、传教士、探险家不远万里来到中国，到高黎贡山采集各种花卉，引入英、法栽培成功后，轰动了世界园艺学界，改变了土著植物贫乏的欧洲城市的园林景观。他们对高黎贡山动植物的兴趣、研究的深度和广度都超乎人们的想象。英国著名的邱园、爱丁堡植物园之所以拥有世界上最佳植物园的称号，就是因为从云南包括高黎贡山引去了千姿百态的杜鹃、报春、龙胆等花卉。乔治·福

野生兰 | 粉苹婆
看万山红遍 | 眼斑贝母兰

雷斯特 1904 年由英国来到云南，长驻在高黎贡山西坡的腾冲县长达 28 年之久，先后组织了 7 次大规模采集，采集了 3 万多份植物标本，为爱丁堡植物园引种了 1000 多种活植物，其中就有 250 多种杜鹃花，包括大树杜鹃、宽钟杜鹃、腺房杜鹃等。这些引自高黎贡山的杜鹃花，已在爱丁堡植物园生活了近百年。为表彰乔治·福雷斯特在植物学尤其是杜鹃花科研究领域中对英国的贡献，紫背杜鹃被命名为福雷斯特杜鹃。而奥地利人雷金纳德·法拉、英国人弗兰克·沃德到高黎贡山采集种苗和标本，分别收藏在欧美的标本馆内。事实上，那些装点英国爱丁堡植物园、邱园、法国凡尔赛宫、奥地利美景宫、美国华盛顿国家树木园、长木花园、加拿大宝翠花园、德国波茨坦无忧宫、俄罗斯叶卜琳娜皇宫等世界著名园林的高山杜鹃、山茶、木兰、百合花等大多引种自高黎贡山。

幽篁雪中绿

“独坐幽篁里，弹琴复长啸。深林人不知，明月来相照。”王维这首《竹里馆》是写竹的绝唱，其中那清幽绝俗的意境，只有在高黎贡山才能感受得到。

清莹俊茂的翠竹秀丽多姿，四时青碧，历来是骚人墨客吟诗作画的寓物。晋代就有好作竹林之游的“竹林七贤”，唐代也有常在竹林中酣歌纵酒的“竹溪六逸”，苏东坡则是“宁可食无肉，不可居无竹”。竹因其挺拔、修直、光洁，有着宁折不屈的气概和中通外直的虚怀大度，自古又被作为高尚气节的象征。它和松一样四季常青，和梅一样傲寒而立，所以把它和松、梅并称为“岁寒三友”。

在高黎贡山上，竹子不以棵论，也不以蓬数，而是以林、以群落来说的。又总是和松在一起，有松的地方就有竹，有竹的地方也就有松。当然也有与其他乔木树种混生而成的竹木混交群落，还有的是以林间

清莹俊茂的新竹

竹层出现的，也有以某一竹种为优势构成单优群落。单优群落大多在海拔 3000 米以上的积雪地带，高高的山坡上，漫漫短梢箭竹林，从这个山岭绵延到另一个山岭，竹下是皑皑白雪，构成一种冷艳的美。据专家们考证，高黎贡山竹类十分丰富，共计有 13 属近 46 种。

就其生态习性和地理分布情况来看，有暖性竹林，也有寒温性竹林。分布在海拔 1200—2400 米地带的暖性竹林以方竹属为主，有 20 多种，在高黎贡山南部和东西坡均有分布，而以南部大蒿坪、曲石、界头、天台山和北部的蛮英、灰坡、蔡家坝等海拔 1800—2400 米地带最为集中，生长也最好。和其他植物一样，高黎贡山的竹子也有珍稀种和特有种。贡山竹属为云南新记录，长肩毛玉山竹、船竹、山香竹和腾冲玉山竹仅在本区内有分布。而箭竹属和玉山竹属的许多种类为横断山脉的高山及亚高山地区所特有，是箭竹属、玉山竹属植物的起源中心。除这些特有成分外，还兼有长江流域和华南成分，如观音竹、油勒竹、慈竹，新小竹为南亚次大陆所共有，龙竹和空竹在东南亚各国均有分布。如此众多和不同地域的竹类集中于高黎贡山，这与高黎贡山特定的环境和立体气候分不开。

当地人的起居生活与竹密切相关。竹子可建房、可制作生活用具，如竹筐、竹箩、竹帽、竹屏、竹凳等，由此也产生了竹编技艺，产生了许多竹编艺人。竹子还可以编成篱笆，作住房装修用。也有用竹子来搭建畜厩的，别有一番乡土风味。食用竹笋，也是当地群众普遍的习惯。方竹，因其节上有一圈气生根形如刺，所以又称“刺竹”。其笋味道鲜美，是很好的笋用竹。在牡竹属中的勃氏甜龙竹，其笋味鲜甜，鲜食最佳，俗称“甜竹”，其笋也就称“甜笋”。同属中一般的龙竹，其笋不宜鲜食，但宜煮后晒成笋干，色泽淡黄，俗称“黄笋”，民间办宴都少不了这种笋干，也是云南笋丝和玉兰片的主原料。分布在海拔 2200—3800 米范围内的寒温性竹林中的箭竹，有带鞘箭竹、空心箭竹、矩鞘箭竹等 8 种，是羚牛的一大食物来源，也是其他野生动物赖以生存的食物之一。针麻竹最为特别，其营养体为典型的藤本状，其秆表面粗糙，主枝一枚，可代替主干攀援生长，节间长可达 120 厘米；箨片直立，与箨鞘相连处无关节，有别于属内各种。其材纤维较好，在造纸工业上具有较高的开发价值，确系珍贵稀有竹种。

从生物多样性保护这个角度来说，高黎贡山

高山箭竹林

迸破莓苔地，亭亭出短篱。

以竹为优势构成的单优群落

的竹类资源是构成这一地区森林生态系统不可分割的一部分，在不同的植被类型中都不同程度包含了竹类植物的成分。在阔叶林内生长的空心箭竹、带鞘箭竹、云南方竹等竹类植物与上层乔木密切相依，形成了独特的森林生态系统。由于人类生产生活的需要，作为植被的一种，自然状态下的一些竹种正面临严重的威胁，如香山竹、粉竹、贡山竹、新小竹等本区特有种数量极其有限，且分布地域极为狭窄，生态系统的平衡十分脆弱，保护不好将有灭绝的可能。特别是有的地方，随着森林的砍伐，竹类也消失了，导致了恶性循环，自然灾害加重。所以，保护好竹类资源应与保护其他林木资源作为一个整体看待。

竹林也是原始森林中植被之一种

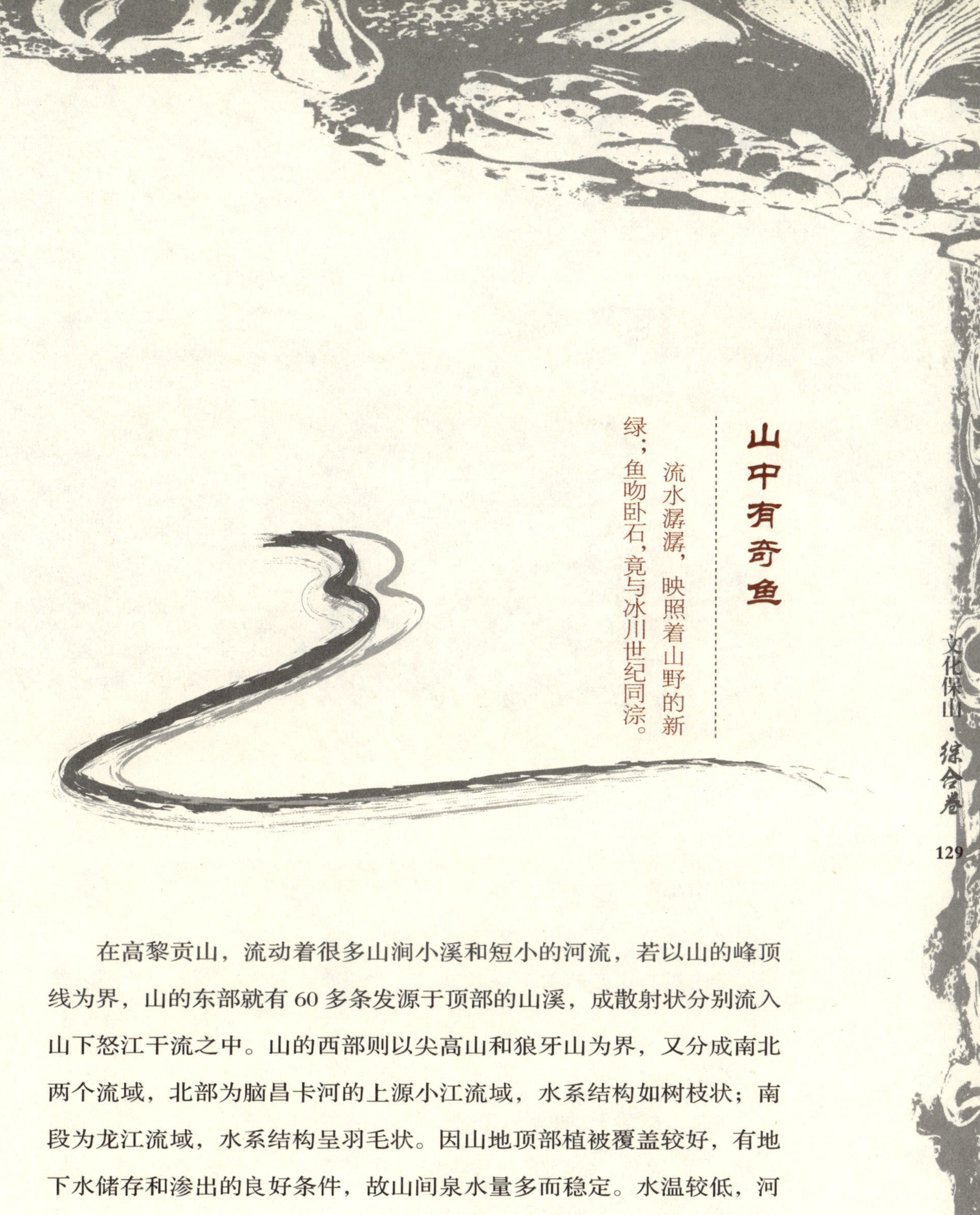

山中有奇鱼

流水潺潺，映照着山野的新绿；鱼吻卧石，竟与冰川世纪同宗。

在高黎贡山，流动着很多山涧小溪和短小的河流，若以山的峰顶线为界，山的东部就有 60 多条发源于顶部的山溪，成散射状分别流入山下怒江干流之中。山的西部则以尖高山和狼牙山为界，又分成南北两个流域，北部为脑昌卡河的上源小江流域，水系结构如树枝状；南段为龙江流域，水系结构呈羽毛状。因山地顶部植被覆盖较好，有地下水储存和渗出的良好条件，故山间泉水量多而稳定。水温较低，河流内含沙量低，水中多砾石，泥质悬浮状少，河水清澈，可谓山清水秀。

相对封闭的水利条件和水质特点，养育了较为珍稀的鱼类。加上历史上地质条件的演化，还保留着一些较为古老的鱼种。有关资料表明，

高黎贡山有鱼类47种和亚种，分别隶属于5目9科28属。有趣的是，高黎贡山东西两水系的共有种很少，怒江20种、龙江32种，其中只有泥鳅、黄鳝、食蚊鱼、半线鲃和青鳉等5种为两水系共有，显示出高黎贡山对其东西两水系许多鱼类种群地交流与扩散产生明显的阻隔作用。

高黎贡山还有一些仅产于本区或本区两水系的鱼类特有种24种，占本区鱼类总数47种的51.1%，这样高的特有率是少见的。如太平四须巴，体背褐色，腹部白色，尾鳍上下缘具黑边，活动于河溪的中下层，仅见于腾冲团田，是迄今为止该种分布的最北纪录，为龙江、大盈江的特有种。角鱼体呈圆筒形，体侧和背部灰黑色，因其眼上缘红色，故又称“红眼鱼”，仅在保山道街有发现，不但为本区特有，在国内也是特有属种。

怒江和龙江与高黎贡山并列南下，河流落差大，水流急，水温低，生活在这两江之中的多为裂腹鱼和条鳅。适应急流环境的底栖种类也特别多，伴随着出现不同程度的适应性构造，有的有发达的偶鳍与平扁的胸部构成宽大的附着面，吸附在河底的礁石上，如平鳍鳅。有的种类胸部具有皮纹吸着器或由下唇形成的吸盘，更增强抗衡急流的能力，如纹胸鮡、墨头鱼等。在腾冲曲石有一条“黑鱼河”，就因为生长着一种黑色的珍稀鱼类而得名，这种鱼头部及背部是黑色的，腹部是白色的，其学名就叫腾冲墨头鱼。

裂腹鱼体延长而略侧扁，体背青蓝或蓝灰色，腹侧银白，各鳍橙黄色，多生活在干流中，依靠锐利的下颌，铲刮水中岩石上固着的藻类。水清时，可见岩石上被刮过的痕迹，人们可据此判断附近鱼之有无和多寡，是怒江的特有种类。裂腹鱼鳞片细小，又称无鳞油鱼。其肉鲜嫩细腻，肉厚脂多，营养丰富，味道鲜美，是鱼中珍品。裂腹鱼类属中亚高山区的类群，起源于第三纪末或第四纪初，它们的发生、形成和发展，反映了所在地区地质变迁的历史。根据中国西藏北部发现的化石证明，裂腹鱼类可能是在第三纪的晚期起源于原始的亚科鱼类。科学工作者从裂腹鱼类的系统发育和环境的关系中，发现裂腹鱼类演化的 3 个发展阶段，反映出自第三纪晚期以后青藏高原经历的 3 次急剧上升和相对稳定交替的

映照着山野新绿的深潭

“冷水花”就生活在这样的山溪里

阶段。

全裸重唇鱼被称为“化石鱼”，仅分布于云南高黎贡山西坡腾冲境内的龙川江上游少数支流中，被《中国物种红色名录》划分为极危物种。全裸重唇鱼除臀鳞和腹鳍基外侧有一腋鳞外，通体几乎“一丝不挂”，呈“全裸体”状，因此而得名。它们生活在高海拔山间小溪，在中下层水中寻觅杂食，耐低温，当地俗称“冷水花”，由原始裂腹鱼属伴随高原的隆起分化而成，仅见于腾冲界头、瑞滇和明光，是龙江上游的特有种，因而在科学研究尤其是在鱼类遗传与生态的研究领域具有特殊的价值，可称为一种珍稀的“化石鱼”，是高黎贡山的特有珍稀鱼类。这些特有种既为保护区增加特色，又是保护区内宝贵的种质资源，为科学研究提供特殊的资料。

鱼吻卧石

中国大陆第一个自然公园

在高黎贡山国家级自然保护区与龙陵小黑山省级自然保护区的深山密林之间，有一条小径蜿蜒而过，它途经山林沟壑、幽谷深潭、瀑布溪流，把旅人引至大自然幽秘的心脏地带，这就是中国大陆第一个自然公园——高黎贡山自然公园。

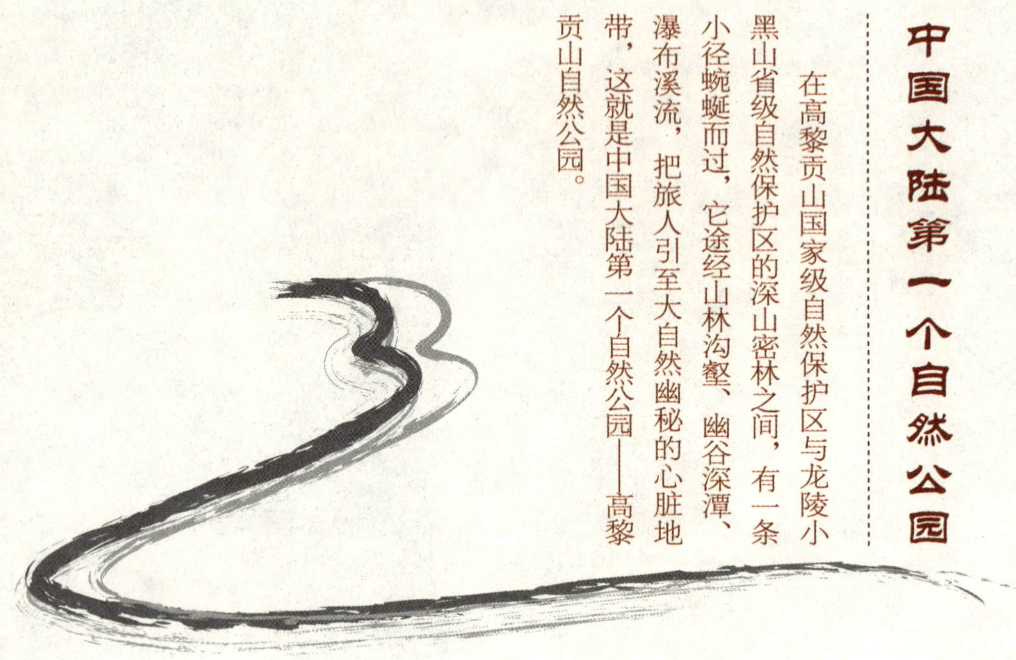

如果想很便捷地进入高黎贡山的原始森林中，并能看到高黎贡山山脊的自然风光，最理想的地方是哪里？如果想要观看或拍摄国家一级保护动物白眉长臂猿及其他野生动物，在哪里容易观看和拍摄到呢？如果想要看国家一级保护植物长蕊木兰及其他珍稀植物，比较方便的地方又是哪里呢？如果想要感受夜间大自然是什么样子，看一看夜间野生动物是如何活动的，到哪里去最合适呢？

高黎贡山自然公园是最好的去处。

高黎贡山自然公园是以资源保护为目的，以“自然保护”为理念，以“原生态”为主题建立的中国大陆地区的第一个集保护、体验、教育、休闲、科研为一体的自然公园，每一个到过的人都称之为“神奇的自然乐园”。

2005年，高黎贡山国家自然保护区保山管理局邀请美国哥伦比亚大学、芝加哥“开阔地计划”、亚特兰大植物园、芝加哥植物园、纽约大学、北卡罗来纳州立大学、EDAW公司及中国西南林学院的40多名专家学者，对生物走廊带内的自然生态、野生动植物、民族、历史文化、旅游资源等方面进行了综合考察，共同开展了自然公园的概念规划。在概念规划基础上进行自然公园建设的施工设计，自然公园最终在高黎贡山南段的生物走廊带上建成。

公园建立在高黎贡山国家级自然保护区与龙陵小黑山省级自然保护区之间，两个自然保护区之间原本互不相连，中间被腾冲和隆阳区国有林区隔，从而形成保护区孤岛化，致使保护区内生物近亲繁殖，物种退化甚至灭绝。1996年，保山市人民政府批准将高黎贡山国家级自然保护区与扩建的龙陵小黑山省级自然保护区之间的国有林区划建为生物走廊带，新建了整顶、赧亢、古城山三个管理站，按照自然保护区模式对生物走廊带实施有效管理。这一生物走廊带南北长12公里，东西宽5.5公里，经过10年努力，一些原来险遭灭绝的物种和植被得到保护性恢复。生物走廊带生机勃勃，一年四季花开不断。漫步林中，长蕊木兰、红花木莲、马缨花、多花含笑恣意挥洒着阴凉；石斛、毛兰、苦苣苔等寄生植物在树干上繁茂生长；高山龙胆草、远志、云南黄连、滇重蒌等药材的花朵满天星一样开满草地。两个保护区之间的野生动物相互往来，原先分布在北

黑水塘是野生动物的水源之一

高黎古猎苑

高黎贡山自然公园也是野生动物摄影训练基地

边高黎贡山保护区内的小熊猫如今在南边的小黑山保护区内也能看到，而原先分布在南边小黑山保护区内的蜂猴，如今在北边高黎贡山保护区内也能看到。

高黎贡山自然公园有白眉长臂猿、红面猴、灰叶猴、熊猴、短尾猴、豚尾猴等 6 种灵长类繁衍生息。在如此狭小的空间范围内，分布着种类如此繁多、密度如此之大的灵长类动物物种，这在中国实属罕见。自然公园成为研究灵长类动物种族关系、资源利用、生态位分化的理想地区。在对珍稀濒危动植物进行保护的同时，还建立了野生动植物原生地保护中心，有计划地进行高黎贡山珍稀濒危植物、特有植物和传统药用植物的引种种植，建立种质资源库。西南林学院与保护区建立了科研教育合作关系，把自然公园作为西南林学院一个教育基地。中科院昆明动物研究所、中国林科院、大理学院、“野性中国”、“魅力中国”、《中国国家地理》等多个科研单位和摄制组数度到自然公园进行科考和专题拍摄。2011 年 1 月，高黎贡山自然公园被确定为“云南生物多样性保护教育基地”和“云南省环境教育基地”。

进入公园大门，是反映高黎人文化的标志性建筑物，由图腾柱“太阳”、“月亮”、寨门、高黎人家、粮仓等组成。高黎人是游牧、狩猎民族，早先居住在我国北方的青海、甘肃一带，后来逐渐往南方迁移，高黎贡山是高黎人迁移过程中走过的最后一座大山。公园所处的位置，就是当年高黎人迁移所经过的路线之一。他们崇拜太阳和月亮，认为日月代表着“天神”，用牛来祭祀“天神”。通过祭祀活动，其目的是祈求“天神”保佑他们平安、诸事顺利。

从高黎人家出发，大片大片的草坡开满了野花，尽管高海拔的山风比较清冷，但野花的热烈又让人兴奋不已。沿着右边的游道走 100 多米会看到在路边有一棵胸径在 60 厘米以上，树高有 25 米多的杜英树，树上附生着过山龙。杜英当地人叫克地老，果子呈绿色椭圆形，大小跟鸡蛋差不多。果子可食，具有止咳润肺的功能。杜英是公园内的常见树种之一，在公园的许多地方都有分布。从杜英树往前走 100 多米，开始有马缨花分布，是公园优势树种之一。

从马缨花林往前走 80 多米是黑水塘。黑水塘面积约 200 多平方米，黑水塘的水用手捧起来看是清的，看塘子里却是黑绿色的，主要原因

夜间观察能看到与白天不一样的景象

高黎贡山自然公园访问者中心——高黎人家

是黑水塘的土壤是黄棕壤，加之水塘四周是阔叶树，叶子经常会落在塘子里面。这里分布有红蹼树蛙、贡山树蛙、宝兴树蛙、斑腿泛树蛙、背条跳树蛙、华西雨蛙、滇蛙、云南小峡口蛙等 8 种蛙类。这里还是野生动物取水的重要场所，也是白眉长臂猿的活动场所之一。从高黎人家到黑水塘只有 300 多米，沿途地形平坦，夜间行走安全性高，是开展夜间观察活动最适宜的地方。

黑水塘东北方向 50 多米处分布有几棵长蕊木兰，其中最大的一棵胸径 40 厘米，树高 20 多米，是国家一级保护植物。曾有摄影师拍摄到了国家一级保护动物白眉长臂猿在这棵国家一级保护植物长蕊木兰上戏耍的照片，堪称经典之作。

从黑水塘往北方向 500 多米处，是腾冲、龙陵、隆阳三县区交界地，有开阔的森林草甸，这里曾经是高黎人的狩猎场，叫高黎古猎苑，是游客们的最佳宿营地。草甸风光旖旎，分布有龙胆、多花野牡丹等野生花卉。草甸四周的杜鹃丛林一片接一片，绵延几公里。每年二至五月，是杜鹃花开得最热烈的地方，赏花人络绎不绝，前来考察生物多样性的外国游客也一拨接一拨，是放飞梦想的地方。

青少年是未来的希望

白眉长臂猿，丛林中的『体操王子』

神奇险峻的高黎贡山是横断山脉中的一颗明珠，丰富多样的植被，为各种野生动物的生存繁衍提供了空间。其中，最为引人关注的就是被誉为『高黎贡山体操王子』、大型灵长类、国家一级野生保护动物的白眉长臂猿。

高黎贡山国家级自然保护区与龙陵小黑山省级自然保护区之间生物走廊带的建立，最先受益的是被誉为“高黎贡山体操王子”的国家一级野生保护动物白眉长臂猿。

白眉长臂猿是仅次于黑猩猩的最具进化的灵长类树栖臂行动物，有西北亚种和东北亚种之分，最显著的特征是眉毛呈白色，并因此而得名。西北亚种分布于印度、孟加拉等国。东北亚种分布于缅甸北部、印度东北部阿萨姆，中国境内仅分布于高黎贡山海拔 1800 米至 2300 米的原始森林中。白眉长臂猿常年生活在树上，靠两条长臂和钩形的手交叉摆动在高大的树冠中快速移动，在树与树间跳跃飞行的距离可

以达到 10 米甚至更远，敏捷迅速，姿态优美，被誉为森林中的“体操王子”。白眉长臂猿偶尔也会下到地面活动，走路时身体半直立，两臂有时垂于身体两侧，有时则高高举过头顶，一摇一摆的，模样十分滑稽可爱。白眉长臂猿同大熊猫、滇金丝猴一样，是国家一级保护野生动物和全球性濒危物种，其种群数量比大熊猫、金丝猴还要稀少。

说起白眉长臂猿就如数家珍的李家鸿，学的却不是动植物保护或是林业专业，而是一名小学教师，因为酷爱登山和摄影进入高黎贡山自然保护区工作。1996 年，李家鸿第一次参加野外巡护时，在保护区

内芒合河头听到一种独特的动物吼声，便闻声追踪，想要弄清是什么动物。由于地势险要，森林茂密，没能如愿。随后得知这是一种猿，当地人称之为黑猴。这声猿啼，让他从此走上了追寻“白眉大侠”的路。

李家鸿通过访问社区、查阅资料、咨询专家，得知黑猴本名白眉长臂猿，属树栖动物，与人类的亲缘关系仅次于黑猩猩。最让他震惊的是，目前国内外关于白眉长臂猿的生态学资料和影像资料还处于空白，李家鸿开始追踪白眉长臂猿。他总是天不亮或头天晚上就到长臂猿可能出没的地方潜伏，发现目标后立即跟上。当他在密林中奔跑数公里，气喘吁吁以为接近目标时，警觉的长臂猿瞬间跑得无影无踪。

2004 年 5 月 9 日，是李家鸿难忘而痛惜的一天。天虽然下着雨，他还是发现了一对情态可掬的白眉长臂猿“情侣”。只见雄猿正在树上耍杂技，雌猿在树丛里眺望。他悄无声息地靠近目标，选好拍摄角度，频频地按下快门，一张又一张，紧张得足以窒息，直到拍完身上所有的胶卷。成功的喜悦顿时涌上心头，迫不及待地下山进城去相馆冲印。冲洗出来的照片竟是一团黑，大脑顿时一片空白，满怀希望变成极度失望。随后他也拍到过不少白眉长臂猿照片，有的是背影、有的形象很小、有的被树叶遮挡想要识别都难。没有野外拍摄经验和技

母子携游

巧，成了李家鸿难解的心结。2004 年 12 月，高黎贡山国家级自然保护区保山管理局推荐他到“野性中国”参加野外拍摄技能培训，系统学习野外摄影知识和技巧。培训结束后，李家鸿获得了“野性中国”资助的一部佳能 20D 数码单反相机和一个 300mm 长焦镜头。

2005 年 5 月 15 日，他像往常一样带上干粮和摄影装备，与护林员杨加连来到白眉长臂猿经常出没的地方守候。又是静寂无事的一天，除了依稀听到几声猿啼外一无所获。李家鸿决定夜宿山林，等待机会的来临。第二天清晨，几声猿啼将李家鸿惊醒，猿啼由远而近，他伏在树干后面判断长臂猿的去向，心中暗暗祈祷长臂猿向他而来。果然，它们来到了他头顶的树上，毛色一棕一黑，是一对“夫妇”。更加巧合的是，李家鸿所在的位置对拍摄所需的距离、角度、光线十分合适，似乎是专门来“送”照片给李家鸿的。一切顺理成章地发生了，李家鸿屏住呼吸从不同角度记录了白眉长臂猿的完美身影。拍摄结束，当李家鸿放低镜头的刹那，白眉长臂猿似老友般与李家鸿默默对望，良久才低鸣几声，扬长而去。这次在野生环境下拍到白眉长臂猿的图片，填补了国内的空白，高黎贡山和白眉长臂猿一时间成为热门话题，李家鸿成为中国野外拍摄白眉长臂猿第一人。除拍摄白眉长臂猿之外，灰叶猴、红面猴、短尾猴、熊猴、猕猴、蜂猴等 6 种灵长类动物也进入李家鸿镜头。李家鸿从事白眉长臂猿监测拍摄工作达 10 年之久，拍摄到图片 1200 余张、视频 30 多分钟。2007 年 5 月，李家鸿受到了来滇西南视察工作的国务院副总理回良玉亲切接见。

白眉长臂猿具有独特的鸣叫行为，且具有种间差异，由于叫声洪亮，起伏婉转，又在清晨寂静的森林，数里外可闻其声。杨加连是土生土长的赧亢村村民，从小就生活在高黎贡山，是凭叫声就能锁定“大侠”的大侠。他有着普通人没有的跟踪长臂猿的能力，可以通过聆听长臂猿的叫声而判断出它们所在的方向和在林区所处的位置，猜到它们在哪棵大树上活动，从头天白眉长臂猿活动的痕迹，可以判断出第二天会出现在哪一带。

长臂猿专家范鹏飞博士来高黎贡山做研究已有5年，常年在外和长臂猿打交道。2011年8月22日，范鹏飞博士在大板厂横槽子对分布在这里的两群白眉长臂猿进行习惯化跟踪监测，上午10点左右听到树枝有响动，一时兴起，就学着长臂猿鸣叫声“呼喉、呼喉……”起来，

过了几分钟，前面出现一只雄性的亚成体白眉长臂猿探出脑袋在张望，一样发出“呼喉、呼喉”的叫声。范博士发现身后树枝又有响动，回头一看，是一只雌性的亚成体白眉长臂猿一边吃野果一边顺着鸣叫的方向张望。眼看小雄猿就要离开，小雌猿忽然发出一声“呼喉”的鸣叫。小雄猿欣喜若狂地朝着小雌猿飞奔过来，然后双双消失在茫茫林海之中，范鹏飞博士成了这对白眉长臂猿的“红娘”。

赧亢村的村民能根据白眉长臂猿的叫声判断出当天的气候来，当地流传的顺口溜说：清晨吼，淋一宿；早饭吼，晒破头。如果说清早听到白眉长臂猿鸣叫且时间较短，山里就要下雨了，而且下的时间长；如果连续多天阴雨天气，有一天吃早饭的时候听到白眉长臂猿叫声，天就转晴了。有专家认为，虽然白眉长臂猿的叫声与当地的天气存在

恩爱

一定的关系，但没有确切的研究证明白眉长臂猿的叫声能准确地预报天气状况，这种现象很可能是因为白眉长臂猿对于气候变化作出的敏感反应罢了。

别小看白眉长臂猿这种灵长类动物，在家庭生活中绝对容不下“第三者”插足，一夫一妻制以及对爱情的忠贞令人刮目相看。成年白眉长臂猿一经组成家庭，这个家庭就是稳定的。并有相对固定的活动领域，面积约为40公顷。食性以果实为主，无花果在其食性中占有特别重要的地位。李家鸿首次拍摄到的白眉长臂猿家庭多了一个幼仔，这个三口之家的成员都被李家鸿起了名字：爸爸叫“背头”、妈妈叫“阿珍”、宝宝叫“丁丁”。一只成年雌猿叫“孤雌”，在找不到伴侣的情况下打起“背头”的主意，每天早早来到“背头”跟前，又唱又跳，“阿珍”知道“孤雌”心事假装无所谓，“背头”却不能容忍“孤雌”的行为，驱赶和追咬“孤雌”。“孤雌”几经失败后离开了，躲到保腾公路边上，看车子来来往往。过往保腾公路的人们也就时常在特定路段看到“孤雌”孤单的身影，人们感动于白眉长臂猿对于一夫一妻制的坚守，“孤雌”的故事也在这条路上传说。

轻羽间的诱惑之舞

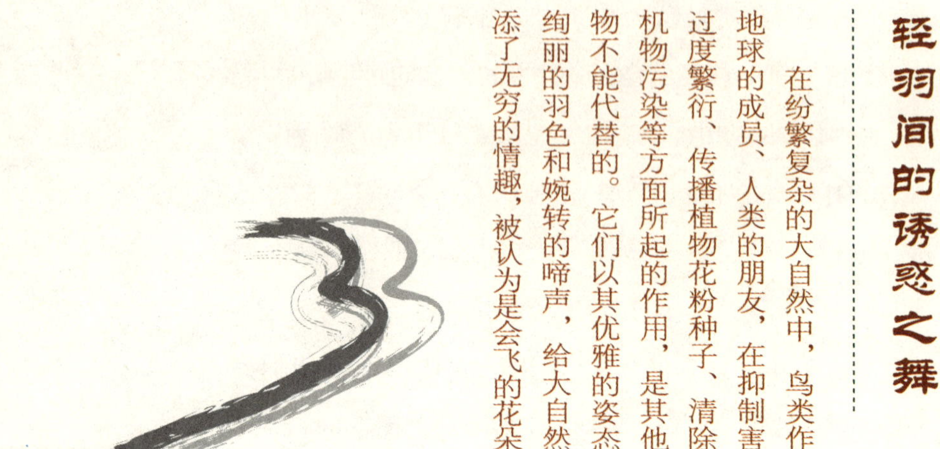

在纷繁复杂的大自然中，鸟类作为地球的成员、人类的朋友，在抑制害虫过度繁衍、传播植物花粉种子、清除有机物污染等方面所起的作用，是其他生物不能代替的。它们以其优雅的姿态、绚丽的羽色和婉转的啼声，给大自然增添了无穷的情趣，被认为是会飞的花朵。

大自然离不开鸟类，正如人们的生活离不开花的装点一样。古往今来，多少诗人雅士，在他们那浩如烟海的诗词文章中大量地写到鸟，如“春眠不觉晓，处处闻啼鸟”，又如“山林多奇采，阳鸟吐清音”，还有“百啭千声随意远，山花红紫树高低”等。而我国的传统画中，更把花鸟画作为一个分支，与山水、人物画并重。

高黎贡山是山水画，也是一幅花鸟画。不能设想高黎贡山没有鸟，要是没有鸟，那该会是什么样子？每次深入高黎贡山，都会听到如丝竹合奏般悦耳动听的鸟声，感觉得到高黎贡山那林木深处活跃着的色彩绚丽姿态万千的鸟群，使得本来就非常幽静美丽富有神秘色彩的高黎贡山，更为幽静和神秘了。

高黎贡山的鸟类资源特别丰富，迄今已记录的种类达419种，分别属于18目52科另4亚科，所录鸟类种数约占云南省纪录鸟类总数的43.3%。其中，属国家Ⅰ级重点保护种类的有黑鹳、金雕、白尾梢虹雉、黑颈长尾雉、红胸角雉、灰腹角雉和绿孔雀7种，Ⅱ级重点保护的种类有黑颈鸬鹚、高山兀鹫、血雉、红腹角雉等33种。高黎贡山还是雉类动物的乐园，云南有28种雉科动物，高黎贡山上就有18种，其中较为珍贵的有白尾梢虹雉、黑颈长尾雉和绿孔雀，同属国家Ⅰ级重点保护种类。

有鸟类学家说过，鸟类靠两种办法来讨人喜欢，一靠歌喉，二靠羽毛。多数鸟类都是非此即彼，不出这两种途径。要么长于歌而短于色，要么长于色而短于歌。孔雀、白鹇、锦鸡，从它们的名字就可以知道，

觅食归来

是以羽色艳丽惹人喜爱的。鹦鹉也是国家Ⅱ级重点保护鸟类，它们羽色鲜艳华丽，雌雄终身成对，比翼而飞，交颈而眠，因而自古以来就为人们所熟知和喜爱，被认为是“爱情”的象征。当然也有例外的，如黑颈鸬鹚、黑翅鸢、黑兀鹫等，虽为国家Ⅱ级重点保护鸟类，不论是羽色还是歌喉，都无什么出色之处。当然，它们也不想取悦于人类什么。

在高黎贡山最容易看到的是金雕，因它总是爱平展着翅膀，翱翔在云之下、山之巅。它在空中滑翔流畅而迅速，并不断地改变着方向，时而贴着树梢，时而又会升腾得很高。雕的体羽主要为黑褐色，后颈被金黄色矛状羽，嘴和爪强壮而锐利。金雕是高黎贡山的留鸟，栖息于高山草甸和山林地带。

在高黎贡山的鸟类王国中，还有大量的未被列为国家重点保护的对象。如莺，一提起它们，就让人有一种生气勃勃之感，一种亲切、跳跃的神秘感和欢快感。还有麻雀在一起总是唧唧喳喳、七嘴八舌地说这说那，似大珠小珠落玉盘，热烈而欢快。在林中走，各类鸣禽、云雀在林中飞来跑去，各自吐弄着不同的佳音，这些时而来自树端，时而来自地上，时而逼近，时而遥远，时而千声万籁，时而嗡然大观的声音，展示了森林的非凡生机。

还有一些鸟具有特别的体征，如最小的鸟叫黄腰柳莺，体重只有5克多；最重的鸟是秃鹫，近8公斤重，是黄腰柳莺的1500倍；最长的鸟是灰鹤，长达1.4米，是灰腹地莺的16倍，差别之大，是人们想象不到的。值得一提的是，和其他生物一样，高黎贡山鸟类的特有种十分丰富，环颈山鹧鸪、白尾梢虹雉、红腹咬鹃、黄嘴蓝鹊、剑嘴鹛等种类在我国仅见于高黎贡山及附近地区。

鸟是“飞翔的花朵”，观鸟如同观花。观鸟是在自然环境中利用望远镜在不影响野生鸟类正常生活的前提下，在山林、原野、湖泊、海滨、河畔、草地等鸟类活动和栖息地观察和观赏鸟类的一种娱乐活动，可以观赏到鸟类体态、色彩、仪姿以及觅食、鸣叫、求偶等生活行为。

看各种各样的鸟，欣赏鸟那多样的形态，听其悦耳的鸣叫，观其在空中翱翔，是观鸟人最美的享受。从 20 世纪 90 年代开始，观鸟逐渐成为国人亲近自然、放松心情、求取知识的经常性户外活动项目，每年都有不少的观鸟爱好者登临高黎贡山。

怒发冲冠

好鸟枝头亦朋友

顶级之舞

最昂贵的观鸟目光

鸟的形态丰富多彩，活泼好动，声音悦耳，通过观鸟活动可以亲近自然，放松身心，增加知识。……为鸟痴，为鸟狂，只是没有见过像英国观鸟爱好者、世界雉类协会会员詹姆斯·古德哈特这么『痴狂』的。

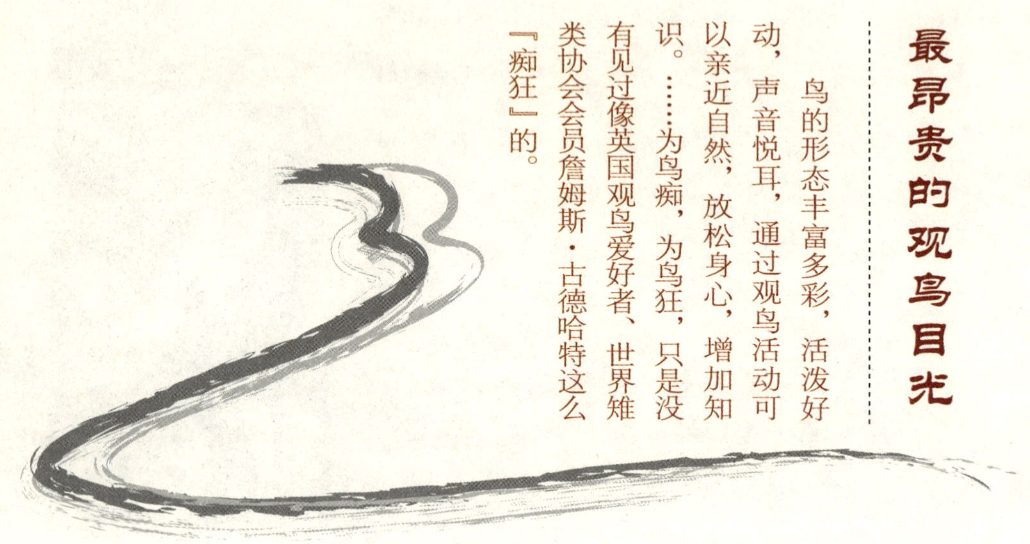

高黎贡山是世界观鸟胜地之一。

英国观鸟爱好者、世界雉类协会会员詹姆斯·古德哈特那4秒多钟“最昂贵观鸟目光”的故事被观鸟爱好者津津乐道。

这是一种什么样的鸟，值得起这么昂贵的目光？

白尾梢虹雉，鸟类中的至尊之鸟。

为了能见到这种至尊之鸟，詹姆斯·古德哈特先后两次来到中国。他是世界雉类协会会员，也是观鸟者中年龄最大、最有毅力的一位。他年轻时经营农场，退休后与鸟为伴，到世界各地观鸟。全世界有8000多种鸟类，而他已经观看了6000种，这对于一个观鸟者来说是非常了不起的成绩。但他有一个最大的遗憾，未能结识白尾梢虹雉这种至尊之鸟。

为了弥补这个遗憾，1998 年秋天，65 岁的詹姆斯·古德哈特先生启程来中国观鸟。当时虽然是秋天但是雨季还没有结束，从大塘到白尾梢虹雉观察点，足足用了两天的时间。不凑巧的是老天下雨，加之季节不对，没有看到白尾梢虹雉，只好无功而返。

1999 年 4 月，詹姆斯·古德哈特先生第二次来到高黎贡山，上山后突遇大雪，本以为又会毫无收获。可能是至尊之鸟感动于他的执著与真诚，上山后的第二天早上 9 点钟左右，高山之上蓝天之下传来“咕哩、咕哩”的叫声，一只大鸟从箭竹丛中飞出，斜着向山坡下滑翔，飞行的方向正好处在古德哈特先生所在位置的上方，整个时间持续不到 5 秒钟，但古德哈特却已经清清楚楚地看到了这种珍贵的小鸟。多年的夙愿得到了实现，古德哈特高兴得像孩子一样。

詹姆斯·古德哈特先生两次远涉重洋，深入到高黎贡山观鸟，共花费 20000 元人民币，还不包括英国到中国的往返费用，平均下来每看 1 秒钟花费 5000 元人民币，因而在业界被称为“最昂贵的观鸟目光”。对此，詹姆斯·古德哈特先生如是说，观鸟是个过程，不只是见到鸟的那几秒钟。通过观鸟，为自己在大自然中获得回忆和体验，幸福的回忆是老年生活中最宝贵的东西。

孤傲的雌鸟

高黎贡山好观鸟

为白尾梢虹雉着迷而远渡重洋的还有美国圣地亚哥动物园的鸟类学家戴卫和汉斯。他们专程从美国来到高黎贡山观察研究白尾梢虹雉，由高黎贡山国家级自然保护区的科技人员陪同到达高黎贡山大脑子峰一带。这里是高黎贡山南段主峰，海拔 3780.9 米，是白尾梢虹雉的主要分布地之一。他们在山上观察了一个星期，除了发现一些粪便、听到几声鸣叫外，没有看到白尾梢虹雉。但对于做鸟类研究的科学家来说并非白来一趟，虽没有看到白尾梢虹雉，但对白尾梢虹雉栖息的环境进行了初步的考察，听到了白尾梢虹雉的叫声，了解到白尾梢虹雉的基本情况，已经是一种收获。另一位美国鸟类学家贝尔德·杰姆斯比他们都幸运，他在高黎贡山大脑子峰不仅听到了白尾梢虹雉的鸣声，还看到了大大小小共 8 只白尾梢虹雉。

白尾梢虹雉，鸟类至尊

世界上虹雉属鸟类只有白尾梢虹雉、绿尾虹雉和棕尾虹雉三种，都栖息于海拔三千米以上的高山，白尾梢虹雉仅分布在东喜马拉雅山山脉和高黎贡山山脉的部分高海拔地区，是一种典型的高山雉类。

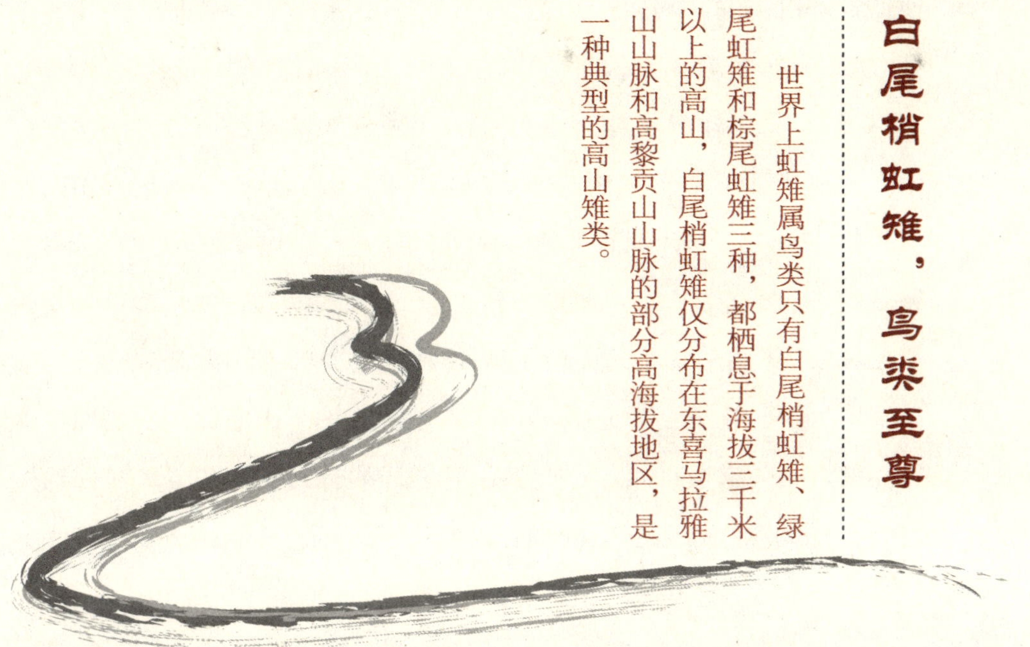

白尾梢虹雉属鸡形目雉科虹雉属，体形较家鸡大。雄鸟头顶和头侧均有金属光泽的蓝绿色，冠羽短，向前卷曲如线状，后颈和颈侧红铜色。背羽前蓝后绿，肩紫绿，闪闪发光，很像虹彩，虹雉即由此得名。下背至尾上覆羽几纯白色，尾羽鲜栗色，有宽阔的白端。雌鸟额至上背均赭褐色，各羽杂以棕色斑纹，下背逐渐灰褐，并具黑褐和棕色横斑，尾亦为赭褐色，并有棕色狭斑。嘴长而稍弯，上嘴较下嘴稍大而覆盖下嘴，两翅短圆，尾比翅膀短，显得宽阔而短平，虹膜褐色。因分布区域狭窄，数量稀少，是国家Ⅰ级保护动物，也是高黎贡山自然保护区的主要保护对象之一。

高高的山上，是白尾梢虹雉的家园。

占着天时、地利与人和，还有近山近水之便，真正揭开白尾梢虹雉神秘面纱的是中国的鸟类专家。西南林学院硕士研究生罗旭于 2000 年 8 月至 2003 年 8 月用了 3 年时间在高黎贡山进行白尾梢虹雉的冬季习性研究、取食生态研究、繁殖行为观察、鸣声录制及监听等工作。他在野外研究的时间累计共达 264 天，每次上山一待就是一个多月，其中最长的一次在山上的时间共达 61 天，下山时头发胡子长得像野人。3 年中有两个冬季呆在冰天雪地海拔 3000 多米的高山上，有一次因雪太大，半夜里帐篷被大雪压垮。进入雨季，人们是不进高黎贡山的，恰是这 3 年的雨季，罗旭都待在山上，当发现白尾梢虹雉开始筑巢孵卵后就一直守着。在白尾梢虹雉孵化的 27 天时间里，他从清晨到傍晚都在观察孵化情况，除了晚上回帐篷睡觉外白天从不离开观察点。如果不是热爱，就不会如此痴迷，一定也就受不了山上那苦。当然，他有高黎贡山国家级自然保护区保山管理局的有力支持和当地村民后勤援助，得以顺利完成这一课题的研究。

画笔下的白尾梢虹雉

白尾梢虹雉在高黎贡山国家级自然保护区主要分布于海拔 3000—3600 米之间，其生境主要有高山草甸、高山亚高山箭竹林、亚高山针叶林。目前发现主要有南斋公房和大脑子两个点。这些地区人迹罕至，加之白尾梢虹雉生性机警，数量稀少，一般很难被人发现。

白尾梢虹雉的夜宿地点大多位于沟谷两侧地形陡峭的地方，海拔在 3350 米左右，栖息于岩石边或低矮的树枝上。夜宿地大多坡度大、郁闭度高，这种地方一方面有隐蔽性，另一方面，也有利于防止其他动物的危害。

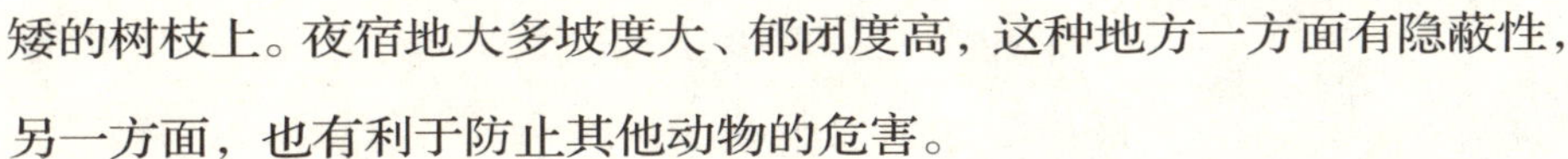

清晨，雄鸟觉醒后会站立于突兀岩石上晨鸣，如同歌唱家早上起来练唱一样，委婉动听。晨鸣时间大约从 6:30—8:00，起起落落，有时独唱，有时合唱，热闹极了。雌鸟则在一旁静静地听着，或梳理自己的羽毛，有相夫教子的懿范。晨鸣结束后，它们会从夜宿地滑翔飞至低海拔地带觅食，春季在海拔 3150 米左右的地方，冬季降到海拔 3000 米左右，可能与季节不同食物分布不同相关。觅食时个体之间分散觅食，边觅食边步行向上，没有发现飞而上行的。渐至中午活动减少，静栖增多。静栖时白尾梢虹雉个体间通过声音保持联系，于是其又开始鸣叫，鸣叫高峰期在 13:00—14:00 之间。此时，其群体已经向上移动至夜宿地附近。黄昏时白尾梢虹雉一般已经向上移动至比夜宿地高的海拔地带，海拔在 3550 米左右，傍晚时向下起飞滑翔至夜宿地过夜。由于其个体飞回的时间有先后，先飞回的个体通常会啼叫不止，通过鸣声召唤其他个体返回夜宿地，傍晚鸣叫高峰期在 19:30—20:30 之间。

深居简出

白尾梢虹雉以植物的根、嫩叶和花为食物。在夏秋季节，地面的草本植物丰盛，白尾梢虹雉一般是直接取食植物的幼嫩部位。在春冬季节，地面草本植物匮乏时，白尾梢虹雉主要是取食植物的地下部位，觅食后一般会留下明显的取食小洞，因取食对象不同，其坑洞的大小、深浅不一。在挖掘植物的地下部位时，白尾梢虹雉主要是用其弯曲的喙，从不用脚刨的方式取食。

在高黎贡山地区白尾梢虹雉一般是3月底4月初产卵，5月初出雏，孵化期为28天左右。窝卵数一般是2—3枚，卵平均重86克左右。白尾梢虹雉对巢址的选择十分严格，一般选在直立陡峭的岩壁上凹陷的平台部位，巢穴所在的山坡坡度大于60度，体型较大的动物很难到达巢位。卵的孵化全由雌鸟完成，坐巢雌鸟每隔2—3天离巢觅食一次，离巢时间一般有1分多钟，大多是在清晨离巢。在雌鸟坐巢孵化期间，雄鸟极少在巢边活动，但是偶尔也会由远处飞到离巢50米左右的突兀岩石上或视野开阔的位置停留观望10多秒钟，然后飞离。

小鸟出壳后的第二天早上9点左右，雌鸟带领小鸟跳离巢穴，之后再不会返回巢穴。出壳一周以后，小鸟已经具备飞行10多米的能力，10多天后能飞行20—30米。

白尾梢虹雉是东喜马拉雅山地区特有鸟类，在《世界自然保护联盟濒危物种红色名录》里列为易危。说到易危，一般人会认为是人们乱捕滥猎，对于白尾梢虹雉来说并非如此。目前在中国未见用白尾梢虹雉来做买卖的，商业用途不是白尾梢虹雏的致危因素。其濒危的主要原因有人类活动的因素，更多的却是其栖息生境承载量小的原因造成的。白尾梢虹雉仅分布在高海拔的箭竹林、针叶林和草甸等生境中，而这几种生境类型局限于高山，面积相对狭小，这是决定白尾梢虹雉分布局限和数量稀少的最主要因素。其次是种群增长慢，窝卵数少、孵化期长、繁殖雌体比例小限制了其种群的增长。最后才是人类活动的干扰，当地群众上山挖野菜，找兰花，破坏了地表植被，对白尾梢虹雉的栖息生境和食物都有一定影响。2002 年 6 月 5 日至 21 日，西南林学院的研究人员在大脑子峰附近做研究时发现，17 天内就有当地村民 77 人次上至主山脊挖野菜，声音嘈杂，多次将白尾梢虹雉惊飞。虽然没有直接对动物造成伤害，但有可能影响动物种群的扩散，可见白尾梢虹雉的孤傲、娇嫩与高贵。被称为至尊之鸟，是当之无愧的。

白尾梢虹雉主要分布于高黎贡山海拔 3000—3600 米之间，其生存环境主要有高山草甸、高山亚高山箭竹林、亚高山针叶林。

邂逅黑熊

人与动物共存于一个大自然，动物是人类的伙伴，也是人类的朋友。大自然是个平衡的生态系统，如果我们失去伙伴，朋友也消失了，人类也将不复存在。

初春的早上，随着白尾梢虹雉一声报晓，高黎贡山万物苏醒，杜鹃花带露开放，小鸟唧唧喳喳欢快地说着什么，羚牛哞哞几声后扬了扬蹄，开始啃吃带露水的青草。

和这些动物一起醒来的还有西南林学院野生动物专业的研究生白冰，为研究白眉长臂猿，他夜宿高黎贡山。

他听到了白眉长臂猿的叫声，循声追逐而去。白眉长臂猿在林间树枝上时而练高低杠，时而跳鞍马，移动的速度相当快。当长臂猿安静下来取食的时候，白冰已经跟踪了四五公里，不知不觉间来到了原始森林茂盛的木桥洼子。他环顾四周，这里有好大的一片刺竹林，密密麻麻。

清晨风凉，他吸溜了一下鼻子，山野里拂起一阵微风，一股野兽气息扑鼻而来，鬼遣神差循着气味向刺竹窝走去，东张西望想着要看到什么，不巧的是当他晃动脑袋的时候，眼镜被枝条挂掉了。没了眼镜的他眼前是一片雾，就如同他心中的那一片雾水一样。他向刺竹窝里摸眼镜，摸到了一样毛茸茸的东西，本能地揪了一把，他听到一声怪叫，紧接着是箭竹林里噼里啪啦一阵乱响，黑熊一蹿而出，以不曾有过的速度向山下逃遁而去。与此同时是白冰一声尖叫，拔腿向山脊方向飞奔而去。

憨态可爱的黑熊

茂密的原始森林是黑熊的栖息之地

是白冰扰了黑熊的晨梦，还受到了惊吓，这样与人亲密接触对于山野里的黑熊来说还是第一次。黑熊一声惊叫吓了白冰，与黑熊相遇的人不少，这样与黑熊相遇

白冰还是第一人。

黑熊也称狗熊，体毛粗密，一般为黑色，头部宽圆，眼睛较小，属跖行类林栖动物。主要栖居在植被茂盛的山地，夏季常在海拔3000米甚至更高的山中活动，到了冬季则会迁居到海拔较低的密林中。黑熊是杂食性动物，以植物为主，喜欢各种浆果、植物嫩叶、竹笋和苔藓等等。它们也爱吃蜂蜜，还有各种昆虫、蛙、鱼以及腐肉。高黎贡山地区由于对动物实施保护措施，黑熊的数量有所增加。它们也会闯入山寨捕食家畜，损坏周边村民的庄稼、伤害家畜，甚至伤人。

有个叫小地方的山洼，散落着一个叫王家寨、一个叫赵家寨的两个村子，处于保护区范围之内。寨子四周围是一片片不规则的，沿着山势上升的平缓的坡地，每年包谷成熟的季节，主人认为还不到收获的时候，黑熊却不管这些，早早的就来尝鲜，虽不似猴子那样掰一个丢一个，却也是吃饱了还要压倒一片，主人只有对着远处的森林千咒万骂的份。因为有《中华人民共和国野生动物保护法》罩着，黑熊就有恃无恐。

寨子与林子亲密相连，使得像白冰这样人与熊"肌肤相亲"的事情时有发生，只是没有白冰那样幸运。1998年就曾经发生过母女两人被熊咬伤的事件，虽然熊伤人这样的事情只是偶尔发生，村民对于熊的愤怒也一样可想而知，却又无可奈何。猎枪被收了，就是不让人打熊，人就只有被熊欺负的份。事实上，在高黎贡山你随处都会听到许多令人哭笑不得的人与熊的故事。

在这个世界上，人们怕野兽，其实野兽更怕人。黑熊对人类的惧怕远远超过人类对它们的恐惧，通常只有感到威胁或保护幼子的情况下才会对人发起攻击。人与自然如何和谐相处，确实是人类社会一个永远研究不完的课题。

发现林猬

高黎贡山总能给动植物学家惊喜，林猬的发现，在世界动物学的花名册上，又增加了新的成员。

20 世纪 80 年代，随着高黎贡山被列为国家级自然保护区，对高黎贡山野生动物调查也随之启动。在高黎贡山南段西坡大蒿坪调查中发现一只无头动物标本及一些既像刺猬又像豪猪的针毛，如果是豪猪的针毛，毛粗不够长度也不够，从标本看是豪猪的可能不大；如果说是刺猬，从理论上讲高黎贡山不可能会有刺猬分布，刺猬是生活在北方的物种，长江以南很少见到。该动物个体较刺猬小，也没有头骨可以做确定，成为动物界的一个悬案。

时间推移到了 2003 年春，高黎贡山国家级自然保护区的工作人员在南段东坡大蛇腰一带进行野生动物监测时，意外地捕捉到了一只野生的刺猬活体。为了进一步摸清高黎贡山范围内刺猬分布的情况，又在南段的大蒿坪、赧亢等地进行调查，分别在这两个地方各发现了一只刺猬活体。

高黎贡山保山管理局将采集到的3只刺猬活体在动物收容所饲养。通过3年的饲养观察，发现这种刺猬在每年10月中旬开始冬眠，次年4月上旬苏醒，白天一般不活动，晚上和夜间出洞觅食，以面包虫（昆虫类）为主食，兼食玉米、香蕉等，是杂食性动物。

为了考证高黎贡山刺猬的种源，研究人员将其中一只雌性个体制作标本，研究其头骨、体长、体重、皮毛、器官等方面构造，反复与北方的刺猬进行比较。这只刺猬体长200毫米，重390克，与其他刺猬存在明显差别，最后经专家确定这是一个新种，并将其命名为高黎贡山林猬，属高黎贡山特有种。

林猬，高黎贡山特有种。

这是帚尾豪猪，与林猬确实不同。

高黎贡山林猬的发现，引起了动物学界的轰动，因为这是中国近年来发现的少数兽类新种，在世界范围内也不多见，具有重要的保护和研究价值。

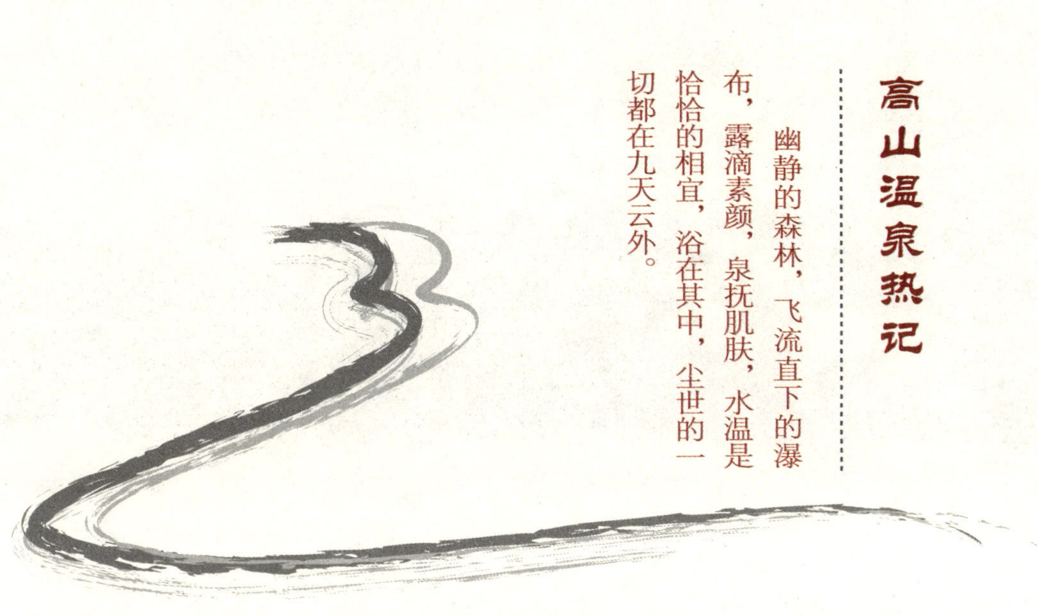

高山温泉热记

幽静的森林，飞流直下的瀑布，露滴素颜，泉抚肌肤，水温是恰恰的相宜，浴在其中，尘世的一切都在九天云外。

高黎贡山被称为地球的一道“缝合线”，在这道缝合线上，不但在东、西山麓火山与地热并存，温泉资源十分丰富，就是在高山之上也有众多温泉出露，如百花岭热带雨林谷温泉、金厂河温泉、黄竹河温泉、摆罗塘变色温泉。这些温泉大多含有硫磺，会产生硝盐，每年野生动物都会定期到温泉取食硝盐，就像人离不开食盐一样，温泉因此成为高黎贡山野生动物的生命之泉。

百花岭热带雨林谷温泉，当地人称“热水潭”，坐落在百花岭澡堂河的热带雨林中，海拔1400多米，其上方50米处是三叠水瀑布，南面是溪流，形成叠水映温泉的水域风光。进山路不怎么好走，忽上

坡忽下坎，有些地方贴着悬崖过，惊险而有韵味。树木参天，鸟雀啾啾，风景美不胜收。沿途看到两桩耸立的石柱，相隔10米左右，当地人称“仙人石”。周围有砌石成墙的痕迹，虽然淹没在灌木丛中，还是能明显看出是人工遗迹，只不知在风雨千年中，这石墙是干什么用的，其主人今又在何处?

在森林中行走，四围里有树遮着，有岭挡着，是不常见到灿烂骄阳的。想望出山外去，也是不易。只有斑驳的树荫下，特有的草香蛊惑和熏诱着行人，山风轻轻吹起衣襟，有种飘柔的感觉。下过雨的山路上覆盖着的枯叶含蓄了不少水分，踩上去如海绵一般挤出些水来，发出叽叽吱吱的响声。有时觉得是开阔了，却又有山峰像屏风一样环峙着。涧底有淙淙流水，叩玉般的声音，好似月下深林里，晚风吹送来的环佩声。路也望不远，这边是悬崖，那边是深涧，弄不好就双脚并在一处作“苍蝇搓脚”般地下滑。已能听到潺潺的水声，堪比拟白云深处回绕的春雷，似近又远，似远又近地在这山谷间回荡着；已能看到升腾白雾，袅袅冉冉，似炊烟般轻柔，缥缈在明空里。道路也一改平缓缓、慢悠悠的神态而急转直下，有点迫不及待之感。攀援着藤条下到一个较为平坦的小洼，踩过横着的圆木，来到了几块大石旁，见到了水。水碧茵茵、清凛凛的，漾漾的柔波是那样地恬静、委婉。俯首一望，身体很迅速地感到一种清冷，清冷中又透着微熏的热气，由皮肤直浸入人的心，激冽人的灵魂。只觉得这既是一种雄壮也是一种柔美，是那样地引人入胜，这就是“热水潭”了。

一条山溪，从林木深处流出来，流经这里，打了一个弯，溪面便长宽了，溪中有水泡咕咕地直冒，那就是热泉的泉眼，四五处之多，与山溪汇在一起，碎银一般。水中那馒头样的大石滑腻腻的苍绿色，似梦中的小岛。湾泊着的溪水腾着烟雾，如天上瑶池一般，迢迢地忘了尘世，又像在雾里看花，尽朦朦胧胧地美。

溪湾的上端是三叠瀑布，虽是一瀑比一瀑短，但一瀑比一瀑宽了。每一瀑的浪花，比银还晶洁，比雪还皎白，像山灵的白袍，水神的银须，青山翠屏上的一幅水珠帘，又似乎是一条银白色的蛟龙在深涧底回旋。瀑声也不大，是哗啦啦地吟唱，到了溪湾里，经林间的绿风和水波的摇拂，已经不单是水声，而是混着山野和石头的密语了。它们于这溪湾里密密私语一阵后，以澄明贞定的余音，以不断地泛出同心圆的方式，银簇簇地一波一波推开，推向湾外，推向山外，推向云深不知处。

世外仙汤

高黎贡山的雾，就是这样蒸腾而成的。

大山里同样有澎湃的激情

热水就出在三瀑叠水的最后一瀑，这最后一瀑遂汇成一池碧澄的潭水，清可见底，光能鉴人。每一个到这里的人，都会被牵惹着、引诱着，与这热溪融浴在一起。温泉的四周是原始森林，经常会有一些树叶、鲜花落入温泉池中，这些树叶、鲜花加上温泉特殊的矿质元素，对人体具有很好的保健作用。水温是恰恰地相宜，腻腻地温润着身躯，鲜明透亮的水将沙石和洗浴者赤裸裸地托露于天与地之间。在这大山的怀抱里，赤条条无遮无拦无牵无挂，点缀在这湖光山色里。运气好时，还可以边泡温泉边看灰叶猴、猕猴等野生动物从温泉旁边的大树上经过，只是不知是你看猴，还是猴看你了。

热水潭上右方边岸，有一扁平巨石突伸而出，覆石之下有用山茅草铺就的“床”，人躺下了再“滚”进去，就

大地的关怀

山分四季，水有七色——摆罗塘变色温泉。

天不怕地不怕了，是洗浴人遮风避雨之所。巨石周围，有用几根枝条、几片芭蕉叶铺盖而成的三两间窝棚，每到干冬季节，当地村民都会到温泉洗浴，这些窝棚是当地人为在这里住浴而搭建的。

后来保护区进行生态旅游开发，既保留了原来的温泉风貌，又将温泉与河水分开，一年四季都可以泡温泉了。修通了游道后，路也不再遥远，山溪也改了道，不再与温泉同流合伍了。

好在大山未变，树木未变，山风仍旧吹来，抚一身酣畅的魂魄于这大山之间，暂时把生与死、名与利这些无谓的定义悬挂在树梢上，置身于这样的环境，让人难辨是神还是仙。即便回去时忘了带上名利也罢，重新做一个纯真的自我，也是人生的一大收获。偶然来到这山野里的人们，一步一回头地与热水潭告别。直到看不见了，走远了，那春雷般似近似远的声音依然回绕在耳畔。

别了，高黎贡猎神

在高黎贡山，曾长期延续着农耕、畜牧、采集、狩猎等几乎人类所有的生存模式。大山似乎事先就为栖居在这里的人类划定了若干彼此隔离的空间。在很长时间内，高黎贡山都是一座『土著的乐园』，然而他们最初的踪迹，却显得扑朔迷离。

林间小道上，远远地匆匆走来一位傈僳族老人，背着一个鼓鼓囊囊的布口袋，一顶旧毡帽压过眉头，遮住了大半个脸，却遮不住老人的沧桑。他就是白花岭一带被称为“猎神”的老胡。据说他在山上走，动动鼻子掐掐指头，就知道动物在哪座山哪道河，径直奔去，手搭老弩一箭射出，能瞄准喉咙而不伤眼睛。可猎神已经不再打猎了，连往事也不肯多说半个字。不打猎固然好，至于连往事都不提吗？

50 岁以前老胡猎杀过多少动物连他自己也说不清，但 51 岁那年，他突然全身红肿，怎么也医治不好。巫师告诉他，这是猎神的警告，只要从此不狩猎，也不要将狩猎技艺传授给别人便能平安无事。他当即杀鸡祭祀，烧掉了所有的扣子和弩箭，将铁夹打成了一把长刀，病症果然消失了。从此，他再也没有打过猎。

有人想问他一些打猎的事情，他却给人讲自己家族的故事。他说“胡”实际上是老虎的“虎”。相传在远古时候，有一个美丽的姑娘上山砍柴，被一只老虎发现，虎就化身为英俊的青年男子追求这个姑娘，姑娘与之结合后所生的子女都取名“腊扒”，即虎氏族。他说这个姑娘和老虎就是他们的祖先，他就是虎氏族中的一员，凡是虎氏族的人上山都不准猎虎。后来因与汉人交往多了，才慢慢地将“虎”改成了“胡”。

傈僳族人把跟本氏族有关的动物或植物作为图腾崇拜，在现代社会，各种特殊的图腾崇拜仪式虽已淡出他们的生活，但依然作为他们氏族的称谓或代号而存在。在高黎贡生活的15个少数民族里，傈僳族、独龙族、怒族等最初都多以采集、渔猎为生，天生依赖自然，敬畏自然，在他们朴素的世界观里，自然有着更神圣的地位。

傈僳族猎手一般都供奉山神及猎神，山神主管山中动物及家中畜禽兴旺，而猎神则保佑猎人捕到动物。每年农历六月初六，全村人集体到山神庙（俗称山房）宰杀鸡或羊祭祀山神。猎神有两种，一种是养在家中的猎神，通常供奉在猎人的卧室里，出猎前用两杯酒祭祀，打到猎物后用头脚以熟食的形式祭祀。另一种是野外的猎神，一般供奉在离村子不远处的地方，比如一棵大古树或大岩石下，需要杀牲祭祀，

母子情深

祭祀时要点三炷香，到场的人都磕三个头。

以前，每年立秋后是围山的季节。猎户通常选吉日到“山房”祭祀山神，祈求山神“开山”，之后才上山有规律地布置捕兽扣。第二天一早再去“转山”检查战果，如果一只没捕到，说明山神还没开山，需要15天后再去祭祀，祈求山神“开山”；如果第二次仍没捕到，说明今年山神动怒，不宜狩猎，要赶快去干别的营生。如果开山后第二天就捕到猎物，猎人要把自己捕到的第一只做上标记放归自然，然后继续打猎，直到猎到那只有标志的“第一只”即“封山”。这是山神提示，此次围山季到此结束。最后，猎人还要按规定把这只动物带到“山房”祭祀山神与猎神。

如果把猎人捕猎的山当作一个样方，把每次捕猎当作随机抽样，结合捕猎习惯来分析便可发现其中的科学道理。第一是如果连续两次没捕到动物，说明该样方内该物种种群数量很少，只有当年不捕猎才利于种群繁衍；第二是春夏季节，多数动物处在怀孕期或哺乳期，是动物种群数量增长的关键时期，猎人立秋后开山狩猎的习惯，能有效保护动物繁殖与生长；第三是把捕到的第一只猎物做上标记放归，由于动物有一定范围的活动领域，根据数理统计学原理推算，当猎人猎捕到环境动物总量的一半时，基本上就能捕到这只已做了标记的动物，这正好符合“开发利用野生动物资源不能超过环境容纳量一半”的生态原理。

在傈僳族的传统认识中，猎人设置的所有机关，比如扣子、夹子、甩杆等都有自己的猎神守护，如果在山中发现别人的机关猎捕到了动物，谁都不能占为已有，如果知道机关的主人是谁，则应代其将动物扛回家，主人会照例分一只后腿给他。如果偷偷将猎物占为己有，猎神将会对他严厉惩罚。

草鸮 | 爱

傈僳族围猎前要做一系列准备工作。每年秋季围猎前都会由老猎人带领全村年轻人到常去打猎的山上，在山顶每一个路口布置一名射手，其余人在山麓中放猎犬，猎犬驱赶动物，当动物跑到山顶时，射手便将其射毙。围猎结束，由老猎人确认第一只被射杀的动物，大伙便在这只动物被射杀的地方烧火，取下猎物的四腿在火上烤，烤熟后割下 9 小块，向除村庄以外的 3 个方向各甩一块感谢山神，丢 3 块进火塘感谢火神，剩下 3 块丢在回家的路边，以防野鬼跟回家。做完这些，大伙才可以放松地大块吃肉，大口喝酒，边喝边歌，大声喧闹戏耍。酒足饭饱之后，便到了分配猎物的环节，所有内脏归猎犬，此外还要从每个动物身上割一小块瘦肉慰劳它们，头脚及皮子则归射中猎物的人，其余部分以人为单位平均分配。只要遇上围猎，即使不是本族人、本村人，都“人者见之有份”，最后要留一份给猎神。回村后的祭祀仪式由老猎人主持，整个过程庄严肃穆，人人在心中祈求猎神保佑今后能捕到更多动物。主持祭祀的老猎人高声念诵祈祷词，大意是：伟大的猎神啊，我们空着

别了，高黎贡猎神。

身子上山，现在已背着新鲜的动物回来了，您赐给我们这些猎物我们不敢先尝，请您先尝吧。请您保佑我们，请您把动物赶上我们的扣子，请您把动物赶到我们的枪口，请您把动物赶到我们打猎的地方，我们代代敬奉，请您年年佑护我们。

1962 年，国务院发出了关于积极保护和合理利用野生动物资源的指示，提出在珍稀鸟兽的主要栖息繁殖地区建立自然保护区，在野生动物资源破坏严重地区建立禁猎区，严禁猎捕大熊猫等 19 种珍稀野生动物；1983 年，高黎贡山地区建立国家级保护区；1988 年，全国人大常委会通过《中华人民共和国野生动物保护法》，明确“在自然保护区、禁猎区和禁猎期内，禁止猎捕和其他妨碍野生动物生息繁衍的活动”。高黎贡山地区原住民的狩猎活动从此递减，如今甚至难寻一张箭弩。“一箭射去，见血封喉”的猎神也褪去了狩猎装备，乍看上去与普通老农别无二致，再也不提当年之勇。我们仅能从少有几件挂在墙上的毛皮或兽头，来想象那些流传下来的狩猎传奇。

美国麦克阿瑟基金会总裁考察高黎贡山

综合卷

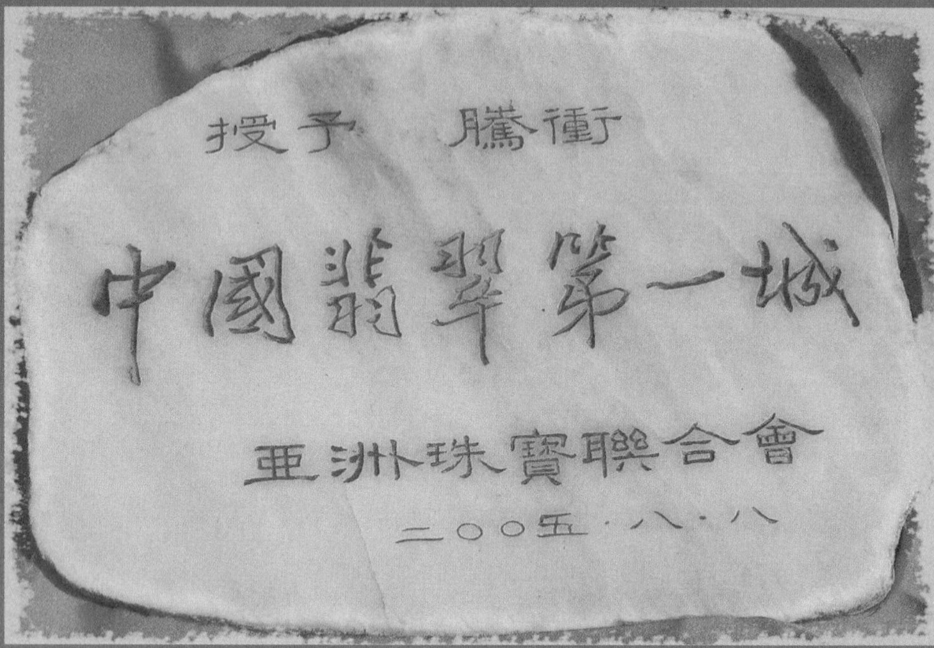

授予 騰衝

中國翡翠第一城

亞洲珠寶聯合會

二〇〇五·八·八

四、保山：金银宝货之都

“玉，石之美者，有五德：润泽以温，仁之方也；䚡理自外，可以知中，义之方也；其声舒扬，博以远闻，智之方也；不挠而折，勇之方也；锐廉而不忮，洁之方也。”

——【东汉】许慎《说文解字》

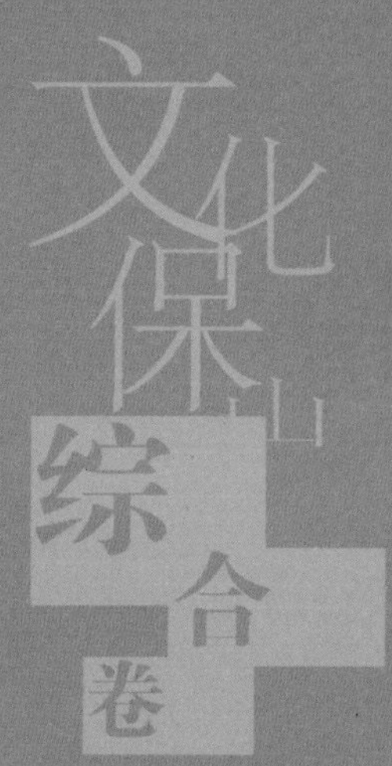

保山：金银宝货之都

在中国通往南亚、东南亚国家的交通线路中，由于受喜马拉雅和横断山脉地形、海拔、气候的影响，使保山成为从云南连接中国内地与印度、巴基斯坦等国的一个交通条件最优越、路途最短、最便捷的商埠口岸。古老的“蜀·身毒道”作为汉代开始的西南丝绸之路的前身，其实就是一条珠宝玉石交易之路。《后汉书》载，保山（永昌郡）外通缅甸、身毒（印度）、大秦（罗马），内连中国内陆腹地，商贾云集，城市繁华，经济繁荣，是“殊方异域”之“金银宝货”集散地。晋代《华阳国志》里记载，来自中外各地的商品如印度的玛瑙、象牙，斯里兰卡的宝石、犀角，缅甸的翡翠，英国的纺织品等物都在这里汇集，然后分流到世界各地，是中国滇西南珠宝玉石的“大户”。唐代《蛮书》、元代意大利人《马可·波罗游记》里对保山珠宝玉石繁华集市场景均有描述。

早在东汉永元九年（97年），永昌徼外蛮及掸国王雍由“调遣重泽奉国珍宝”，玉石作为贡品献至京城。唐宋时期，保山的商贸通道作用更加突出，大批产自西南地区的丝绸从保山运至东南亚、南亚及印度洋沿岸一带国家，而这些地区所产珠宝又经保山运至中国内地销售。《蛮书》载妇人发髻及耳“多缀真珠、金、贝、瑟瑟、琥珀”，又说“骠国妇女披罗缎，大理妇女缀瑟瑟”。到了元明时期，往来于保山和缅甸密支那、八莫从事宝玉石开采、运输、加工的人数以万计，有记载的珠宝玉石交易最早的可以追溯到元朝初年。

明朝中叶，保山珠宝玉石贸易日盛，规模也最大。明朝廷曾在保山设专职官员，就近经营珠宝玉石，凡采买先由辖官办理，后与商贾贸易。1639年大旅行家徐霞客到保山，在游记中描述了在永昌城买琥珀、绿虫的情况。由于大批珠宝玉石经保山运往内地，上至后妃命妇，下至平民仕女，莫不以拥有金玉珠翠首饰为荣。西南丝绸之路从保山到腾冲再到缅甸密支那这一段也因此有了“宝井路”、“玉石路”之称。

每逢雨季，境外的缅甸克钦山区，道路崎岖泥泞，马帮已不能行走，改用大象运输，运送宝石的大象就有500至700匹之众，由此可以想见这条驿道上宝石交易是怎样的艰难与繁荣。

除却“殊方异域”商品在保山集散、加工之外，保山自身处于世界南北向和北西向两大宝玉石成矿构造带的北延交汇部位，宝玉石资源储藏量大，品种丰富。《三国志》里说“永昌出异物”，《后汉书》载：“永昌郡出水精、光珠、琥珀、琉璃、翡翠。”翡翠产地勐拱现是缅甸属地，明朝时均属勐密、勐养土司辖地。《辞海》这样记述：“土司名。明洪武年间改云运路置勐养府，永乐二年改为军民宣尉使司，治所在今缅甸勐养辖境相当于今缅甸八莫、开泰以北、伊洛瓦底江以西、那加山脉以东地区，正统时废。万历十三年改置长官司，三十二年地入缅甸，清初曾再度内属，乾隆后又属缅甸。”英国人洛宣氏在其著作《中国云南省》中就专门提到“云南西部有美玉，土著称顺宁、云州为最著之区”，因而有“玉出云南”之说。

2004年，一种新玉种在龙陵县发现，其地质状况处于滇缅双变质带和高温低压带及过渡带。这种新的玉种色调以黄色为主，兼有赭色、羊脂白、青白、红、黑、灰、绿、五彩等色，是新发现的优质玉种，被命名为黄龙玉。黄龙玉质地均匀，温润凝透水灵，色彩浓艳，硬度比和田玉等软玉要高，与翡翠相若。有翡翠行里最看中的“水头”，比软玉有更好的通透度，还具有类似翡翠可见的纤维状结构，色彩鲜艳丰富。由其加工成的各种工艺品如摆件、挂件、手镯、珠链等很受欢迎，再次开启云南玉文化的新纪元。

重要的是，作为翡翠发祥、集散、加工、交易之地，保山有着悠久的珠宝玉石加工历史。清前期，保山对于珠宝玉器的产出、销售、加工规模、雕琢技艺有了很大的进展，各道工艺程序已有明确分工。官廷官员收购到翡翠之后，常常就地加工成朝服官帽上的帽珠，镶嵌在玉带上的玉片，挂在腰上的玉牌，佩戴在手上的玉扳指。就连当时的省城昆明也受影响建起了许多珠宝店和玉石加工坊。清朝中后期及民国初年，收藏翡翠之风渐炽，翡翠饰品已成为庶民百姓聘礼、装饰、馈赠、把玩鉴赏的主要对象，市场供不应求，翡翠玉雕业空前兴盛。作坊里大量加工的是玉簪、手镯、玉锁、观音、罗汉、八仙、念珠等民用饰品，造型优美，具有浓厚的民族特色，让人爱不释手。加工雕琢后的翡翠经缅甸八莫、仰光而达新加坡、苏门答腊、印度雷多、加尔各答、哥伦堡至尼泊尔，或由昆明至广州、上海、香港销往世界各地。因质地优良、做工精细而占世界翡翠交易额的90%，交易辐射到五大洲30多个国家。保山商号的分支机构遍布新加坡、日本、缅甸仰光、曼德勒，以及香港、重庆、上海、广州等大城市。

除了矿产，列入“宝货”的还有“蚕桑、绵绢、彩帛、文绣”等。早在汉晋时期，保山就有了织纺产业，是我国最早生产棉布的地区之一。《华阳国志》记载保山“有梧桐木，其华柔如丝，民绩以为布，幅广五尺以还，洁白不受污，俗名曰桐华布。……有兰干细布，僚言苎也，织成文如绫锦。”桐华布、细兰干布被誉为“东方一绝”，沿丝绸古道流出境外，备受“异域”青睐。又因保山“四时皆蚕，取其丝织五色锦充贡”，并以“永昌丝”冠名，除上贡朝廷外，也是出口贸易的重要物资，有据可查的是1919年从腾冲海关登记出口的“永昌丝”就有500驮之多，“蜀·身毒道”因此才有了“南方丝绸之路”之称。时间推进到21世纪，蚕桑仍然是保山重要产业之一，除了传统的蚕茧基地隆阳区外，在施甸县、昌宁县得到迅速发展。2012年保山桑园面积达到17.1万亩，种桑户23768户，养蚕户10901户，建成蚕桑核心基地乡（镇）11个，产茧3193.6吨，实现农业产值1.12亿元。生产白产丝250吨，真丝经编绸60吨，丝绵被5000条，实现工业产值1.5亿元，销售收入1.2亿元，上缴税金700万元，实现税利300万元。古老的西南丝绸之路，至今依然飘荡着丝绸的轻柔与光泽。

保山从古至今都是沟通中国内地与东南亚、南亚及印度洋南岸国家最为便捷的陆上通道，这些国家是世界上主要的宝玉石原料出产地。保山得历史之功，地利之便，资源之丰，仍然是珠宝玉石的主要集散地和东南亚各国宝玉石原料的传统贸易市场，不愧为金银宝货之都。

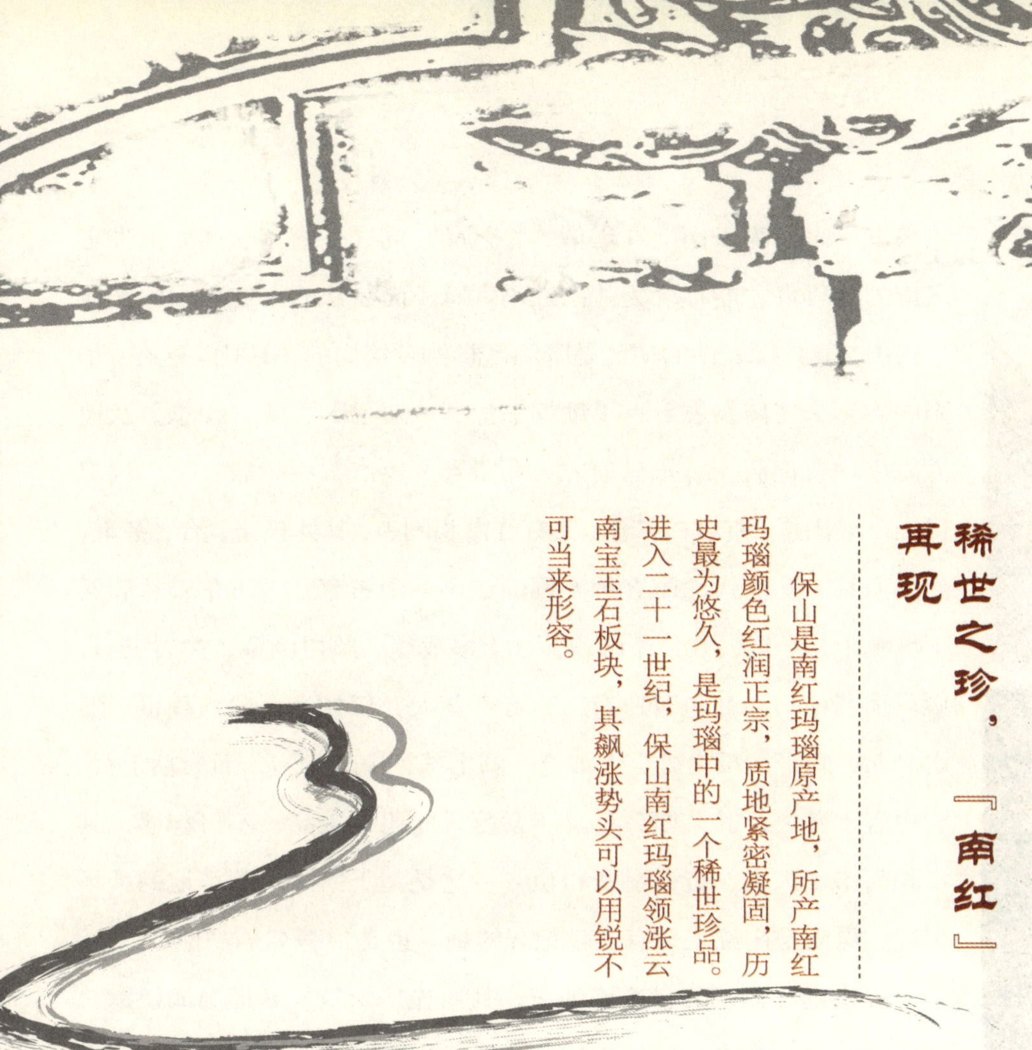

稀世之珍，『南红』再现

保山是南红玛瑙原产地，所产南红玛瑙颜色红润正宗，质地紧密凝固，历史最为悠久，是玛瑙中的一个稀世珍品。进入二十一世纪，保山南红玛瑙领涨云南宝玉石板块，其飙涨势头可以用锐不可当来形容。

保山自古有三宝，料丝灯、永子和玛瑙。料丝灯早已失传，不要说实物遗存，就是图形也不曾见于世，仅有文字记载，却也不甚其详，究竟何料所制，制型如何，不得而知。唯有永子有遗物可供品鉴，历代皆有有志之士试图恢复生产，其原料配方虽秘而不传，却总是传了下来，即使不全，大部分有传是没错的，永子因而得以复出。唯玛瑙与前二者不同，属天然矿品，非人工能为。近年来随着翡翠价格飙升、黄龙玉热火，玛瑙也闪亮登场。从 2012 中国昆明泛亚石博览会看，在云南众多宝玉石和矿物石中，保山玛瑙呈飙涨之势，其中又以南红玛瑙为贵。

南红玛瑙的命名有两种说法，一说是云南的红玛瑙，也有说是南方的红玛瑙，都有出自南方的意思，但有区别。四川凉山州美姑南红

玛瑙雕件

玛瑙近年来作为云南南红玛瑙的替代品，同样受商家欢迎。但唯有云南的红玛瑙才能称之为“南红玛瑙”，而公认的南红玛瑙原产地在保山，最具代表性的矿区是隆阳区杨柳乡境内的玛瑙山。这在《华阳国志》、《博物志》、《续汉书》、《蛮书》、《一统志》及地方志中均有记载。《永昌府志·食货卷·物产》中记载：“玛瑙出保山玛瑙山巅，有红白二色，又有红白相间者，其体极坚，治之甚难，然脆而易。”明代徐霞客曾专程前往玛瑙山考察：“下午，从庐西下坡峡中，一里转北，下临峡流，上多危崖，藤树倒罨，凿岩进石，则玛瑙其中焉，其色有白有红，皆不甚大，仅如拳，此其蔓也。随之深入，间得结瓜之处，大如升，圆出球，中悬为宕，而为粘于石。宕中有水养之，其莹坚致，异于常蔓，此玛瑙上品，不可猝遇，其常积而市于人者，皆凿蔓所得也。”这是关于南红玛瑙产地的最早记述，保山是南红玛瑙有文献记载的最早也是最著名的产地。

保山南红玛瑙其色浓艳纯正，其质光华内敛，其形温润娇嫩，红艳欲滴，宝气十足，属雅致的文玩品，兼备实用和观赏的功能，云南博物馆馆藏有古滇国时期出土的南红扁圆多棱珠，此种形制最早见于古埃及，在我国的历史可以追溯到战国，可见其历史悠久。北京故宫博物院馆藏的清代南红玛瑙凤首杯非常精美，是研究南红玛瑙制品、南红玛瑙雕刻件等宫廷碾玉的实物资料，具有重要的历史和艺术价值，属国家一级文物。从这些馆藏可以看出，南红玛瑙精品都被历代统治者所珍视，尤其至清代达到顶峰，同是北京故宫珍藏的南红手串就明显具有清晚期手串的特点。

南红玛瑙被认为是宝玉石中最具佛缘、可与神灵沟通的奇异石头，佛家七宝中的赤珠即为南红玛瑙。戴持南红玛瑙，可以与阿弥陀佛菩萨本尊相应，护念加持，驱邪避灾，护身平安，一直被广大佛教徒所喜爱。也有说南红玛瑙象征活力、财富、尊贵，能给佩戴

者带来信心、改善人际、姻缘和美。还说南红玛瑙是具有一定疗效的宝石之一，对消化系统、肠胃有调理的作用，可平衡正负能量，养心养血，消除精神紧张及压力。就物质的原因来说，因为藏传佛教使用的红珊瑚全部为倒枝珊瑚，只产于日本海峡和台湾海峡，贸易的相对困难和珊瑚材质的珍贵决定了红珊瑚只属于藏传佛教高层的奢侈品，而广大的信众就以南红玛瑙作为替代品随身配饰。

受着佛教的影响，清代帝、后、官员则以朝珠为礼服中特有的饰物。按《大清会典》规定："凡朝珠，王公以下，文职五品、武职四品以上及翰詹、科道侍卫、公主、福晋以下，五品官命妇以上均得用。"朝珠每串为108颗，与佛家"醒百八烦恼"有同样的意义。朝珠的材质有翡翠、琥珀、檀香木、猫眼石、象牙、沉香木

天外来客

据说，南红玛瑙是最具疗效的宝石之一，可维持身体及心灵的和谐。

不等，从朝珠遗物中可以看到，南红玛瑙普遍用于朝珠中的分珠、三通、背云、佛头、佛嘴、坠子等，可见南红玛瑙的珍稀。有全用南红玛瑙制作的朝珠，这种朝珠不是一般官员能佩戴得起的。南红玛瑙只有保山出产，因应用广泛，资源有限，所以有保山原矿于清晚期就已开采殆尽的记述。《永昌府志·食货卷·物产》中载："在保山县地西山曾开设过玛瑙厂"，"玛瑙厂在保山县地西山，久封闭。"徐霞客是明代来保山并进入玛瑙山考察的，《永昌府志》成书于康熙壬午年，过了84年后乾隆已巳年续修，又过41年道光乙酉年再修，已在徐霞客后一个朝代，所以《永昌府志》中有关南红玛瑙的记载自是皆以过去式来叙述。

近年来随着保山珠宝玉石文化的繁荣，南红玛瑙悄然而热，重新进入人们的视野，高品质的保山南红玛瑙罕见而愈加珍贵。百度网络《百科知识》栏目中对于南红玛瑙是这样叙述的："典型的南红产地主要是云南，最具代表性区域为该省区保山市的玛瑙山……这个地点在今天仍然供应着新南红制品九成以上的原料。"虽有老矿遗留之说，譬如重返玛瑙山淘宝，捡拾遗落的旧矿，也是有可能的，更多则为新矿坑所出。新坑有质量不错的接近老南红的，但是和老南红相比胶质感差一些，还是和老南红有所区别。老南红古时是在悬崖上开采出来的，经受了风吹日晒雨淋，现在的新坑料是矿洞里面开采出来的，长期埋藏于地下，品质自是不同。

隆阳区玛瑙矿脉分布广泛，有蒲缥到汶上一脉，丙麻沿澜沧江过金鸡村至老营、瓦房一脉，潞江到上江沿线一脉。产品有水晶石、绿柱石多种，按其蕴藏形态又有缠丝玛瑙、分层玛瑙、个体独生玛瑙，颜色均为天然，有红、白、黄、

喜庆尊贵的华彩，经典隽永的文蕴。

绿、墨、水红、翠绿多种。杨柳干海一带的玛瑙，在明代被中外称为“南红玛瑙”，至今还流传着“下不如罗明，上不如干海”的说法。历史上所述开采殆尽的就应该指的是位于杨柳乡玛瑙山上的南红玛瑙矿源，这就不排除在其他地方仍然有南红玛瑙矿源可供开采，因而有了新南红、老南红之分，在南红玛瑙市场上也是“滇南红尤贵，老南红最贵”。传世的老南红以珠子和勒子为主，在10年前一颗老南红珠子或勒子的价格不过二三十元，2012年时市价已到五六百元一颗，精品更在千元而极品就上万了，要想在市场上组配一串色齐、绺裂少的老南红珠串，即使抱着三五万元去找也未必能遂愿。

南红玛瑙颜色鲜艳，质地细腻，柿子红、朱砂红、玫瑰红等是南红玛瑙的上乘色品。将南红贴近强光，可以看出南红玛瑙的红色是由无数个朱砂点聚集形成的红色，这种点状结构，在放大镜和相机微距下极为明显，是其他玛瑙所不具备的。从质感上看，南红是胶质感的，即使是全红的珠子也不是不透光，可以看到色彩由内到外都是通透的、表里如一的，无色的珠子也有种朦胧的感觉，这种质感暂时是无法作假的。受利益驱动其他省市出产的一些红玛瑙也就冠以“南红”之名热销，相比较之下，唯有保山产的南红才是正宗南红，是最好的“南红”，其他均不过是替代品。在老南红产地杨柳乡，因开采玛瑙危及水利设施，是被明令禁止的。新南红与老南红一样数量稀少，加之保山南红玛瑙因其历史文化渊源深厚和矿物属性的奇特而身价颇高。

通古视今，时逢盛世，保山三宝，唯料丝灯缺席，是为遗憾。

边地凝望，中国翡翠第一城

腾冲作为翡翠文化发祥地，有着雄厚的翡翠产业基础，其产品之丰富，工艺之精美，文化底蕴之深厚，吸引着世人探寻的目光。

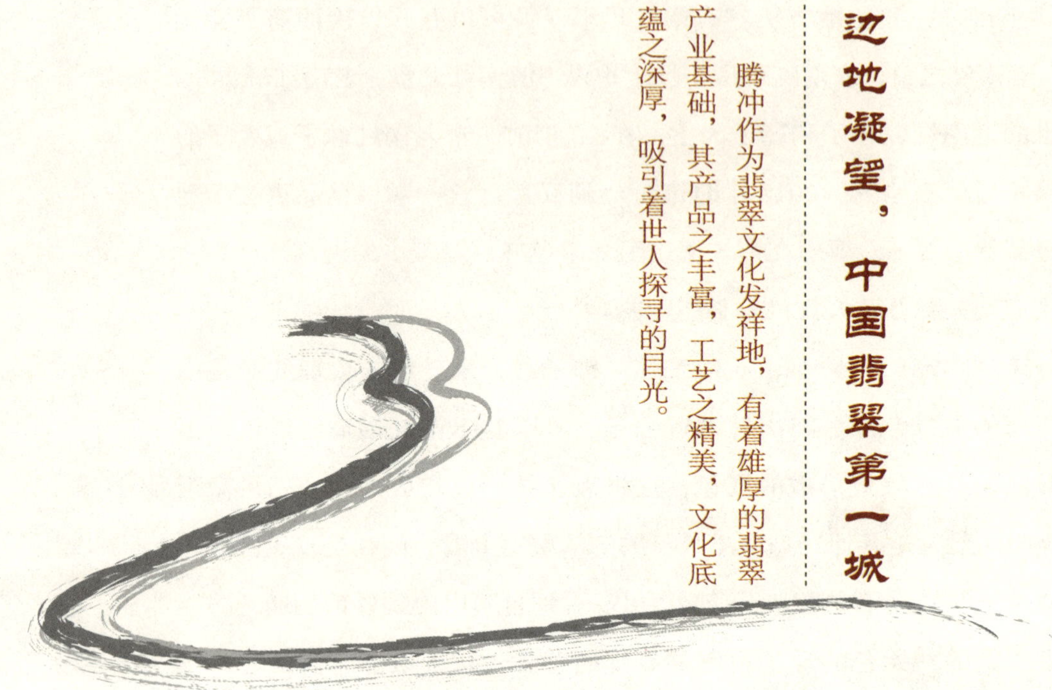

“玉中之王”的翡翠，似乎天然就与腾冲有着密切的联系。腾冲是我国历史上发育最早、规模最大、延续最久的翡翠集散地，始于明代中期，兴于清代。久远的年代无据可考，近代有据可查的是1902年，玉石进口量为271担，1911年增至628担，1917年达801担。上个世纪80年代，中缅边境的翡翠贸易有了较大规模的发展，1996年，腾冲翡翠毛料进口量达34.8万公斤，进口额达1.4亿元人民币，占到当时中国进口量的70%。2011年，报关进口翡翠毛料103.7吨，翡翠销售收入40亿元。

早期由于翡翠尚不为世人所熟知，翡翠原石进入腾冲经初解后发

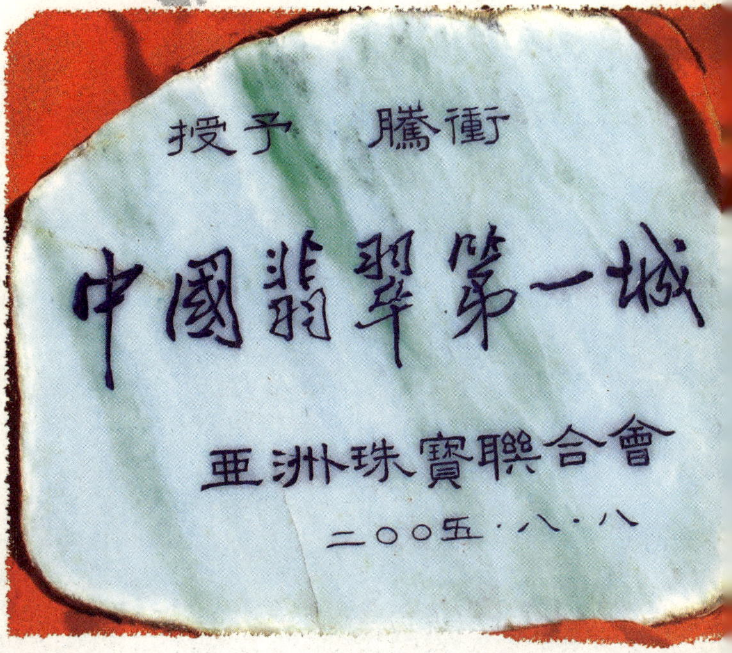

中国翡翠第一城

往保山、大理等地雕琢后再销往各地。由于运输和各方面的制约，不能满足外地市场的需求，各地能工巧匠辗转来到腾冲，带来各具特色的加工技艺，在绮罗村和老城隍庙附近建立了加工点，制作手镯、耳饰、头饰和一些简单的佛工、礼祭、生活用品。明朝初年的匠户制改革，使腾冲的玉雕取得长足发展。据腾冲县志载：“民国初年，从事玉雕的作坊有 100 多家，工匠 3000 多人。”国内各地的能工巧匠也纷纷慕名而来，形成了百家争鸣的局面。乾隆、嘉庆年间，腾冲玉石商人和玉石加工艺人组成了“宝货行”公会，于道光元年（1821 年）捐资建盖了“白玉真人”祖师殿，到了民国初年的“宝货会馆”就有专营珠宝玉石的会员3000余人。由于众多的翡翠玉器加工作坊及对开采、鉴别、加工、销售的丰富经验，基本上垄断了较长时间的翡翠经销权，有“保山小上海”、“东方翡翠城”之称。

腾冲人寻玉、识玉、琢玉、售玉，逐步形成独特、完整的翡翠文化。

段家玉、绮罗玉、官四玉、振坤玉、王家玉、马家玉等名玉，“源盛号”、“福盛隆”、“宝益茂”等主要翡翠外贸商号，“百宝街”这样集加工交易为一体的古老市街记载着腾冲翡翠昔日的辉煌，孕育了不少与翡翠相关的财富传奇，造就了一大批蜚声海内外的翡翠精英。被称为“翡翠大王”的毛应德，同治年间随舅父奔缅习商，后于缅京曼德勒开设德兴隆商号，与友人在勐拱共同经营开采矿洞，资金积累位列当时腾冲旅缅玉石商富户之一，人称“毛百万”；张宝廷青年时参加州府武生院试，授都尉加蓝翎衔，却无心仕途，到缅甸经营玉石生意成为巨富；寸尊福 14 岁跟着马帮到缅甸谋生，在曼德勒开“福盛隆”商号，1898 年回乡创立滇西最早的女子学校——和顺明德女子学堂，捐巨资支援辛亥革命，并在家乡组织“咸新社”传播新思想，被孙中山先生赞誉

腾冲翡翠商人誓诚信、拜祖师活动。

为“华侨领袖、民族光辉”。又有李本仁、李生泽、董珍廷、王绍岳、李昌德等众多人士，往来于香港、泰国、缅甸之间，享有盛名，均为出类拔萃的人物，是东南亚市场上享有盛誉的珠宝商人。经过腾冲历代商人的经营，翡翠经腾冲流向了四面八方，跨国商号纷纷崛起，其分支机构遍及缅甸、印度、南洋及国内大都市，辐射到32个国家和地区。

翡翠文化历经几百年风风雨雨，已经深深扎根于腾冲的沃土之中。特别是在20世纪80年代后，改革开放大潮风起云涌，腾冲凭借其特殊的地缘优势，把翡翠产业作为可持续性发展的重要措施来抓，取得了很好的成绩。进入新世纪后，借助云南大力发展石产业的极好机遇，确立了“一城一乡”的翡翠产业发展格局。“一城”即包括腾越翡翠城、腾越珠宝城、文星楼文化风貌街、腾越古镇在内的翡翠交易市场中心，建设集翡翠毛料经营、加工、会展、成品销售及玉雕大师工作室、培训基地为一体的翡翠产业园区。“一乡”即荷花玉雕加工基地和雨伞玉雕加工基地，形成翡翠毛料、加工、交易三大园区，将荷花乡打造成腾冲翡翠的后方加工基地。

腾冲“卞和杯玉雕作品大赛”从2008年开始举办，是我国具有影响的玉雕评选活动之一，目的就是要促进腾冲的翡翠加工水平，提高腾冲翡翠品牌的地位，加快腾冲翡翠产业的发展。随着“卞和杯”玉雕大赛参赛

茶余饭后到珠宝店里逛逛，是当地人优雅生活中必不可少的内容。

腾冲城内遍布“翡翠城”、“珠宝城”绝非昔日“百宝街”、“小月城”可比。

翡翠公盘是翡翠毛料交易的一场盛事，也是较独特和公正的一种拍卖方式。

选手范围不断扩大，参赛作品质量不断提高，已逐步成为云南省乃至全国玉雕行业的一大盛事，为翡翠界进行交流技艺，推陈出新，搭建了一个崭新的平台。不但各地能工巧匠云集腾冲，带来各具特色的加工技艺，形成百家争鸣的局面，本地玉雕师也在迅速成长。杨树明是云南土生土长的唯一的“中国玉雕大师”，其玉雕作品获得“中国玉器百花奖”金奖，多个作品被海内外藏家收藏。

由于全国各地玉雕师不断加盟，海派、北派玉雕风格各异，精美的翡翠成为腾冲兼收并蓄的文化缩影。翡翠玉雕产品行销全国和世界各地。昔日有名的百宝街，位于今腾越文化广场对面，雕栏画壁、青瓦白墙，内有琥珀牌坊玉石桥、观玉亭、玉佛寺等，仍然是腾冲翡翠交易的重要场所之一。如今的腾冲努力打造翡翠文化大产业，形成了巨大的翡翠加工、翡翠成品经营与旅游购物专业市场，有了翡翠专营公司 16 个，翡翠专营市场 20 个，翡翠加工从业人员达到两万余人，生产规模大大超过了那个脚蹬手磨的年代。玉雕生产过程实现了机械化，工效大大提高，工艺水平日新月异，玉雕工艺品成批营销全国和世界各地。

腾冲作为翡翠加工的发祥地，有着悠久深邃的翡翠历史文化，坐拥得天独厚的发展条件，正在以高度的文化自信，海纳百川的胸怀，迎八方宾客的气度，积极实施“腾冲翡翠无假货”的品牌战略，以把翡翠产业培植成产值达百亿元的大产业和把腾冲建成中国的、世界的“翡翠购物天堂”为目标，推进翡翠产业与翡翠文化的大发展大繁荣，不愧于“中国翡翠第一城”这个荣耀的称号。

腾冲六大名玉之绮罗玉绿色浓艳，有梅花斑点，俗称“梅花王”。

腾冲六大名玉之振坤玉的发现已经是100年前的事了，如今人们依然念念不忘。

棋中圣品，『永子』归来

具有五百年历史的围棋产品『永子』，历来被围棋界推崇为『棋中圣品』。然而，由于种种原因，其生产工艺曾一度失传……

“永子”即保山（古称永昌）所产的围棋子，又名“永棋”，它是以保山特产的玛瑙、紫英石、玉石、琥珀为原料，经特殊配制，手工烧制而成。“永子”温润如玉，冬暖夏凉，不仅为达官显贵、文士墨客所珍爱，而且是奉献皇室的上乘贡品。“永子”围棋因产量极为有限，数百年来风行天下却一棋难求。

“永子”始于明代，可考证的历史在500年以上。相传明代保山人氏李德章在京城保管珠宝玉器，在一次宫廷失火时，发现熔化的珠玉浇水凝固后具有晶莹透亮的色彩。被贬回乡后，他就用保山盛产的玛瑙、紫英石、玉石、琥珀等原料烧制成了围棋子。因质地优异，口

2012年1月2日，原中国围棋协会主席、中国棋院院长陈祖德先生题写"国宝永子，棋中圣品"。

棋中圣品，手工滴制。

阴阳螺旋式运行态势，是万物混化、运行、演变时普遍存在的规律。

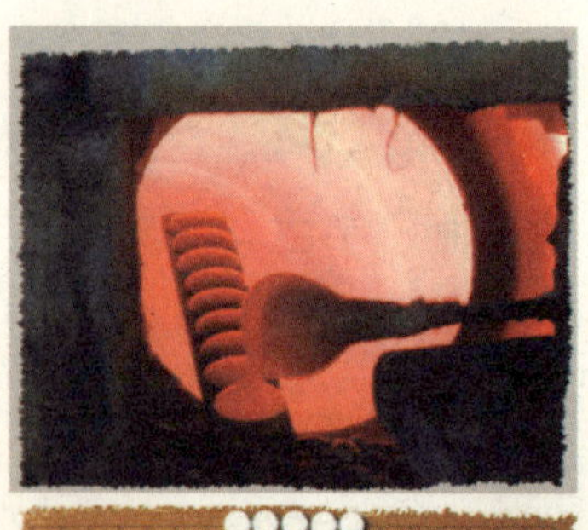

碑相传，渐而风行于世。自李德章之后，烧制“永子”围棋的配方、火候的掌握，逐渐演变成李氏家族的独门绝技，每代只选一人嫡传秘方并执掌烧棋工艺。虽说秘不外传，但在清光绪十一年刻本《永昌府志》中还是对永子的生产用料和方法说了个大概：“以玛瑙石、紫英石合研为粉，加以铅硝，投以药料合而煅之。用长铁蘸其汁，滴以成棋。”

“永子”细糯如玉，色泽润如丽珠，明而不觉其炫，凸而不觉其显，扁而不觉其薄。黑子置于棋盘上，呈漆黑一点，无任何杂色，对光而视，边闪翠环，透着碧玉之泽，宛如清潭秋水。白子置于棋盘呈象牙之色，温润如羊脂美玉，细腻如婴儿之肤，清新悦目。棋子实而沉，不仅便于置棋，且触子心舒，着盘声铿，有冬暖夏凉的触感。又因色泽润柔，没有眩目刺眼的光亮，宜于弈者作长时间观看，思考局势的变化，不愧为棋中珍品。《明一统志》和清光绪十一年刻本《永昌府志》中均有“永昌之棋甲天下”的记载，《徐霞客游记》卷十八亦有：“棋子出云南，以永昌者为上。”清代刘崑在《南中杂说》中记载：“滇南皆作棋子，而以永昌为第一。其色以白如蛋清，黑如鸦青者为上……烧棋之人，以郡庠生李德章为第一，世传火色，不以授人也。”一直以来，“永子”围棋除了作为贡品外，围棋界都以能收藏一副“永子”围棋为荣。

清朝末年社会动荡，“永子”围棋生产部分技术失传，保山境内仅藏有两副半“永子”围棋。可是保山人恢复“永子”围棋制作技艺从来没有间断，民国时期就有一帮热心人试烧过，因战乱而停止。1964 年陈毅副总理到云南视察，询问永子围棋的恢复和发展情况。当他得知保山已无人烧制围棋时，心情沉重地指出：“传统的工艺要恢复，我不相信保山就无人再烧出永子来。”1988 年在当时的保山市博物馆的组织下成立了“永子”围棋厂，依照“永子”围棋传统的制作工艺，试烧出 12 副 “永子”围棋，由于技术研发不过关、成本又高，围棋厂成立不久就倒闭了。

李国伟是保山李氏家族丙麻支系的第 11 代传人，与陶晓昌等几位志同道合者一起，从 1997 年便开始了探寻“永子文化”的传承之路。他们在浩如烟海的史志典籍中寻找有关“永子”的相关论述和“永子”围棋制作工艺的蛛丝马迹，请中国社科院相关部门对古存“永子”的化学成分进行分析研究，

明朝国宝“永子”藏品

同时开始用玛瑙、紫英石、玉石烧制永子的实验。他们失败了一次又一次，一次又一次重新开始，经验与感悟也在一次又一次的失败中积累和丰富起来，随着时间的推移，他们离成功也越来越近。十多年过去了，2009 年 3 月 15 日，一个阳光灿烂的日子，李国伟将刚刚炼制而成的“永子”围棋捻起，看到光线透过黑子折射出碧玉之泽，白子通体流光，从外到内无不彰显出古朴高雅，内敛凝重之风韵，和世传“永子”围棋无异。

“永子”一经“复活”，就受到社会各界的高度关注和好评。2010 年 10 月，“永子”围棋通过国家产品质量鉴定，“永子”围棋商标正式通过国家工商行政管理总局商标局注册，失传百年的棋中圣品“永子”围棋终于重生。价格从几千元到上万元不等，产品销往韩国、日本、南亚、东南亚各国。原中国围棋协会主席陈祖德先生对再生的“永子”围棋很是推崇，并题词“国宝永子，棋中圣品”。“棋圣”聂卫平更是亲临保山，为保山市首届永子围棋邀请赛开棋并讲棋。

“永子”围棋先后参加了联合国总部举行的“2011年云南民族艺术节——民族风情巡回展”获得好评，在泰国举行的“2012年中国与东盟民族民间文化交流活动”上作为国宝展出，受到青睐；参加“2011年首届云南省文化创意周”荣获“优秀产品奖”；被评为保山市“十一五”文化产业发展突出贡献奖；生产“永子”围棋所在的隆阳区金鸡乡被列为“保山市文化产业示范基地”；保山市金齿永子文化传媒有限责任公司于2011年荣获云南省“最具创意性文化企业”荣誉称号；“永子（围棋）制作技艺”被列为保山市非物质文化遗产保护名录；李国伟被公布为“永子（围棋）制作技艺”传承人。

“永子”作为我国重要的传统工艺，历史悠久，具有浓郁的地方特色，承载着保山厚重的历史文化内涵，不失为非物质文化遗产宝库中一颗熠熠闪光的明珠。

2012年3月，聂卫平为保山市永子围棋赛讲棋。

国宝永子作为中国围棋世界冠军争霸赛指定比赛用棋

清潭秋水，国宝永子。

黄龙玉，中国玉的光荣与梦想

黄是中华文明的色彩图腾，龙是中华文明的精神图腾，玉是中华文明的物象图腾，这就是人们对黄龙玉的诠释。

新世纪之初，一种新玉种在龙陵县发现，它一现身就引起国内玉石界、收藏界的推崇和赞赏，它的价格年年翻番，其中极品单位克重价格已超过白银，直追黄金，这就是黄龙玉。

任何事情的发生，都有必然性也有其偶然性。黄龙玉最初是以黄腊石的身份出现的，这种有着几百年赏玩历史的观赏石由于资源缺乏，石商相继深入云南寻找新的矿源，追索到龙陵县苏帕河一带，曾以2000 元一卡车廉价收购后运往广西、广东出售。打磨抛光后，发现质量比一般黄腊石还要好，引起石界轰动，占据全国黄蜡石市场的半壁江山。

黄腊石是在苏帕河里发现的，苏帕河沿岸是小黑山，人们由此推断黄腊石是因地质运动由小黑山上滚落到河里的。于是循山溯源而上，探寻黄腊石的原生矿脉，终于在大场村上方一条小溪旁找到了散落在山体表面的原石，从而证实了小黑山上有黄腊石的原生矿脉。

于是乎，苏帕河和小黑山的石头值钱的消息不胫而走，上千人下河探宝，上山问石，人人涉宝，村村寻石。鸡窝坑石、草皮坑石、田坑石、水坑石都有发现，河边村民在自家地里也能挖出黄色的石头。这些石头也不再论车往外卖了，成百上千地胡乱喊价，比起论车卖价格翻了几个倍。这个时候的石头，仍然还是黄腊石。

2004 年，一位经营翡翠的玉商面对运往广西贺州的一批黄蜡石，发现其中一块色泽温润，石质细腻，当即以 30 元钱买下。剖开后发现里面色泽金黄，还有一条红的色带，就拿它做了一只标准的老款手镯，很快被一位客商以 600 元价格买走，几个月后又以 6000 元转手，价格翻了 10 倍。这一偶然的商业事件，使龙陵苏帕河出产黄色美玉的消息

人见人爱的手玩件

不胫而走。这种玉有着田黄玉的颜色、翡翠的硬度，和田玉的柔韧和润泽，具有优良的特质和极佳的观赏性。这种以黄、红两色为主色调的玉石“黄如金、红如血、白如冰、乌如墨、灿如霞”，弥补了从古至今缺少黄、红色玉种的缺憾。它一出现在市场上就获得了玉石界人士的认同，价格也在短短数年内，暴涨了数百倍、千倍乃至上万倍，人们以产地和石质将这种玉称之为“龙黄玉”或是“黄龙玉”。

云南省观赏石协会尊重民众的创意，于2006年按照国际、国内对新玉种、新石种命名的惯例，将这种玉正式命名为“黄龙玉”。“黄”是黄龙玉的主色调，是至尊至贵的象征，意为富有、稀少，具有光明、华美、富丽等特征，是中华民族文化和中华文明的色彩图腾；“龙”是龙陵主产地的缩意，又有中华“龙”文化的深刻内涵，是权势、高贵、尊荣的象征，又是幸运和成功的标志，是中华文明的精神图腾。“玉”即温润而有光泽的美石，是黄龙玉价值的体现，其精品色似田黄、质似翡翠、润如羊脂，色彩丰富，耀人眼目，尽显珠光宝气，是中华文明的物象图腾。

于是乎名至实归，受着利益的驱使，各地玉商纷至沓来，更有3000雕工聚龙陵之说，边陲小县龙陵声名鹊起，外来人口激增。2006年，黄龙玉原石每天交易额可达数百万元，交易的热潮迅速波及附近的翡翠重镇腾冲、瑞丽，翡翠从业者把黄龙玉纳入他们加工、经营的范围。

对于云南来说，黄龙玉的出现，是一个上好的经济拉动力，带来的影响及经济效益是显而易见的。为使黄龙玉有一个合法的身份，2008年，云南省珠宝玉石饰品质量监督检验所、龙陵县质量技术监督局会同县国土资源管理局、保山黄龙玉开发有

产业发展后，是文化的繁荣。

温润艳丽的品质，独树一帜的雕刻工艺，具有中国艺术风格和浓郁的东方民族特色。

限公司联合起草制定了《黄龙玉分级》云南省地方标准，并于2009年7月1日起实施，使黄龙玉的加工、评估、拍卖及交易有权威的业内公认标准。

该标准参照了GB/T16552–2003《珠宝玉石名称》、GB/T16553–2003《珠宝玉石鉴定》以及DB53/T102–2002《翡翠饰品分级》中的有关规定、术语和方法，共分为9部分，不仅确立了黄龙玉的术语定义、黄龙玉化学成分、结晶状态、常见颜色、光泽、解理、摩氏硬度、密度、旋光性特征、多色性、折射率、双折射率、紫外线荧光、吸收光谱、放大检查、特殊光学效应等17种质量指标，还根据黄龙玉的颜色、透明度、净度、质地、工艺及质量等因素而制定了相应的分级方法。

云南省地方标准《黄龙玉分级》的发布实施，为黄龙玉的质量管理、质量分级、质量检测提供了强有力的技术支撑。同时为规范黄龙玉市场，发展黄龙玉产业，培育、创建黄龙玉产品品牌，保护消费者和企业利益起到积极促进作用。

云南各方的努力终于获得

了回报。2011 年 2 月 1 日，最新一版的《珠宝玉石名称》国家标准 (GB/T16552–2010) 正式发布，将黄龙玉收入天然玉石名称中。至此，黄龙玉获得了国家标准的身份认证。

俏色工艺有如神来之笔，将材质之美与工艺之美相结合，达到天人合一的境界。

黄龙玉细腻坚韧，色彩绚丽，有极强的视觉冲击力。

黄龙玉是继新疆和田玉和缅甸翡翠之后，发现的最为优秀的玉种。从颜色上看，黄龙玉主要是黄色、红色、橘红色等鲜明柔和色调，兼有羊脂白、青白、黑、灰等色以及这些色调的混合色、过渡色，并含有锰质、铁质氧化物沉淀的黑色、褐色花纹，形成独特、炫目的珠光宝气。在所有带黄色调的玉石品种中，黄龙玉色彩的纯正、鲜艳、亮丽、饱和是其他玉石（玉种）无与伦比的。从透明度和光泽上看，黄龙玉从亚透明、半透明、微透明、不透明各级别都有。光泽主要有凝胶状光泽、蜡状光泽、油脂光泽、玻璃光泽。既有翡翠般超强的反光度，又有和田玉般的温润细腻，色彩鲜艳、阳正。

黄龙玉的发现所引起的效应是多方面的，藏家、玩家、商家有了创造快乐、积累财富的机会；政府可以借此打造地方名片，使“玉出云南”名至实归；社会可以此为契机，发展和繁荣历史悠久的玉文化；对于当地百姓来说，带来的是实实在在的利益。黄龙玉发现后的几年中，从事黄龙玉加工、制作、销售的商贾达2500余户，人员达12000余人，成熟的制作技术运用使得黄龙玉的制作工艺实现了跨越式发展，黄龙玉雕件大量面市，各种工艺品热销国内外。

2009年央视《寻宝》栏目将一块长38厘米、高18厘米、厚8厘米的黄龙玉水冲籽料雕刻而成的《清明上河图》评为民间国宝。黄龙玉由于色彩丰富，为玉雕师们提供了比翡翠更加广阔的创作空间。2010年11月12日，在中国珠宝玉石展上，黄龙玉雕作品参与中国玉石界最高奖项之一“天工奖”的角逐，《别有洞天》荣获金奖，《梦呓》荣获银奖，《夜游赤壁》、《花开富贵》荣获铜奖，另有2件作品获“最佳创意奖”，19件作品获优秀奖。在2012年由中国工艺美术协会主办的第七届中国玉石雕精品博览会“百花玉缘杯”大赛上，龙陵县黄龙玉协会共选送17件作品，其中就有《赤壁怀古》、《达摩渡江》两件作品获金奖；《悠然自得》、《菩提》、《达摩悟道》、《色不异空空不异色》4件作品获银奖，《秋声》获铜奖，标志着黄龙玉跻身全国美玉奇石殿堂。

从藏在深山人未识，到今天侧身于中国宝玉石的殿堂，黄龙玉产业发展速度惊人。从时间来看，和田玉已有7000多年历史，翡翠有500多年，黄龙玉只有6年。在这短短6年间，黄龙玉从几毛钱一公斤飞涨到了万元以上，创下了中国玉石史上的一个奇迹。是什么力量成就了黄龙玉？是它的天赋美感，博得玩家慧眼赏识；是它的财富价值，寄托了人们的梦想；更是中国数千年来玉石文化的一种诉求。

山川之精华

盛世宝鼎

水草有天然成景的特性，具有国画般的意与境。

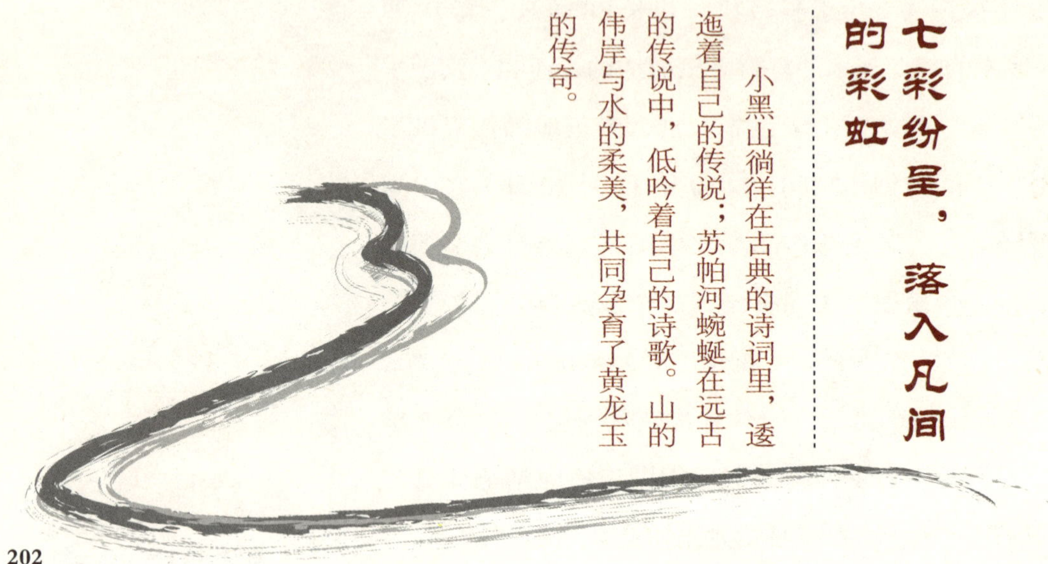

七彩纷呈，落入凡间的彩虹

小黑山徜徉在古典的诗词里，逶迤着自己的传说；苏帕河蜿蜒在远古的传说中，低吟着自己的诗歌。山的伟岸与水的柔美，共同孕育了黄龙玉的传奇。

在龙陵县的山间谷地，一条隐秘的财富大河在其间奔涌，这就是苏帕河。苏帕河自北向南穿越龙陵县全境，是怒江一级支流，发源于大雪山南麓的龙新乡，由大硝河、猛昌河等 17 条河流汇集而成，在三江口注入怒江。苏帕河环绕着一座山，这座山就是小黑山，属高黎贡山南延帚状山系，分布在龙江、镇安、龙新、碧寨、象达、天宁、猛糯、龙山 8 个乡（镇）。这一山一水，就是黄龙玉产地。

距今两亿年前，印度板块加速向欧亚板块俯冲挤压，滇缅青藏一线渐渐抬升，高黎贡山隆起。滇西从此告别了亿万年的碧海蓝天景观，取而代之的是茂密的森林山地。小黑山矿区属高黎贡山南延部分，处于

色彩黄润，线条细腻，牧童骚客，让人宛如置身于山水之间。

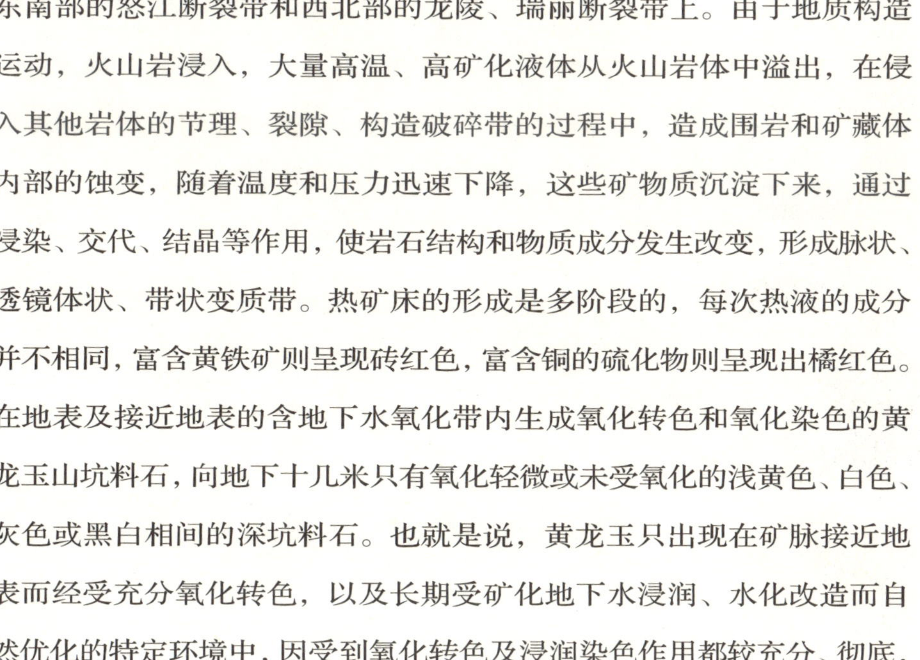

东南部的怒江断裂带和西北部的龙陵、瑞丽断裂带上。由于地质构造运动，火山岩浸入，大量高温、高矿化液体从火山岩体中溢出，在侵入其他岩体的节理、裂隙、构造破碎带的过程中，造成围岩和矿藏体内部的蚀变，随着温度和压力迅速下降，这些矿物质沉淀下来，通过浸染、交代、结晶等作用，使岩石结构和物质成分发生改变，形成脉状、透镜体状、带状变质带。热矿床的形成是多阶段的，每次热液的成分并不相同，富含黄铁矿则呈现砖红色，富含铜的硫化物则呈现出橘红色。在地表及接近地表的含地下水氧化带内生成氧化转色和氧化染色的黄龙玉山坑料石，向地下十几米只有氧化轻微或未受氧化的浅黄色、白色、灰色或黑白相间的深坑料石。也就是说，黄龙玉只出现在矿脉接近地表而经受充分氧化转色，以及长期受矿化地下水浸润、水化改造而自然优化的特定环境中，因受到氧化转色及浸润染色作用都较充分、彻底，

经氧化所形成的色质艳丽的玉料，地表越浅质越优，坑越深质越差、色越淡，这就是黄龙玉形成的地质学原因。

根据不同的形成原因和结构，黄龙玉可以分为板块玉料、瓦沟玉料、山筋玉料、包浆玉料、原封玉料、草花玉料、老干玉料、手玩璞玉及其他品种。黄龙玉不论是山玉、半山半水玉和籽玉都包含有以上品种，各个品种在质量上各有千秋。

板块玉料 皮平整，没有凸凹起伏，色带平整不零乱并相互平行，玉料细腻匀净，体形平整规矩，可加工各种玉器，诸如摆件、手玩件，也可加工成手镯、戒指、挂件等珠宝首饰。

瓦沟玉料 因外形如瓦沟而得名，色带随着皮呈弧状规整地排列，就像一道道水波似的，这是瓦沟玉料的最大特征。成因是在风化破碎后，受水流的冲刷作用，把石头中的薄弱部分分选掉了，坚硬部分留了下来，形成天然瓦沟造型，加之黄龙玉自身的纹理图案，玉质优秀的玉料占产出玉料的比例较大。

山筋玉料 是玉矿因地质作用而破裂生成的形状不规矩的玉料，色彩丰富，水头长，体量大，多与石英交错共生，但因矿体内棉多，出材率不是很高。

包浆玉料 外部完全被一层皮包裹着，肉眼无

黄龙玉子冈牌

天然成图的草花玉料

黄龙玉籽料

法看清其内在石质，无法判断其好坏，和翡翠赌料一样，有极大的赌性。有的包浆玉剖开后玉质奇好，价值极高，有的一文不值。好的包浆玉料色彩丰富，一块玉料中可以有多种颜色，但其色稍显水嫩不浓，色彩及玉质相对不稳定。

原封玉料 和其他黄龙玉料有所不同，没有明显的矿脉，属“无根石”，其分布往往是东一窝西一窝的没有规律。外皮多为白色和灰色，里面是黄色或红色，也有皮是黄色里面是红色或白色的，色彩丰富艳丽。原封玉有很多是几个或几十个几百个几千个地胶结在一起，形成形似葡萄的石块，人们称蛋子玉。它们大小不一，变化很多，形态各异，最大的有几吨重，很有气势。经验丰富的玉雕师会保留玉料外形，并根据玉料外形设计出主题鲜明的雕件作

大自然的精灵，降临俗世凡间。

人亦如玉，福寿安康。| 大富大贵铜钱花

品，让鬼斧神工的天然外形和巧夺天工的人工技巧有机地结合在一起，创作出令人惊叹的优秀作品。还可以作为观赏玉欣赏、把玩，只需适当地把原封石表面的包裹物去除，就会露出黄龙玉温润透明的玉质来，表现出黄龙玉独有的一玉两玩的特性，一面世就受到各藏家的追捧。

草花玉料 是黄龙玉中的“另类”，石中长玉，玉中长草。它的形成经历了漫长的化学反应过程，主要通过矿液中的铁、锰离子浸染，像在宣纸上作画，浸染出多姿多彩的图案，似树枝、似水草、似山峦，是人工无法绘就的。有的在其底面衬托出金黄、橘黄、墨黑、乳白等等背景，要么淡雅，要么悠远，如仙境般的奇幻，如诗词般的柔情，幻化出人间的至上之美，给人以无限想象与美的享受，是黄龙玉中很受欢迎的品种。因为草花玉料的生成原因，一般都有些裂绺，有的裂绺很明显，有的却无法用肉眼看清。质量好的草花玉必须是种水好、无明显裂绺的。与其他黄龙玉不同的是，草花玉除了玉质，还要看有没有意境及主题。构图恰当、主题鲜明、意境深远、层次多而分明、草花清晰、色彩丰富艳丽者才是草花玉的佳品。

老干玉料 因长期堆积在山地浅表，裸露于坡谷、河滩，受到风霜雨露侵袭风化和烈日暴晒而成，外部被一层干枯的风化皮包裹。从外部表现无法知道其质量的好坏，须切割开后方知玉质。老干玉料有籽料的玉质、山玉的体量，而且颜色纯正、色彩浓郁，温润灵透，水色相溶，色带化开不明显，玉质匀净稳定，不会褪色，水头好，结构细腻，也不会因时间长了出现起棉的现象。它色正浓郁，拥有庄重、气派、大方的尊贵气质，像蜂蜜状的为神品，不可多得。老干玉料色彩饱和度高，是最为理想的雕琢玉料，其雕琢的作品有独特的韵味，让人回味无穷。

手玩璞玉 又称手把玉，是黄龙玉中体量较小，适合在手中把玩，没有经过雕琢的璞玉。手玩璞玉主要以水冲小籽料为多，卵石形，光滑细腻，通透晶莹，水冲度好，手感极佳，是手玩璞玉最为理想的品种。除水冲小籽料外，山玉中一些小的玉石也可作为手玩璞玉赏玩，如小的原封玉。也有外形各异的象形璞玉和图纹璞玉，质、形、图纹好的很难遇到的。

铜钱花 是山玉中的蛋子玉，主要产自小黑山下苏帕河及位于镇安

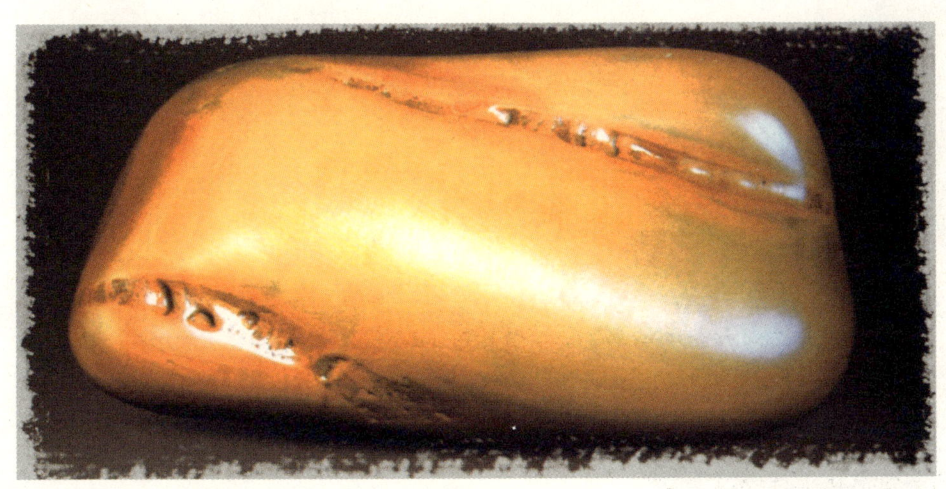

瓦沟玉料

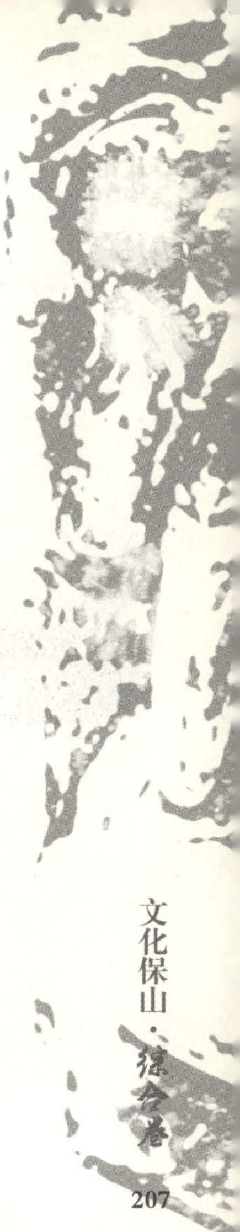

玉矿带旁的一条河里。蛋子玉因多种原因断裂，使极多的原封玉产生圆形断口，形成大小形状不同，多个圆形混杂在一起的横断面，这些横断面在河里被冲刷，磨去棱角，形成铜钱花。

哥窑纹

哥窑纹变幻成达摩的袈裟，如此的俏色工艺让人惊叹。

哥窑纹 的形成是由于风化后的岩石暴露在地表，表层经历反复冷热变化产生裂隙，后经含铁质热液沿着这些裂隙通道贯入填充而形成如哥窑纹似的美丽图案，并重新弥合而成。这是一个长达千万年的漫长过程，充分展现自然力雕琢的造化之美。黄龙玉的哥窑纹往往是形成在黄龙玉的表皮，对黄龙玉的内在质地没有丝毫的影响，只增加了它的美丽而已。黄龙玉的哥窑纹主要有两个品种，开片大一些的称为龟纹，开片小而细密的我们称之为哥窑纹。这两个品种在黄龙玉中极为少见，价值极高。

极边之地的保山玉雕

『玉虽有美质，在于石间，不值良工琢磨，与瓦砾不别。』

——【唐】吴兢《贞观政要·政体》唐太宗语

保山玉雕历史悠久，早在新石器晚期就有用玉石制作玉斧、玉镞、玉铲一类的生产工具。宋元时期是玉雕最早有文字记载可以追溯的年代，《华阳国志》载："贾人收石入关，状如瓦砾，号曰荒石，腾越工人磨之以紫梗，砥之以宝砂，而宝光始出。"当时腾冲城内有个"小月城"是珠宝商人聚集的地方，街道两边上百个铺面连成一片，红蓝宝石，翡翠雕件，琥珀玛瑙琳琅满目，高中低货色齐备，又称为"百宝街"。英国人美福特曾这样描述他身临"百宝街"的情景："玉石昼夜琢研不辍，余等深夜过之，犹闻踏轮转床，声声于百页窗外。"

明末清初，保山玉雕各道工艺程序已有明确分工，腾冲县就有"宝货行十四家，解玉行三十三家，玉肚眼匠二十七家，玉细花匠二十二家，玉片工匠三十一家，玉小货匠三十七家"。雕琢技艺出现了浮雕、透雕技法。清朝中后期及民国初年，收藏翡翠之风渐炽，翡翠饰品已成为广大庶民百姓聘礼、装饰、馈赠、把玩鉴赏的主要对象，市场供不应求，玉雕业空前兴盛。加工雕琢后的翡翠经缅甸八莫、仰光而达新加

注重玉雕人才培养，是保山玉雕业经久不衰的保证。

坡、苏门答腊、印度雷多、加尔各答、哥伦堡至尼泊尔，或由昆明至广州、上海、香港销往世界各地，交易辐射到五大洲30多个国家，向世人展示东方文化之神韵。

当今的保山玉雕，不但在实践中遵循“量料取材，因材施艺”的琢磨工艺规律，而且锐意创新，在作品中融入当代元素，创作了大批构图新颖、造型优美、做工精致的作品。

传统文化仍然是保山玉雕的主流内容。比如用龙、凤、祥云、灵芝等反映人们对幸福生活的追求与祈愿；用鸳鸯、并蒂莲、白头鸟、鱼、荷叶等表示夫妻恩爱、家和万事兴；用宝瓶、如意等表示对安定生活的向往；用荔枝、桂圆、竹节等表示人们对个人成就和仕途前程的憧憬；用观音、弥勒象征大度、长生、福气、健康等等。豆荚也是常见的祥瑞之物，寓意丰收、多子多福。不同数量的豆子有着不同的寓意，四颗豆子寓意四季平安，三颗意为连中三元，福、禄、寿齐到，两颗则是母子平安，意为吉祥和福气。这种流传了几百年的具有富贵吉祥寓意的饰品、摆件等，仍然是保山玉雕作品的主流题材。

题材创新赋予保山玉雕更为生动的文化意境。玉雕手艺大多都是以师傅带徒弟的方式传承，囿于传统题材的束缚，很少创新。但近几年来，玉雕师在继承传统的基础上，将他们对艺术、对人生、对社会的理解及思考融进作品之中，赋予晶莹娇艳的玉石以生命和灵魂。保山是多民族地区，各民族和睦相处，互相学习，丰富了艺术创作的题材，增加了保山玉雕的文化内涵。各民族人物进入大师们视野，在刻刀下变得惟妙惟肖、栩栩如生。在历届“卞和杯”玉雕作品大赛中，人们惊喜发现，荣获金奖的大多是融民族民俗风情于玉质俏色为一体的人物雕像，那种单纯、宁静、质朴的表情，表现出来的不仅仅是单纯的弘扬少数民族文化，而是会使人去思考什么是生活，什么是生活中真正的幸福。而《战魂》这样的玉雕作品，以滇西抗日战争这样史诗般的年代为背景，激起我们对这块土地的崇敬和英烈的怀念。这些作品因材施艺，既体现了翡翠材质的晶莹、高贵，又赋予了作品以思想和灵魂，每一件作品都能打动人心，具有与众不同的视觉冲击力和艺术感染力。

丰富的玉材为玉雕师们提供了广泛灵活的创作空间。翡翠、黄龙玉、墨翠、白玉、玛瑙等都给玉雕大师们提供了大量可自由挑选的上等玉材。特别是黄龙玉有和田玉之温润、田黄之色泽、翡翠之硬度、寿山石之柔韧，加之黄龙玉的主色是黄色和红色，玉雕师们可以恣意纵横，借助匠心独运的艺术手法，创作出情景交融、虚实统一，使审美主体

千琢万磨始成器

“唱响中国”最佳创意奖

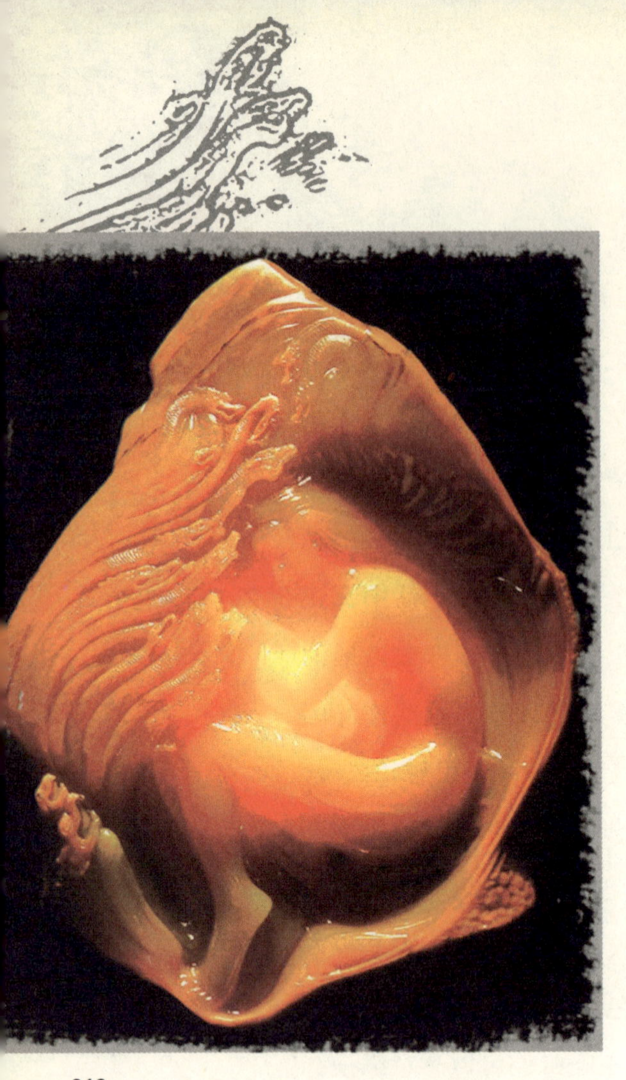

之身心超越感性具体而进入无比广阔的空间的艺术意境，创作出非同凡响的作品。在“玉满乾”杯黄龙玉雕刻大赛上获奖的作品就是其中较为突出的代表，如金奖作品《一家乐》以丹顶鹤为表达主体，色泽鲜亮，线条明晰，形态逼真，代表着对社会和谐、对生活的向往。

做工细腻、技艺精湛是保山玉雕的特点。大自然中没有完全相同的两块玉石，每一块玉料都有其本身之意，都是唯一的孤品。质地上乘的玉料原石，能让人产生挥之不去的记忆，再经大师雕琢成超凡脱俗的艺术品，就有可能升值百倍千倍。即便是质地一般，只要倾注了热情和心血，就能发现美之所在，赋予翡翠原石以生命，创造出无限的艺术魅力。特别是翡翠和黄龙玉有不同的种水，不同的种水又有不同的色彩。因此，俏色工艺在翡翠的雕刻上给工艺大师们提供了广阔的创作空间，将翡翠的材质美与玉雕技法的工艺美完美结合，无论圆雕、平雕，都优美别致，图案线条刚柔结合，婉转流畅，毫不拖泥带水，不留碾琢痕迹，给人以方寸之间天地阔之感。

人才济济为保山玉雕提供了不竭的技术支持。保山这块神秘的土地上，在大街小巷的每一个偏僻的旮旯，都是藏龙卧虎之地，

“天工奖”获奖作品《梦呓》

天生丽质的黄龙玉，再经雕琢，更是精致娇美，透着山水神韵。

智者无言，全在雕工。

情深深

一家乐

撑着油纸伞，独自彷徨在悠长又寂寞的雨巷。

树下悠然垂钓，山中樵野归隐。

都会有手艺人带给你意想不到的惊喜。素有“玉雕之乡”的荷花镇，玉雕从业人员上千人，腾冲一县从事翡翠加工的人员达 2 万多人。特别是发现黄龙玉后，龙陵县在职业高级中学设置了玉雕专业，并在龙新乡、象达乡、龙泉乡开办玉雕班。外来雕工也齐聚龙陵，带来各地不同的技术，并有石雕、木雕、骨雕、微雕的人才加入到玉雕队伍中来，就连书法、绘画的名流学士，雕塑、烙画、刺绣精英也踊跃参与。这些大师有着深厚的美学知识，大量玉石原料激发了他们的创作灵感，

再经他们的巧手妙思，原本沉默无闻的石头也会变得光彩夺目。在腾冲“卞和杯玉雕作品大赛”和龙陵“玉满乾黄龙玉雕刻大赛”上获奖的作品，其中既有闻名遐迩的玉雕大师的鼎力之作，也有名不见正传的玉雕新人的作品。这些作品运用古代玉雕元素，反映当代人的生活情趣，巧借玉料天然皮色塑造人物、动物、景物，并赋予历史文化内涵，成了当前保山玉雕创作中一道靓丽的风景。

少女

赌石，石破天惊

一块翡翠原石，除了形状和大小外，谁也说不清里面有什么是什么，买卖双方凭着自己的经验，依据皮壳上的表现反复进行猜测和判断，估算出价格，然后进行交易，这种交易方式具有极大的风险，因而称之为『赌石』。

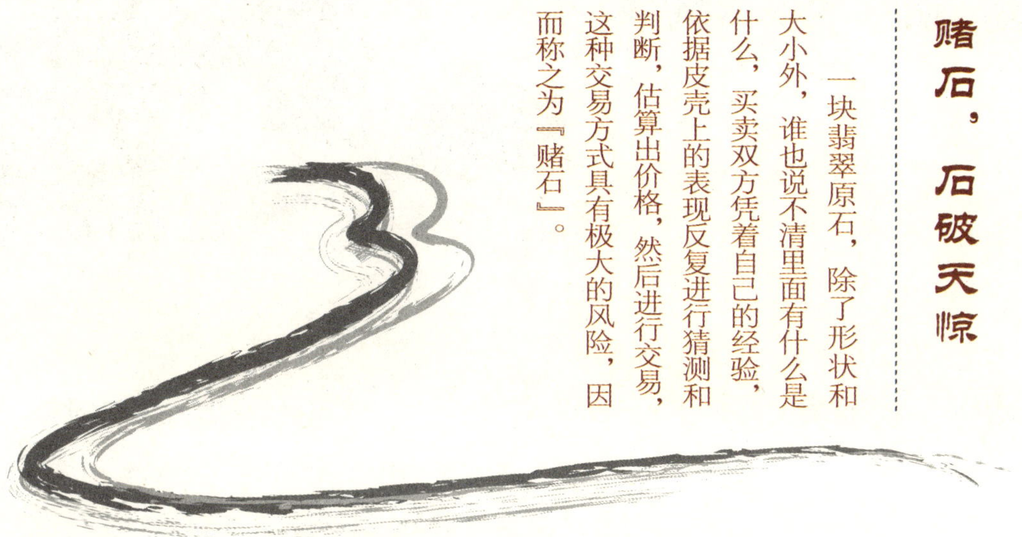

到保山旅游，想小试一把手气，那就赌石。

赌石的地方不难找，只要是卖玉石的地方，都会有“赌石亭”。就是旅游累了想休息了，或是肚子饿了想吃饭了，走进饭馆，有些饭馆里也会有“赌石”的地方，让你一试手气，还真能帮你提振精神，也帮你打发等待菜饭上桌前的那段时光。赌石还赌到网上，有“赌石网”、“赌石吧”、“赌石缘”等网站，介绍赌石知识、交流赌石经验、提供翡翠原石、缅甸红宝石等批发、零售、定购、供应业务。

这种现象前几年是没有的，如今却顺应潮流，如雨后春笋般繁荣起来，成为旅游的一个项目。没人要你去，也没人会不去小试一把的。用来小试一把的石头，形似鹅卵石，比拳头大那么一点点，一百元上

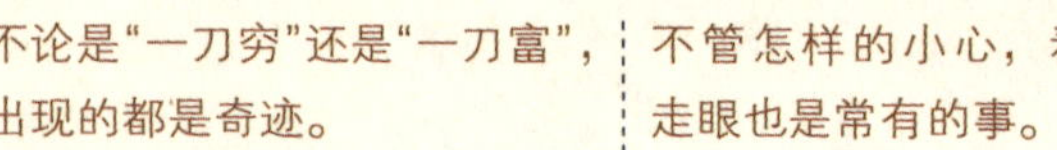
不论是“一刀穷”还是“一刀富”，出现的都是奇迹。

不管怎样的小心，看走眼也是常有的事。

下一个，再大一点的可能三五百元，买了来，旁边就有用来解玉的机器，请师傅帮着解开来，是玉不是玉，当场明白。多数人解开来就扔了，那只不过是一块普通的石头。也有手气好的，能赚回那几百元，手气更好的，可能会赚上三五万元。

这是娱乐式的赌石，赚钱不是目的，主要就是玩，玩一玩手气。赌石近几年是越来越大众化、娱乐化了，而非传统意义上的真正的赌石。

真正的赌石，是一种翡翠“毛料”的交易方式。

翡翠毛料叫璞玉，都是些大小不一的石头，外面包裹着一层岩石的皮壳。有满绿皮壳的毛料称为“色货”，绿色不均匀的称为“花牌料”，无高翠的大块毛料被称为“砖头料”。在这些包裹着的皮壳里面有没有货，是好货还是嘎货，没人说得准。翡翠之所以神秘，除了它的珍稀和成因、结构之外，就是因了这层皮壳，使它充满变量无穷的不可预知性。赌石人凭着自己的经验，依据皮壳上的表现，反复进行猜测和判断。买家如果懂行会赌眼力好运气也好购得上品，瞬间就会成为百万乃至千万富翁，相反，如果看走了眼，时运不佳也会血本无归倾家荡产，就算是将其切口，也不能保证内外如一，所以说“神仙难断寸石”。

赌石如此残酷，却是玉石交易中最最诱惑人的一种交易方式，从古到今历久不衰。清代檀萃所著的《滇海虞衡志》中记载了当时出现的“赌石”交易：“玉出南金沙江，江昔为腾越所属，距州两千余里，中多玉。夷人采之，撇出江岸各成堆，粗矿外获，大小如鹅卵石状，不知其中有玉、并玉之美恶与否，估客随意买之，运至大理及滇省，皆有作玉坊，解之见翡翠，平地暴富，其利随差而赢。最下则中外尽石，本折也。”可见赌石这种方式由来已久。

最早也是最著名的一次赌石是两千多年前的楚国有一个叫卞和的人，他发现了一块玉璞，先后拿出来献给楚国的二位国君，两位国君以为受骗而先后砍去了他的两条腿。卞和无腿走不了，他抱着玉璞在楚山上哭了三天三夜，后来楚文王知道了，他派人拿来了玉

“小搞搞”的赌石，仅是一种娱乐。

翡翠毛料，谁能知道里面的“货色”？

赌石是保山人的一种生活

璞并请玉工剖开了它，结果得到了一块宝玉，这块宝玉被命名为“和氏璧”。后来这块宝玉被赵惠王所拥有，秦昭王答应用十五座城池来换这块宝石，可见这块宝石价值之高。

卞和有才无财，赌的是命，赌一个识玉之才的名。

因而在腾冲建有白玉祖师殿，用来供奉“白玉真人”，他就是中国赌石第一人卞和。

玉有着非凡的魔力，能使正常人成为疯子，因而有言曰：“疯子卖，疯子买，还有疯子在等待”，只有疯子才会如此等待，等待识货之人。卞和是赌石第一人，也是实打实的疯子。为了一块璞玉，砍去一条腿，仍痴迷不悟，再砍去一条腿，还是痴迷不悟，不是疯子才怪。

赌石以赌原石的皮、色为主，翡翠原石的“皮”有1200多种，“色”2000多种。还有赌种的，种要好，种要老，种要活；赌地张的，就是赌其地张细密，有水，干净；还有赌裂、赌雾、赌是否有癣的。赌好很难，需要一双慧眼，这慧眼要有丰富阅历和赌石经验才能炼就。更重要的是运气，也就是“缘”。有人做梦也想着买到好料发大财，却偏偏一无所获；有人本无意，偶然间得到珍宝，改变了一生的命运。

赌石，石破天惊。惊的是一夜暴富，惊的是瞬间倾家荡产。

虽是如此，赌石仍然令人热血沸腾，激情向往。

如今的赌石，赌的是气质，是心态。喜欢了、看上了就买，一刀切开，涨了就欢呼高叫，邀三朋四友喝酒；没有了、亏大本了，从头再来。我买了，别人喜欢了、看上了，于是转手。他人拿去切开了，赚大了，微笑着祝福他人。

赌石可遇不可求，可一不可再。

赌的其实就是一个“缘”！

翡暖翠寒的唱和名篇：《宝石谣》与《宝井篇》

明朝成化至嘉靖年间，朝廷派宫中官员坐镇永昌，强索暴征永昌特产玉石、玛瑙、宝石之类供宫中玩弄，酿成永昌历史上惨不忍睹的『宝石之祸』，使边徼永昌的百姓民不聊生……

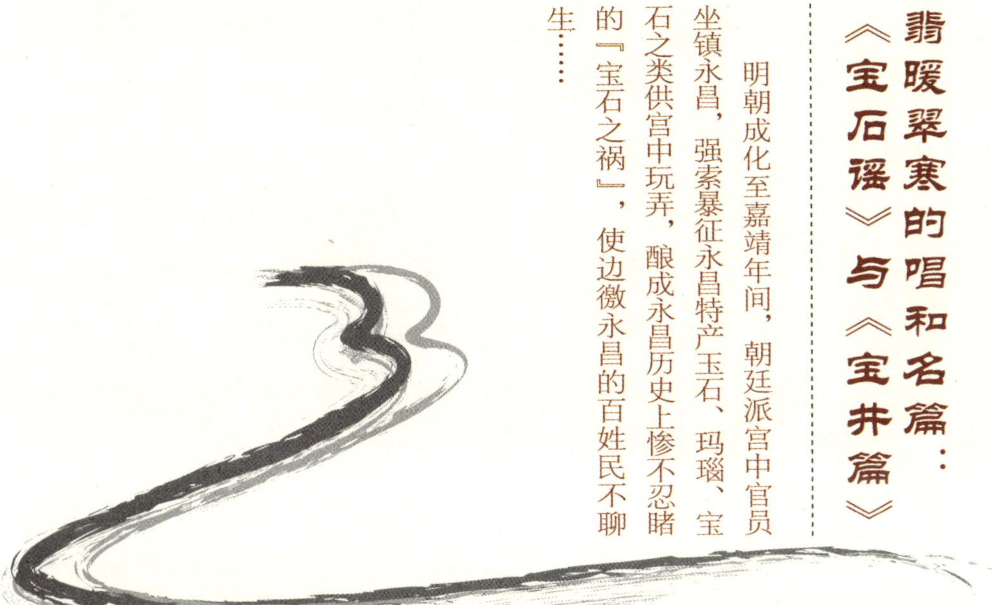

翡翠从发现到应用经历了一个较长的历史时期，先是民间争相加工、佩戴进而交易，使越来越多的人认识了翡翠。随着加工技术的日益精湛，人们对翡翠的喜爱之情在民间迅速漫延。当翡翠这种庄重典雅、温润细腻的玉中极品被当作贡品送入朝廷的时候，引起了朝廷宦臣及天子的关注，视为异宝。在作为一个具有严格等级意识的古代中国封建社会里，玉也就有了严格的等级之分，《考工记》这样记载："镇圭尺有二寸，天子守之，命圭九寸，谓之桓圭，公守之。命圭七寸，谓之信圭，侯守之。命圭五寸，谓之躬圭，伯守之。"中国古代封建士大夫按照封建等级赋予了玉以三六九等，甚至在明清时期，各级官吏的帽顶前方，

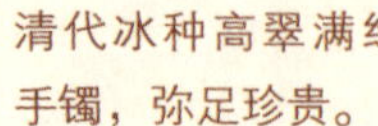

清代冰种高翠满绿手镯，弥足珍贵。

青翠欲滴，无人能敌！

都要按等级镶上不同色泽、不同大小、不同价值的翠豆。加之乾隆皇帝对翡翠的喜好与关注，对玉雕的工艺水平有很高的鉴赏力，更为翡翠产业的繁荣推波助澜，翡翠市场规模日益壮大，是翡翠由发现到发展以至成为时尚的鼎盛时期。

朝廷尚之，下弥企盛。自明时，通缅官道称之为“贡道”，从昆明西行，经大理，过保山，由腾冲南下到梁河、盈江、陇川进入盛产翡翠的勐密、宝井，因此又称“宝井路”。全国各地商贾趋利而往，纷纷沿着“宝井路”成群结队前往勐密等地采玉、贩玉。明成化至嘉靖年间，朝廷派遣镇守使之类的官坐镇永昌，直接参与贸易，督办采买事宜。对私运者一律严惩，犯者“籍没其家而戍之边”。明末熹宗天启《滇志》载：“官给本钱，由民收宝石入于宫。”“成化中，京师尚之。自永昌市之，取利三倍。至京师市之，可取利十倍……益州西部金银宝货之地，居官者，富及屡世。”这些采买官在把无数价值连城的翡翠送入宫中的同时中饱私囊，又有各地巡抚郡守巧立名目、趋炎附势、横征暴敛、巧取豪夺、无所不用其极。冯甦《滇考》也载：“宝石之取，盛于成化，然止在京师购买。嘉靖丁亥六年，始遣官至滇，岁动布政司及永昌府银八千，散之民间。民间鬻男贩妇不充所值，因而逃亡。”倪蜕《滇小记》又载：“其产石二山在猛密，去永昌几三十程，于山掘井取之，夷酋亦严守甚固，地又饶瘴疠，往者多死。明代石祸，不可以言。”1527年，明代的嘉靖六年，朝廷加紧向滇西勒索宝石之贡，逼得边地百姓民不聊生，四处逃亡。徐霞客游历滇西时，就见到当地人因太监坐镇寻觅“碧玉”，吓得躲起来不敢见人，堪称古代版“疯狂的石头”。

明嘉靖末年，官府取宝苛削，扰民乱边，纷争四起。还在成化初年，因宝石之利丰而内宫趋骛永昌，毛胜镇守永昌时因贪孟密翡翠，允许原为木邦土司统属的孟密贵族，不通过木邦土司而直接向朝廷进贡的分裂行为。接着太监钱能为获孟密翡翠而纵容孟密贵族“怙势纵横，掠地自广”，叛木邦、逐宣慰、据公署、杀掠邻境陇川，兵力自盛。自弘治七年至十二年间，占据了孟密所属蛮莫等地13处。太监王举也向孟密索取翡翠，孟密不给，王举就请求朝廷发兵征讨，孟密就以上好翡翠行贿大学士万安，托其使孟密独立，乃置孟密安抚司，造成边疆长期纷争动乱，动及边衅，严重危及国家安全，动摇了朝廷统治。《腾越关隘论》里记载：“缅丑阿瓦，其酋雍罕，结连木邦等夷，用众十余万，直犯蛮莫，蹂三宣而抵腾越之墟，其执词曰：开采汉使另我杀思正，以通蛮莫道路。吾为天朝除害焉耳。”为了国家安全和边疆稳定，许多正直大臣上书朝廷罢开宝井，明巡抚陈用宾在《罢采宝井疏》中愤而言之：“何足宝哉？不过一土屑耳！石为重乎？土地为重乎？以无用之土屑，坏万里之封疆；以采买之虚名，贾边境之石祸。……全滇之祸，当自开

拥有一件，此生足矣！

宝井启之。欲开宝井，则蛮莫不可复；欲复蛮莫，则宝井之役不可开。”此种观点在《永昌府志·食货卷》物产一篇中也有叙述：“王者不贵异物而贵用物……宝石与玉皆产自外地，其去永千余里或数千里不等，且为物不过供玩好，究无所用亦，安足贵哉？何如布帛菽粟之计，乐石盐铁之需物本甚微，而关于民生者甚重。”从中可以看出，上至朝官，下至州官以至平民百姓，对于宝石为重，疆域为轻，民生为轻是深恶痛绝的。事实上，后来中原王朝丢掉这块“宝地”，也和宝石有关。万历三十三年十二月，迫于国难和议论，朝廷方罢采宝井，明令禁止开采翡翠。记述这段历史，影响最大的还数张含的《宝石谣》和杨升庵的《宝井篇》。

张含(1478—1565)，字愈光。少时随父进京，而立中举，后屡试未录，毅然返乡，发愤以诗“行吾志”。眼见朝廷昏聩暴虐，官吏贪污腐败，时局险恶动荡，边民应役之苦，役夫出入烟瘴，极尽道路之险，生命朝不虑夕，令诗人如鲠在喉，愤然作诗，《宝石谣》应时而生：

成化年中宝石重，私家暗买官家用。
衹在京师给帑银，不牵南夷作琛贡。
林家宝石海内闻，雄商大贾集如云。
敕谕林家避科道，恐有弹章皂囊到。
自从嘉靖丁亥岁，采买官临永昌卫。
朝廷公道给官银，地方多事民憔悴。
民憔悴，付奈何，驿路官亭豺虎多。
钦取旗开山岳摇，鬻男贩妇民悲号。
至今一十四回内，涕泪无声肝胆碎。
成化年，嘉靖年，天皇明圣三皇肩。
独怜绝域边民苦，满眼逃亡屋倒悬。
屋倒悬，不足惜，只为饥寒多盗贼。

清代的翠扳指

中国的印章文化源远流长

山川城郭尽荒凉，纷纷象马窥封疆。

窥封疆，撼边城，经年日月无颜色。

杞人忧天天不倾，浊醪大醉明诗亭。

“石祸”祸在宝石重于江山社稷，一方面是“鬻男贩妇民悲号”，另一方面是“纷纷象马窥封疆”，真实地反映出因石祸导致内忧外患的社会现实。其中提到的“林家宝石”定是十分有名，为逃征宝不得不躲起来，只怕弹章皂囊到。《徐霞客游记》里对此也有记载，珠宝商人为对付官府专职搜集珠宝玉石承差的三个妙法，一是请吃，设宴招待“买宝舍人”；二是搪抵，手头预备着低档次的料子“搪抵上司取索”，使承差看不上；三是躲避，一连几天不见面，也不敢传出任何信息，生怕承差抓着线索，与现代的搪塞敷衍无二。

张含诗成，立邀当时谪戍保山的新都状元杨升庵前往评赏，杨升庵同样目睹石祸给人民带来吊影惊魂、流离逃亡之苦，看张含诗后深有同感，挥毫和之，写了《宝井篇》与张含的《宝石谣》相呼应，感

黄龙玉，新世纪“疯狂的石头”。

时忧民，可谓传世之双璧：

彩石光珠从古重，窈窕繁荣皆玩弄。
岂知两片弱云鬟，戴却九夷重译贡。
宝井曾闻道路赊，蛇风蜃雨急天涯。
驰传千群随嫖姚，披图万里逐轻车。
君不见：永昌城南宝井路，七里亭前碗水铺。
情知死别少生还，妻子爷娘泣相诉。
川长不闻遥哭声，但见黄沙起金雾。
潞江八湾瘴气多，黄草坝连猛虎坡。
编茅遍野甘蔗寨，崩碛浮沙曩转河。
说有南牙山更恶，髡头漆齿号蛮莫。
光摇戛磴与孟连，哑瘴须臾无救药。
莫勒江傍多地羊，队队行行入帐房。
红藤缠足髽发女，金叶填牙缅甸王。
回首滇云已万里，宝井前瞻犹望洋。
紫刺硬红千镒价，真赝入眼无高下。
得宝归来似更生，吊影惊魂梦犹怕。
吾闻昆仑之山正抵鹊，庆云之地金掷龟。
安得仙人缩地法，宝井移到长安街。

如果说张含的《宝石谣》让我们看到的是“山川城郭尽荒凉，纷纷象马窥封疆”的话，杨升庵的《宝井篇》更多地描述了通往宝井路沿线自然环境的恶劣艰难状况，以及寻宝人冒死前往烟瘴之地的悲惨遭遇。从“君不见永昌城南宝井路，七里亭前碗水辅”开始，诗人历数从永昌到猛密十四道险关。“碗水铺”即一碗水，在施甸县境内，“八弯”今为“坝湾”，在隆阳区潞江乡，“黄草坝”在龙陵县境内，“曩转河”在盈江县境内，莫勒江在缅甸境内，而“南牙山”旧属南甸宣抚司，

翡翠文化六百年，经久不衰。

山高路陡，都是明清时期保山通往徼外宝井的必经之地。这一路盗匪四起，猛虎徜徉，又有瘴气直逼人命，其艰辛不言而喻。全诗开阖变化，所包含的社会内容极为丰富，咏物赋形，寄寓今昔异境的沉沦之感，动人肺腑。而如今，玉中之王的翡翠走入寻常百姓家，成为一种大众消费，一种文化的载体，是先辈们预想不到的。真个是一如升庵词《临江仙》中所唱："滚滚长江东逝水，浪花淘尽英雄。是非成败转头空。青山依旧在，几度夕阳红。白发渔樵江渚上，惯看秋月春风。一壶浊酒喜相逢。古今多少事，都付笑谈中。"

综合卷

五、山水绘就的多民族画卷

保山上接青藏高原，下连中南半岛，自古以来就是汉藏语系和藏缅语系民族先民——氐羌族群迁徙的走廊。在长期的历史发展过程中，迁徙民族与当地民族相互融合，演化成现今保山各民族，从而创造了多姿多彩的民族文化。

山水绘就的多民族画卷

如果说保山是神奇的，捧起可以阅读，放下令人回味，那么她是一本厚重而深邃的多民族史书；如果说保山是神秘的，走进就可以融入，离开便生流连，那么她是众多种源和生命的母胎，孕育着明丽而质朴的胜境；如果说保山是神圣的，让人们的心情平添一份深情的依恋，那么她是世界上众神福佑的家园，滋生出和谐与温馨。

横断山民族迁徙大通道纵贯南北，先和东西横向的西南丝路相交，又与北上、西行的茶马古道相会重合，而保山就处在这个巨大的民族交融的重合点上。两千多年来，沿着纵贯南北的横断山脉，沿着担当力卡山、高黎贡山、碧罗雪山和云岭，沿着众山之间的怒江、澜沧江和金沙江，沿着西南丝绸之路和茶马古道，走来了傈僳族，走来了阿昌族，走来了佤族和满族，还有土生土长的濮人后裔和世居民族德昂族等。在漫长的历史岁月中，各民族互相学习、相互交融，创造了丰富多彩的民族文化，是多族群、多文化完美共生共荣的地区。很少有哪个地方像保山这样各民族你中有我、我中有你，却又保持着各自鲜明的民族特色，成为中华民族文化百花园中的奇葩。这里民风醇厚质朴，节日异彩纷呈，服饰五彩缤纷，歌舞优美精彩，绘画艳丽生动，饮食文化更是异彩纷呈。事实上，悠久而繁荣的民族历史，早已一针一线地绣在苗族的衣服上，镌刻在汉族的甲马版画中，走进傈僳族的传说里，写在傣族的叙事长诗中，构建了一组形态多样、内涵丰富、历史与人文精神丰厚的少数民族文化，编织出一道道亮丽多彩的民族风情。

苗族服饰，华丽的性别言说

服饰是历史的传承、文化的载体，也是一种特殊语言。它的色彩、纹样、款式、风格等等，在无声地诉说着一个民族的历史。在人类社会文明进步中，服饰文化始终是美妙和神奇的……

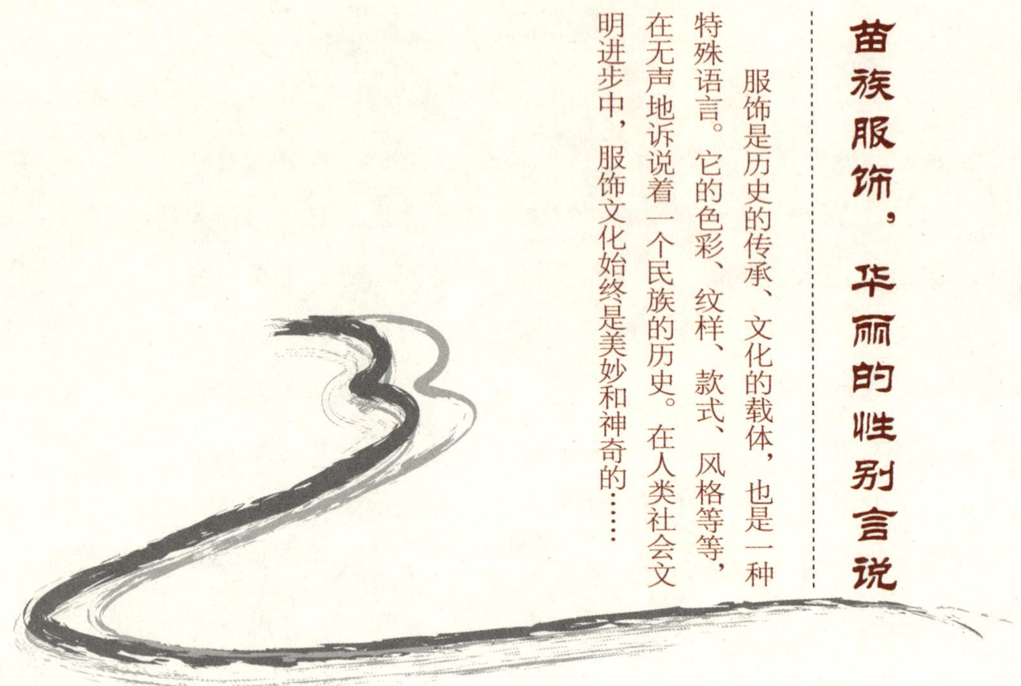

土皮太和打平村是自然聚落形成的苗族聚居地，使用苗语与汉语，部分听得懂彝语。这是由于民族的大杂居、小聚居的分布，以及社会人际交往空间的日愈扩大使然。

土皮太和打平村的苗族服饰可以分为日常化服饰与仪式化服饰，仪式化的苗服就是逢年过节或重大喜庆活动才穿的“盛装”。苗族女子认为“盛装”是最适合自己的服装，是美丽的服装。日常化的苗服已经基本汉化，这表明土皮太和打平村受汉化影响的程度较为严重，但在重要场合，节庆、婚庆等，还是要穿“盛装”，以展示苗族妇女的美丽，烘托出强烈的喜庆氛围。

“盛装”需经过栽麻、收麻、切麻、搓麻、纺麻、漂白、牵线、织布等 8 道麻纺工艺，再经挑花、纹饰、型搭、缝连等 4 道绣拼工艺，由包头、上衣、披肩、大围腰、腰带、短褶裙、飘带、三角小围腰、绑腿、绣花鞋等大小 18 件套组成，俗称“十八一朵花”。色彩以红、绿、蓝、白、黄为主，再辅以其他颜色。土皮太和打平村的苗族妇女至少拥有一套以上的“盛装”，认为在自己一生中最重要的日子里，只有穿着“盛装”才符合“规矩”，也“最好看”，是一件对于家庭、家族有“面子”的事情。但很少有女性有 3 套或者以上盛装，除了受经济条件的限制外，做工烦琐与复杂也是她们不能拥有更多“盛装”的原因。苗女的“盛装”，一般都是婚前由自己与母亲共同置办的，女伴们也会过来一起帮着制作“盛装”。

苗族女性“盛装”服饰绣工精致，常用技法为挑花。挑花精细费时，在“盛装”制作时间较紧的时候，会邀约女伴一起绣制同一件衣服，前襟、

“十八一朵花”

昌宁苗族服饰传承人在世界人类学、民族学大会上发言。

服饰以特有的色彩、纹样、款式、风格，无声地诉说着一个民族的历史。

舞动的云裳丽影

后褂等分工合作，然后再组合成衣。

苗族女性“盛装”服饰色彩艳丽，火一样的大红，草一般的翠绿，湖水似的湛蓝，各式颜色混搭在一起，灿如朝阳，艳如花朵，基本形纹、元素纹、隐形纹的交叉重叠与各自独立，混而有分，搭而不乱，凸显了苗族女子的女性气质。它层层叠叠，没有勾勒出女子身形固有的曲线；它严严实实，没有展露出女子身体自然的肤质。但是，如花朵般艳丽的盛装，却给予人无尽的想象之美。苗女的勤劳、善良、多情，织成了她的嫁衣，让她在生活中美丽如仙子。盛装同时具有审美与自我观照与实现的功能，用服饰强化女性角色形象，突出女性角色特征，与苗族男子肤色黝黑，体态块壮，有山的刚毅与伟岸相比，反衬出苗族妇女的勤劳善良、美丽可人。

土皮太和打平村的苗族女性“盛装”服饰表现着苗女的如花岁月与女性气质，裙子、流苏、刺绣、花边……这些都属于女性服饰的属性范围。苗族少女的清纯，少妇的贤惠，老年妇女的端庄，都在盛装这一有效的视觉工具下得到了表达。

昌宁苗族服饰霓裳丽影，花团锦簇，2006 年被列入国家非物质文化遗产保护名录。

“女人的衣橱里永远差一件衣服”，这句话在土皮太和打平村的苗族女性那里是不成立的。

有了“盛装”，衣橱已满。

佤族清戏，古老的少数民族珍贵剧种

佤族上演汉族戏，并将其保存下来，演化成珍贵的民族剧种，被列为国家级非物质文化遗产，堪称民族文化大融合的典型范例。

腾冲荷花乡甘蔗寨村的一群农民，把一种古朴的戏剧艺术——佤族清戏代代相传下来，至今仍保留着早期清戏原始古朴的特色，是古代戏曲发展演变的极为珍贵的“活化石”剧目，具有较强的艺术表现力和感染力，被誉为“珍贵的民族剧种”，全国少数民族剧种之一，并列为国家级非物质文化遗产。

一颗外来的戏剧种子，能在甘蔗寨这个佤族聚居的地方生根、开花、变异、结果，全赖西南丝绸之路的繁荣。甘蔗寨是西南丝绸古道腾冲段的一个驿站，是军旅、商贾和马帮歇脚休息的地方。西南丝绸之路经甘蔗寨，下到南甸（今梁河县），最后进入缅甸的八莫。各地的商

贾来了，朝廷的采宝官来了，三方五地的马帮来了，要吃要住，还要娱乐，于是戏台、歌会应运而生。过往的民间艺人中有演出清戏的戏班，短暂停留，坐地演出，赚点路费，不料想演出大受欢迎。当时佤族头领人称“佧拉王”的李如楷是个戏迷，不但组织清戏的演出活动，还在剧中扮演角色，尤其喜欢扮演《大堂上寿》中的老王子。有同好者跟风而上，清戏也随之在甘蔗寨落地生根，繁荣发展起来，最终形成佤族清戏。

佤族清戏源于青阳腔，青阳腔又源于弋阳腔，明初永乐年间流传到云南。弋阳腔本身有着“顺口可歌”、“错用乡语”，以及“改调歌之”等适应性和灵活性的特点，很容易与少数民族地区的风土人情融合。弋阳腔对云南许多少数民族的戏剧，如白剧、傣剧等都有过重要影响。佤族清戏就是在弋阳腔基础上与当地文化融合、演化而来的。

佤族清戏《芦林相会》剧照

清戏传入甘蔗寨后，与当地的“社火”习俗融为一体，有灯有戏，既有祀神祈福的含义，又改变了“社火”零散单调的状态，展示了人们祈福庆丰、喜气热闹的场面。灵活多变的演出形式，更为群众喜爱。佤族清戏没有职业戏班，是纯粹业余化的娱乐状态，故而是以方言为戏曲语言的一种少数民族戏曲艺术。

佤族清戏的主要特点是台上演员独唱，后台众人帮腔，只用打击乐器伴奏。剧目故事感人，情节生动，言辞优美，人物性格鲜明。声腔有“九腔十三板”，九腔为大汉腔、四平腔、高腔、放腔、哭腔、花音腔、百珍腔、苍胡腔、土子腔。十三板为清江引、浪淘沙、山坡羊、下山虎、一枝花、滴滴金、步步娇、驻云飞、小桃红、倒垂帘、菜花黄、柳叶青、哭相思。这些曲调抑扬顿挫，融入了地方小调的音乐特色，悦耳动听，具有较强的艺术表现力和感染力。

佤族清戏的演出形式较为简单，角色有生、旦、末、丑之分，早先不化妆，素嘴素脸就上台演唱了，化妆是20世纪80年代后才开始的。表演者服饰分衣、褶、蟒、靠，头饰有盔、冠、巾、帽，还有髯口、鞋靴、面具等。早期服装无水袖，比较贴近生活，显出一种特有的简约美和质朴美。人物上场往往先念引子或念诗，然后再唱或道白。没有复杂的身段，台上的做功均是依据演员对剧情的理解而发挥。

佤族清戏伴奏早期使用的乐器仅有小勾锣、小钗，每唱一句或一段即用“锵锵，锵锵锵齐锵齐锵锵”一类的锣钗点隔开，烘托节奏气氛，大鼓、大钹、大锣等都是后来添加的。曾有人尝试用“叫鸡弦”（京胡）进行伴奏，但未能成功。1984年底专业艺术工作者才把文场音乐（主要是二胡）引进了清戏伴奏之中。

清末民初期间，是佤族清戏最为繁荣的黄金时代，除在本寨及其他佤族村寨上演外，还被邀至邻近的各民族村寨演出。滇西抗日战争期间因战乱绝少演出，清戏渐渐衰落，剧本戏文或失散或遭鼠劫，幸

佤族清戏没有职业戏班，是以方言为戏曲语言的一种少数民族戏曲艺术。

佤族清戏的演出从来都是原生态

存较少濒临灭绝之境。新中国成立后，对社会文化、民族文化进行调查时，将佤族清戏列为正式剧种。1983 年，县文化馆对佤族清戏与弋阳腔、青阳腔关系进行研究，发掘、整理剧目和唱腔，排演折子戏《安安送米》，参加保山地区民族文艺会演获得成功。1993 年，中国戏曲研究院的专家到甘蔗寨调查，认定佤族清戏属于珍贵的民族剧种。

佤族清戏至今保留下来的剧目有《三孝记》连台本，包括《姜姑刁嫂》、《顺母休妻》、《逐赶庞氏》、《安安送米》、《芦林相会》五折。《白鹤传》连台本中有《潮阳管民》、《回朝缴旨》和《加封韩愈》三折，另有《文龙赶考》、《贾氏上坟》、《和尚化斋》和《割股救母》等四个零散折子戏。从现存剧目内容看，故事感人，情节生动，文辞优美，人物性格鲜明。

象达纸伞，雨的记忆

油纸伞，伴着几代人苍凉忧郁的身影，走进历史的深处，成为记忆中岁月深处一帧久远的风景……

龙陵多雨，有滇西雨屏之称。清明一过，便迎来了淅淅沥沥的雨，这一下就下到秋分。雨的那份朦胧，勾勒出乡村如画的景致。景致里飘动一把把五颜六色的伞，飘在走亲串戚的山路上，飘在城镇的深街小巷里，飘在劳作的田边地头，是乡村风景的点缀。

雨的记忆，其实都是伞的记忆。

风雨中象达油纸伞撑开了 300 多年，也就有着 300 多年的记忆。

这些记忆，是从象达伞的 72 道工序开始的。

伞把选用当地特有的“人面观音竹”，因为竹根部具有独特的宛如人面竹节造型。竹子一般是在农历七月开始砍伐，这个季节里砍回

风雨桐香

在这个注重文化与品位的时代，
象达油纸伞更具文化与美感。

的竹子不会生虫。竹子砍回后，在滚水里煮几个小时，目的是使竹子里的胶质溶于水，晾干后就不会开裂了。伞头和伞料必须用青皮香、山苍子或矮头瓜树做，是制伞中最为复杂的一道工序，上下有 28 道伞骨槽，还要在槽上打上穿线孔，做到骨与槽的丝丝入扣，线与孔的浑然一体，平整而不露接头，显示着制伞人的智慧。

伞骨要用上好的荆竹片削成，分短伞骨和长伞骨两种。常规的短伞骨长 16 厘米，插在伞料上作支撑用，长伞骨长 40 厘米，一端插在伞头的伞骨槽上，中间和短伞骨相连，作支撑伞面用，在伞头以下伞把的 19 厘米处打孔插一横销，使伞料不往上跑。在 25 厘米处打方孔插一弹片，又称“蚂蚱头”，是油纸伞中最小的部件，用来支撑几乎整个伞骨和伞面的重量。它运用的是最简单的力学原理，靠竹子自身的韧性，借力反弹，使伞料不往下滑。在伞头插上长伞骨，在伞料上插短伞骨，并使之连接，用线固定紧，撑开后，在长伞骨边缘环绕3–4道棉线。如此，一把伞的骨架就形成了。

骨架子有了，就该制“衣”了。在绵白纸上刷上油柿水，然后裱在伞骨上。在长伞骨顶端内裱一圈绵纸，在伞头上套一块刷过桐油的方形纸，用线扎紧，一是防雨渗，二是那伞头像戴了一个方巾，变得有头有脸。这时的伞还是素面朝天，等待着色添韵。

象达女子在伞面上添色加彩，不需要勾勒草图。喜鹊登梅是她们院落就有的景致，花鸟鱼虫更是寻常所见，画到尽兴处，就有了一种随心所欲之美，有了一种默默相许的牵挂。

工序到了这一道，就可以上桐油了。早在1000多年以前，桐油就被利用到了油纸伞的制作工艺里，油纸伞也因此而得名。最早的桐油是被当作油漆来用的，后来人们发现熬熟的桐油还具有防水、防腐、防蛀等特点，便被应用到纸伞上。桐油在伞的正反两面都要上，既增强了纸的强度，又可起到防雨的作用。而当一把伞经过桐油的“定妆”，完成了最后一道工序，就成为雨中的景致。

现在有了能自动打开的伞、可以一折三叠装在包里的伞，油纸伞已经逐渐退出了历史的舞台。象达人不愿意放弃这一历史的记忆，男人们不会放弃，女人们也不愿放弃，而是要把它做到极致。正是这种代代相传的坚守，象达纸伞仿佛一面古老的镜子，活生生地映照出我国民间传统手工艺制作的渊源，成了专家们研究汉族原始手工制作形态的珍贵资料，被列入云南非物质文化遗产名录，它所蕴涵的文化与美感得以继续传承下来。

高黎贡山飘来的天籁之音

一个在高山密林的原生态里高歌的民族被带进了高雅得令人惊讶的音乐殿堂，粗犷的山一样的豪情让他们更加懂得享受生活的快乐，而无拘无束的个性也在歌声中得到淋漓尽致的展现。

地处高黎贡山之麓，怒江之畔的芒宽，是个美丽的地方。居住在这里的汉、傣、彝、傈僳、白、回、德昂各族人民，用多彩的民族文化，丰富着“月月有节过，夜夜闻笙歌”的生活。其中有热情奔放的傣族大鼓舞，眉目传情的彝族三弦舞，傈僳族的四弦舞，衣裳绚丽、饰品叮当、闪跳腾挪的苗家芦笙舞，而傈僳族的无伴奏四声部合唱更是有着浓郁的民族特色与神秘诱人的无限美感。

“四声部”是由高音、中音、低音、最低音四个声部同时合唱，将一首歌同时用不同的音调演唱出来。因其高音激昂、中音浑厚、低音深沉、最低音震撼，听起来悠扬悦耳，动人心魄。

在中央电视台录制节目

芒宽傈僳族四声部无伴奏合唱团是一支原生态演唱的农民合唱团，所有成员都是芒宽土生土长的傈僳族农民。别看这些皮肤粗糙、神情腼腆的傈僳族男女，当他们悄然起身在牧师的指挥下开始演唱时，刹那间他们都变了，一个个变得气韵流畅，神态安详，各声部的配合不差分毫，浑然一体，其和声所生发的绚丽和谐如同天籁，仿佛万千世界，呼之欲出，具有极强的穿透力。更为重要的是，你会在他们的歌声中忽然变得神圣而豪迈起来，并被那一个个纯净的音符感动得热泪盈眶。

1998 年的中国国际合唱节和 1999 年昆明国际艺术节上，他们用《欢乐颂》和一首傈僳族民歌《摆时》震撼了许多中外艺术家。他们天然质朴的原生态演唱，毫不矫揉造作的表

演，受到社会各界人士的赞美。中央电视台著名节目主持人崔永元到保山，看到了他们的演出，于 2005 年 12 月 23 日将合唱团邀请到中央电视台《小崔说事》栏目录制并在春节播出。2006 年 5 月 31 日又在中央电视台举办的《激情广场》栏目中演唱。2006 年 7 月荣获第八届中国国际合唱节“成人混声优秀表演奖”，并被第八届中国国际合唱节组委会授予特别奖，是第八届中国国际合唱节中唯一荣获两个奖项的代表队。2006 年 9 月，他们参加了由国家民委、文化部、广电总局和北京市政府联合主办的第三届全国少数民族大汇演，在人民大会堂举行的开幕式上作汇报演出。

演唱于天地之间，更显大气磅礴。

傈僳族四声部合唱团在中央电视台演出后合影留念

乌铜走银，铜艺一绝

“乌铜走银”在中国铜制工艺品中堪称一绝，与北京景泰蓝齐名，并称“天下铜艺双绝”。

青龙街一直是西南丝绸古道西渡澜沧江霁虹桥后的第一大集市，马掌铺、鞍子铺、铁匠铺、银匠铺、糕点铺应有尽有。每天清晨，伴随着马蹄声的是店铺里的“叮当”声，那是艺人们在制造各种马具、刀具、耕具，以及扎木甑子、编竹筛子，好让马帮把这些生活用品带到遥远的“夷方”去。

“四宝斋”始创于清朝末年，老屋前店后院，双面飞檐，雕梁画栋，有古色古香之韵味。万家是青龙街一大姓氏，曾有“万家半条街”之说。万光红祖上一直有人做银匠，万氏“怀宝银楼”在滇西颇有名气。尤其是手工雕刻银器、嵌丝堪称绝技。到清朝末年，万光红的祖父万

万光红乌铜走银作品

朝兴从石屏县请来一位姓王的银匠师傅传授乌铜走银技术，其中就数文房四宝最为出名，“怀宝银楼”因而改名“四宝斋”。

民国时期，万朝兴将乌铜走银技艺传给了儿子万怀林。20世纪60年代，“四宝斋”被当作“资本主义的尾巴”割掉了，工具及藏图也尽数被没收。万怀林怕乌铜走银绝技失传，便偷偷教给了妻子，即万光红的母亲。进入20世纪80年代，随着改革开放的大潮，各种手工作坊又在青龙街活跃起来，沉寂多年的“四宝斋”也响起了“叮叮当当”的敲打声，万光红的母亲年过五十当起了银匠，万光红跟着母亲学手艺。母亲在过世的前一天，才将乌铜走银的秘诀全部告诉了他，这才知道从小就学的手艺原来就是传说中的乌铜走银。

“乌铜走银”在中国铜制工艺品中堪称一绝，曾与北京景泰蓝齐名，并称“天下铜艺双绝”。先将红铜置于熔炉中加热熔化后浇铸于平整的石板或铁板上，利用流体溶液铸为薄块状，再经手工锻锤至1—2毫米的薄片，再按需求剪切焊接成型，之后便在已成型的合金片上镌刻诗词歌赋，或山水人物，或花虫鸟兽。接下来的工序便是在刻痕里细心地涂上一种祖传“焊药”，待“焊药”稍干便将已熔化的白银溶液浇灌于其中。刚做成的工件仍呈红铜色，要用手捂，与人体汗液接触后，红铜色随即变为乌色，而浇灌在刻痕里的白银就显得更加晶莹白洁。

万光红说乌铜非铜，是金、银、铜等金属的合金。制作者需要掌握冶炼合金、雕刻造型、书法绘画、微雕等技艺，从打制造型到錾字刻画再到熔银打磨，都是十分精细的手工活，费时费力，成本很高。

万光红最大的乌铜走银作品就是茶壶，而他最拿手的作品是斗笠杯，最喜欢的作品是“夕阳归家”。2009年乌铜走银列入省级非物质文化遗产名录，万光红被列入了云南省非物质文化遗产传承人。

乌铜走银艺人万光红

走银是工艺流程中重要的一环

錾花是最费时的劳动

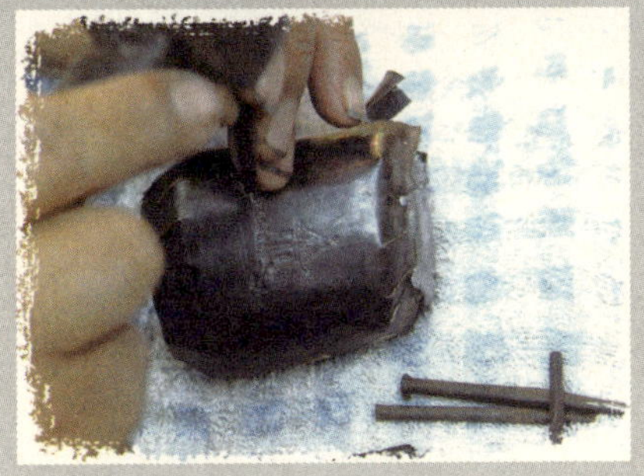

手工抄纸，造纸术的「活化石」

在蔡伦造纸术发明两千年后的今天，腾冲县界头乡新庄村龙上寨仍然保留着传统手工造纸法——抄纸。

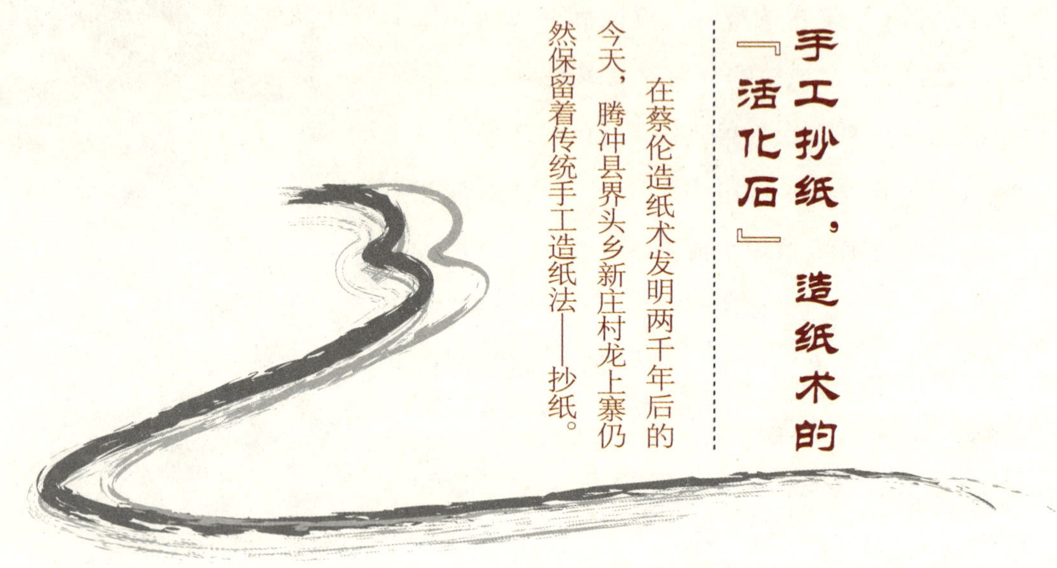

新庄村手工抄纸已有300多年历史，《腾冲县志稿》载："清初江西人到腾制造白纸，小西人学得此艺，凤鸣因产构皮，亦多习此。"凤鸣就是今天的龙上寨、龙中寨一带，是龙上寨的龙姓先人将中原的造纸工艺带到新庄，利用这里丰富的构树资源造纸谋生，世代相袭至今。

新庄村手工抄纸历史悠久，工艺完整，基本上保持着汉代的工艺程序。抄纸的材料取自构树的外皮，采来后放在水池里浸泡，泡软后剔除表皮及杂质，再用小刀划薄，在石灰水里浸泡，捞起后蒸煮。把蒸好的构皮放在河水中浸泡两天两夜，捶打成均匀泥状，再拿到河水中淘洗干净，榨干水分后放入缸中，用纯净井水搅匀。为使纸料悬浮

及便于黏合，再加入少许仙人掌汁，用竹帘子将缸中的纸浆一层层抄起，摞起滤干水分，一页页撕开趁湿贴在向阳墙上或火塘边，烧火熏干或晒干，裁齐即成手工抄纸成品。

20 世纪 60 年代前手抄纸的使用仍然广泛，学生作业本用手抄纸已属高档用纸，由学生自己折纸装订成作业本。更早一些时候，各种杂志书刊、启蒙读本、佛学经文、写字作画都离不开这种手抄纸。现在由于机制纸的广泛使用，不再使用手抄纸出书或做学生练习本，但因手抄纸具有柔软绵韧、耐腐、防蛀、保存年代久、不易退色的特点，

手工抄纸需要精湛的技术

手抄纸具有柔软绵韧、耐腐、防蛀、保存年代久、不易退色的特点，是机制纸无法取代的。

造纸的构皮需要精心剔拣

是机制纸无法取代的。如宗教用经书、印刷的排版打模、装裱字画、油纸伞、考古拓印碑帖以及一些民族书画和民间工艺品等都离不开手抄纸。土特产品包装也有用手抄纸的，特别是茶叶的包装用量非常大，银行的捆钞纸也用它。新庄村 160 多户抄纸人家每年大约生产 32000 捆纸（每捆 1000 张），每捆纸约 120 元，每年约有 400 万元的收入，除去成本，每户每年至少也有 2 万多元收入。

面对近年来人们对手抄纸需求的增加，生产量的加大，原材料构皮供不应求，许多农民开始种植构树，以保证有充足的造纸原料，同时也保护了森林资源。这种历史悠久的手工抄纸法，随着时代的进步，人们会更加珍惜，也能够更有力地去保护这项古老的工艺，让它继续传承下去。

彝族大钹舞，传统文化的灿响

隆阳区作为哀牢文化的发祥地，彝族舞蹈『擦大钹』作为当地民俗活动的一种，不仅有久远的历史渊源，更有广泛的群众基础，表现了边地民族粗犷豪放的性格特征。

擦大钹彝语叫“大钹聚自得”，流传于隆阳区瓦房乡的徐掌、四棵树、白龙井、梅兰山、杨柳坝等彝族聚居村寨，是一种集舞蹈、武术、杂耍、打击乐演奏于一身的非常优秀的彝族民间舞蹈。器乐除主奏的大钹外，还有堂鼓、小红鼓、唢呐、大钹、小钹、铙子、铓、锣等。表演时以长号长音开场，紧接着是一通锣鼓引出大钹舞者，钹声节奏感强，雄壮威武，声音可以传到数里之外，未见其形，便闻其声，轰然灿响，非同一般。在大钹舞中，唢呐是一种贯穿始终的重要乐器，时常吹奏的有紧梭罗、三板、二黄等曲调。舞大钹者居中主跳，伴舞者环绕周围，舞姿极为活跃多变，节奏鲜明，气势磅礴。

粗犷豪放，轰然灿响。欢天喜地擦大钹

“擦大钹”，开始仅限于族内祭祀、怀念先祖的活动，后来扩展到日常生活的婚嫁、节日庆典中。不论红白喜事，逢年过节都少不了请大钹班子演一场。喜事时“擦大钹”可以为喜事增添喜庆气氛，喜上加喜；丧事时“擦大钹”可以为死者理魂指路，超度升天；节日庆典中“擦大钹”可以制造喜庆的氛围，渲染欢乐的情绪。

大钹班子一般由6至8人组成，最基本的套路动作有“长板”、“纱帽顶”、“串花”、“小纱帽”、“五合丢拳”等，每个套路都可以分为独舞、双人舞、多人混合舞等多种形式。而且每个套路，在基本动作的基础上加入很多花哨的即兴动作，甚至加入一些诸如“抛钹”、“苍蝇蹉脚”、“抱腿”、“坐打”、“矮桩”等高难度动作，使表演更加精彩迷人。有时，擦钹表演中

作为艺术演出，更显磅礴大气。

还常常采用小鼓、小镲、闹子、大锣等打击乐器与大镲穿插表演的形式，使舞蹈场面更加变化丰富，气氛热烈。但由于大镲沉重，擦大镲时多为半蹲半跪，动作幅度大，有相当的表演难度，因而表演者都是男性。

擦大镲的内容丰富、形式多样，融音乐、舞蹈、技艺于一体。表演者前后进退、左右开合，忽而风卷残云、忽而雨打枯叶，强悍矫健的身姿、朝气蓬勃的气势，处处体现了生活在滇西高原上的彝族汉子豪爽奔放的性格。

擦大镲曾被保山的专业文艺工作者创作成舞台节目《大镲韵》，参加云南省首届民族民间舞蹈比赛荣获表演一等奖；后又创作编排出有120多人参与表演的大型广场舞蹈“永昌镲舞”，在1992年“第三届中国艺术节”开幕式上演出，一举荣获“表演综合一等奖”和“组织一等奖”。2012年9月在中国文化部举办的“第三届中国乡村文化艺术节”上，重新编排的彝族舞蹈《彝人镲风》荣获金奖，“永昌大镲”这个云南民族民间艺术的奇葩，再次显示出其无穷的魅力。

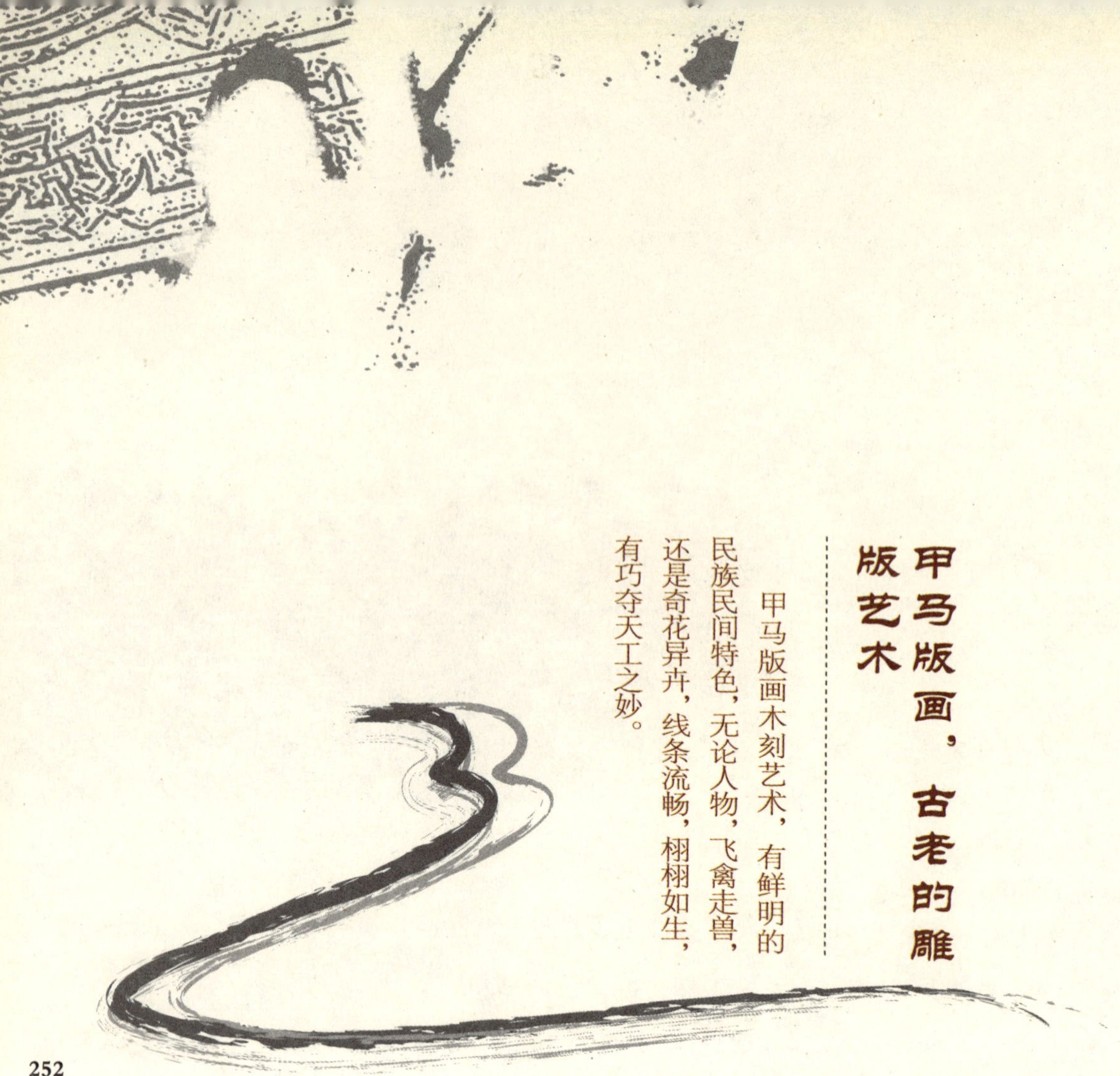

甲马版画，古老的雕版艺术

甲马版画木刻艺术，有鲜明的民族民间特色，无论人物，飞禽走兽，还是奇花异卉，线条流畅，栩栩如生，有巧夺天工之妙。

甲马版画也叫甲马纸、神马，据《清稗类钞·物品类》记载，甲马本来叫纸马，起源于唐朝，是手绘的彩色神像，因为上面的神像大多披甲骑马，所以又叫甲马，是老百姓年节祈福、禳灾、祭祀等活动时的粘贴、焚烧之物。不过，甲马版画上未必都是马，各种土、巫、儒、释、道的神灵鬼怪“跃”于一方土纸之上，是民间鬼神信仰的集中表现。现存的清代甲马版画中，钟馗、送子观音、赵公元帅居多。

保山是多民族地区，各民族都有自己的宗教文化，因而具有宗教多样性特征。多种宗教并存、交融，集自然崇拜、佛教菩萨、道教神灵、祖先崇拜为一体，甲马版画丰富多彩的样式适应了这些内容的需要，体现了当地各民族对事物的理解和自身的精神追求。加之保山数千年来封闭的农耕经济，内向、保守、尊宗、承古的观念世代相袭，在求财、求寿、求福、求子、求雨、求丰收、求神、驱魔等活动中，都会使用相应内容的甲马。有的贴于相应的物品上，认为可以辟邪、驱魔；有的用来焚烧，带着祈愿者的愿望去到另一个世界，传递相应的信息，求得意愿的实现。

现仍在流传和使用最广的甲马版画有《甲马》、《纸火版》、《文书版》等，内容大多涉及儒、释、道三教。在这些粗糙的甲马纸上，刻印着乡民视野之内的各种神仙佛祖、自然山川的无数神灵、半虚半实的祖先英魂、与日常生活息息相关的鬼怪魍魉。在各种祭祀活动中，人们或者虔诚，或者半信半疑，不管怎样，这些图案深深左右着乡间生活，承载着人们单纯而简朴的寄托与期待。

甲马版画运用的雕版印刷术，起源于公元 7 世纪的隋唐之际，到 10

一块块雕版，传承的是甲马文化。

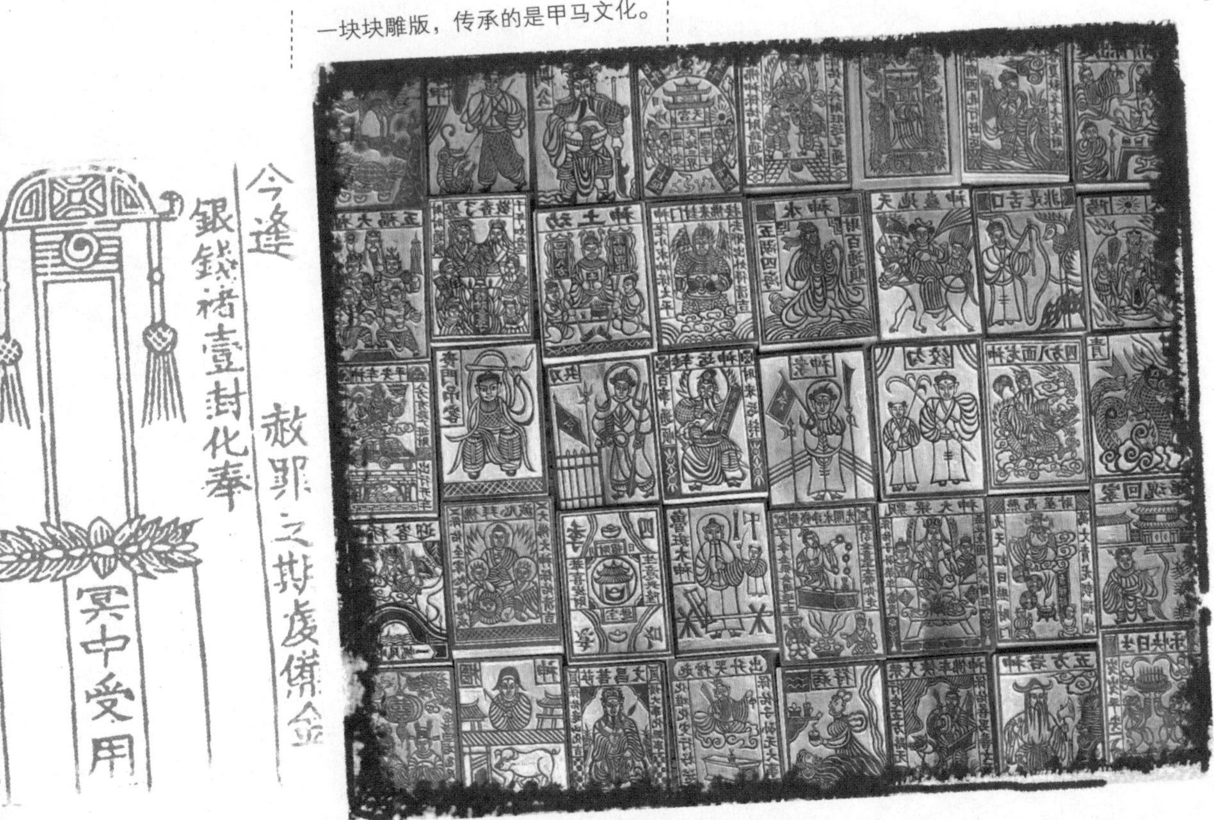

世纪的宋代，造纸、制墨、刻版、印刷等技术工艺都达到了很高水平，雕版技术已发展到完美的地步。保山的雕版印刷300多年前从内地传来，清代以前，一切书籍、图画均需雕刻木版印刷，以供阅览攻读。虽历经几百年的世事变迁，但雕版印刷的工艺却因甲马版画一直保存沿用至今。

雕版的用料多为梨木、黄杨木、白桃木、杜鹃花木板等，经过浸泡去除胶汁和糖分，再按甲马版画的规格需要，有的先画出校样粘贴在规格板料上，经过精雕细刻制成板片。有的刻得多了，熟能生巧，功夫了得，无须画样就直接在版上刻写。印“甲马纸”可以用一般的白纸、黄纸，素描纸也行，用特殊配方制成的烟墨，轻帚重擦，印出甲马纸画。

从事这一版画制作的艺人分布在隆阳区板桥镇、河图镇、辛街、汉庄、金鸡等地，其中代表人物有隆阳区板桥镇卧佛村的张元文师傅。与其他师傅不同的是，1981年6月作为建筑工人的他从高处摔下，腰椎骨折、瘫痪在床后才开始学习雕版手艺以养家糊口。他用超出常人几倍的努力，战胜常人难以想象的困难，继承和发扬了甲马雕刻这一民间版画工艺，刻写反字的技艺更是令人惊叹。二十多年来，张元文师傅娴熟地掌握了保山范围内几乎所有民间版画木刻图案，青龙、白虎、朱雀、玄武、山神、土地、桥神、路神、灶君、观音、文昌、五瘟等，在他的雕刻刀下都有神奇意蕴。那种黑与白的关系，那种凹陷与平面的关系，那种构图与意味的关系，那种神灵与人性的关系，在他的刻刀下形象、具体地呈现在人们的眼前，最终成为隆阳区甲马版画的传承人。

雕版制作的过程，是艺术的再创作。

甲马封袋

腾冲皮影，双手对舞百万兵

皮影戏又称『灯影子』、『皮人戏』，是一种以兽皮或纸板做成的人物剪影，在灯光照射下用隔亮布进行演戏，是我国民间广为流传的傀儡戏之一。

腾冲皮影是明洪武年间从江南、湖广、四川一带传入的，从事皮影演出较早的有固东甸苴乡的张老阔和李老白戏班，名噪一时，并持续了数十年时间，对皮影制作和表演技艺的传播起了至关重要的作用。

现任腾冲皮影传承人刘永周的曾祖父刘登岸和刘定三的曾祖父刘金斗拜张老阔和李老白为师，学习皮影的制作与表演技艺，创建了刘家寨皮影戏班。后经两家祖孙三代的逐步革新与完善，表演与制作技艺日渐成熟。到刘永周的父亲刘定忠这一代时，刘家寨皮影更是达到了极高的艺术境界，进入了腾冲皮影发展史上最辉煌的时期。在表演技艺上，注重突出其唱腔的地方特色，大量吸收当地丰富多彩的民族

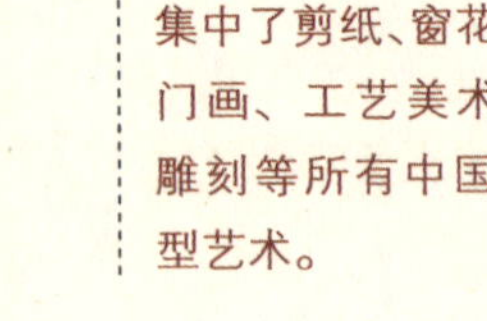

腾冲皮影靠子几乎集中了剪纸、窗花、门画、工艺美术、雕刻等所有中国造型艺术。

民间歌调，经过加工提炼，形成了高亢、悠扬、热烈的“西腔”艺术风格。在对白中揉进了一些地方俗语、俚语，使其妙趣横生，深受各族群众的欢迎和喜爱。光绪末年（1909年），腾冲洞山绮罗黄家巷的黄顺中等人到刘家寨投师学艺，回村后建立了黄家巷戏班，后经黄顺中、黄连山父子两代人的努力，结合本地语言声腔，吸收洞经音乐曲调，逐渐形成了区别于西腔的腾冲皮影“东腔”流派。“西腔”和“东腔”艺术风格迥异，各有所长。“西腔”靠子小巧精美，音乐节奏轻快，唱腔高亢嘹亮；“东腔”靠子高大庄重，音乐舒缓优雅，唱腔委婉细腻。剧目皆取材于传奇、演义及民间故事，尤以三国戏、列国戏、封神戏、水浒戏、西游戏、说唐、说岳、薛家将、杨家将等连台本戏居多，约有三四百出。剧目题材丰富多彩，故事情节曲折动人，人物形象个性鲜明，表演操作灵活自如，唱腔圆润优美，对白生动风趣，被人们称之为“三尺白布作戏台，全凭十指逞诙谐；一口叙述千古事，双手对舞百万兵”的独特艺术。

抗战胜利后，“西腔皮影”的刘家寨皮影戏班，除了演出《隋唐演义》、《北宋杨家将》这样的传统剧目外，还创作了一些融入了现代流行元素的小剧目，曾排演过现代剧《抗战胜利》，新中国成立初期编演了反映腾冲解放的《三十六团进腾冲》，开创了皮影戏现代革命题材的先例。近年又排演了《大救驾》，用说唱的形式介绍了腾冲美食“大救驾”的来历和特点。与时俱进，推陈出新是西腔皮影的生存之道。随着来腾冲旅游的人增多，四方八面的人都有，有的听不懂戏中带腔作调的台词，于是运用现代数字技术将台词打出字幕，听不懂却看得懂，一定程度上消除了语言障碍，古老的艺术拥有现代科技元素，受到人们的普遍欢迎。2000 年腾冲被文化部命名为“中国民间艺术（皮影）之乡”，2003 年代表云南参加文化部在广州举办的“金狮奖”全国第二届木偶皮影比赛，获表演铜奖和造型制作奖，是腾冲县至今所得的最高文艺奖项。

腾冲皮影靠子几乎集中了剪纸、窗花、门画、工艺美术、雕刻等所有中国造型艺术，雕刻精美，形象逼真，百人百脸，百物百样，构思匠心独运，造型夸张风趣，具有极高的艺术审美价值和收藏价值。一个皮影靠子从雕刻到成型要刻 3000 多刀，经过 8 个基本步骤，多的要用 30 把以上刀具，

双手对舞百万兵

每一个皮影靠子，都是一件精美的艺术品。

皮影戏《大救驾》

是个细活。刘永周既重视继承先辈传统，又敢于大胆创新，使靠子的构图和着色更趋完美，图案雕镂更加考究，线条更加精细，整体形式更加华丽和严谨，以堪称一绝的皮影制作与表演，被云南省文化厅授予“云南省民族民间高级美术师”称号，其制作的皮影靠子还参加了“建国五十周年云南民族民间美术精品展”。艺人刘定三被授予“云南省民族民间美术师”称号。随着“腾冲皮影”被列为国家级非物质文化遗产，当地政府把皮影艺术的演艺、雕刻作为一项产业来抓。皮影戏适应了市场，就一定能传承下去。

『蹬窝罗』，阿昌族的『创世说』

『蹬窝罗』原本是阿昌族感谢山林之神赏赐猎物的原始祭祀活动，逐渐演化成纪念神话中的创世始祖遮帕麻和遮米麻的丰功伟绩、歌颂幸福美满生活、庆祝丰收而举行的大型活动，展示了阿昌族丰富多彩的民族文化、民间文学、歌舞音乐和阿昌人的聪明才智。

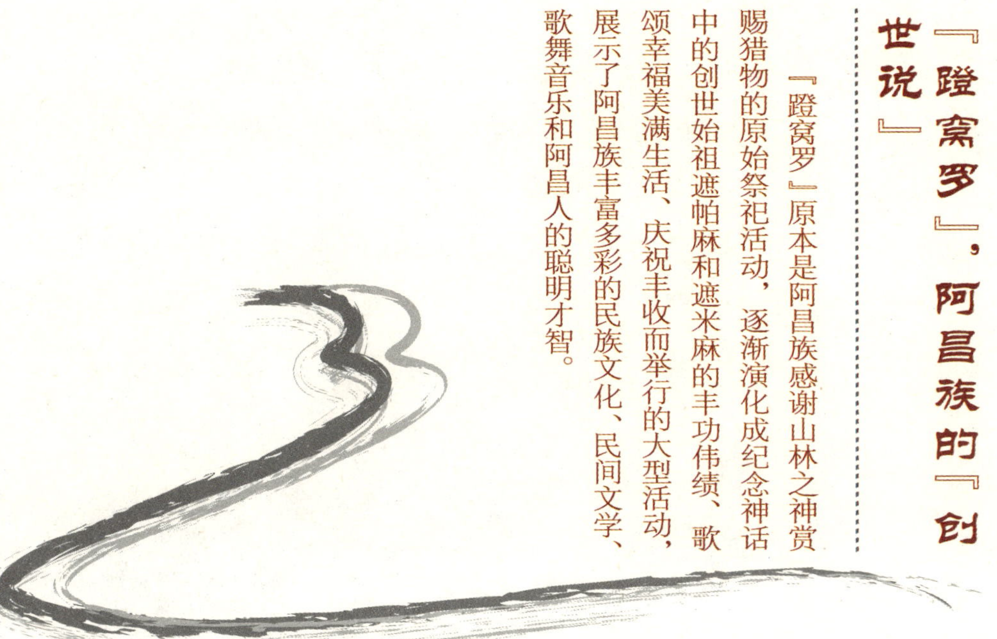

先秦时期，古代羌人部落开始向南流徙，与“蛮夷”长期杂居，互相融合。秦汉以后，先后组合成彝、白、纳西、哈尼、傈僳、拉祜、阿昌7个兄弟民族。关于阿昌族部落的记载，始见于唐朝文献，称寻传蛮。宋朝时期，部分寻传蛮逐渐向西迁移，元时称“阿昌”、“峨昌”。明清时期，历史文献中的阿昌，已是专指近代的阿昌族。龙陵县河头乡芒麦村的阿昌族，大部分于清朝中期从腾冲、梁河迁来，有曩、石、杨、赵、曹、俸、马7姓，分别居住在蛮旦、下寨、大田坡、打黑4个寨子中，自称小阿昌。阿昌族没有自己的文字，对本民族的历史文化都是靠口传心记，世代相袭。

据阿昌族传说，在洪荒时代，既没有天，也没有地。混沌时闪出一道白光，有了白光，也就有了黑暗，就有了阴阳。阴阳相交，相继诞生了天公遮帕麻和地母遮米麻。

天公遮帕麻用一根赶山神鞭创造了风和雨，用雨水拌金沙捏成太阳，用雨水拌银沙捏成月亮，又抓把金沙银沙一撒，变成了满天的星星。他扯下自己的两只乳房造成两座大山，让太阳和月亮在山上歇息。从此，男人没有了乳房。他又在两座大山中间种了一棵桫椤树，让太阳和月亮绕着桫椤树转。太阳出来是白天，月亮出来是晚上。他跨出一步就留下一道彩虹，他走过的地方踩出一条银河，他喷出的气体变成了白云，流下的汗滴化作了雨水。

遮帕麻在造天的同时，遮米麻在造地。她扯下脸上的长毛搓成经线和纬线，取下喉头当织梭。从此，女人就没有了胡须，没有了喉头。但是，天造小了，地造大了，为了让天恰好盖住地，遮米麻就抽紧 3 根经线，线一抖动，地就紧缩，于是，便有了高山、深谷和平原。

阿昌族“长筷戏新郎”

天地造好了，可是，高山没有人去砍柴，深林没有人去打猎，肥田没有人去耕种，宽海没有人去打鱼。于是，遮帕麻和遮米麻就结合起来。过了九年，遮米麻生下一颗葫芦籽，又过了九年，葫芦籽才发芽，葫芦藤牵得九十九尺长，只结了一个葫芦。葫芦越长越大，到成熟时，遮帕麻用大木棒打开一个洞，立即跳出来九个小娃娃。遮帕麻就教男孩上山打猎、下河捕鱼、耕田种地。遮米麻就教女孩在月朗星稀的夜晚回家生火做饭、纺纱织布、烧水沏茶以及各种生存的本领。遮帕麻还修建南天门治理了洪水，用计谋毒死了旱魔兼火魔的腊訇，用神弓巨箭射落了腊訇挂在天上的假太阳。九兄妹互相交往，繁衍了人类，他们的子孙一代比一代聪明，变成了后来的九种民族。受祖宗指点，他们分开来各自寻找适合生存发展的好地方。

每年春节后的第 4 天，河头乡芒麦村蛮旦、下寨、大田坡、打黑四寨阿昌族都要举行“阿昌大祭”，也就是过“窝罗节”。四寨阿昌人聚集到蛮旦寨脚的场子上，设立神坛，供奉遮帕麻和遮米麻的神像，还有象征人类出生的“葫芦”和射落假太阳的神弓。祭坛上摆满各种粮食制品、干鲜水果、烟酒糖茶等劳动果实。在暮陶（巫师）的带领下，集体叩拜之后，暮陶请遮帕麻和遮米麻享用各种祭品，大家便围着祭坛，沿逆时针方向，围圈跳起窝罗舞。跳舞时要用脚使劲蹬地，所以叫“蹬窝罗”。

蹬窝罗是阿昌族原始舞蹈《则勒玛》的 3 个组成部分之一。

载歌载舞“蹬窝罗”，纪念遮帕麻和遮米麻。

第一部分《把套昆》和第二部分《把松昆》在龙陵阿昌族地区已失传，只有第三部分《蹬窝罗》流传下来。原先只在窝罗节上蹬，用以祭祀遮帕麻和遮米麻。后来发展到讨亲嫁女、丧葬、盖新屋都要蹬窝罗。

蹬窝罗时先迈“狮虎步”，先蹉后跳，再蹬，扭身转腰，动作潇洒自如，原始古朴，刚劲有力。边唱边蹬，舒心自然。男人唱道：“不会使牛学做犁，不会割谷学栽秧，犁田耙地样样会，收谷打米装进仓。”女人则唱道：“不会整饭先挑水，不会做菜先放盐，家务活路样样会，烧水沏茶洗碗筷。”随着时代的发展，在保持原有风格的前提下，增加了一些反映现实生产生活的舞蹈动作，如播种、栽秧、收割等。演唱民歌也增加了歌颂社会主义、民族团结、欢庆丰收等内容，使阿昌族传统特色的民间歌舞，更加绚丽多姿。

“蹬窝罗”是阿昌族勤劳朴实、粗犷豪放、聪慧机敏的民族性格的再现，既传承着阿昌族的历史，也传承着阿昌人的音乐、舞蹈，对研究阿昌族的历史、原始崇拜、社会公德、心理特征、民族性格、民俗民风诸方面，都有较高的参考价值。

“嘟哒哒”，傈僳族民间体育

傈僳汉子的剽悍是因撵山而练成的，黄连河傈僳妇女强健的体魄是“嘟哒哒”抬成的。

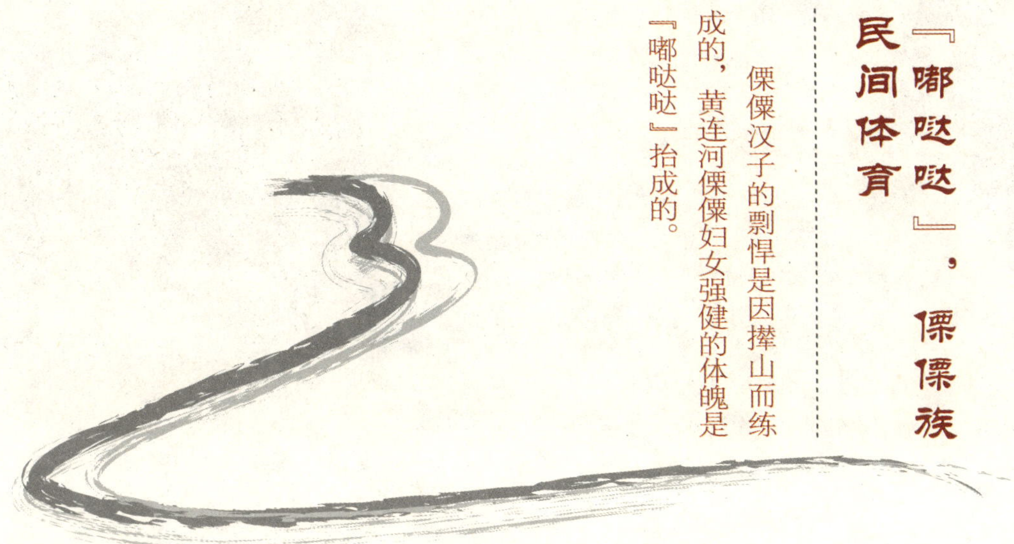

居住在龙陵县平达乡黄连河村的傈僳族以农耕为主，“嘟哒哒”是这里的傈僳族传统体育习俗。相传清朝嘉庆年间，傈僳新年的大年初一，在木城、平达、象达三乡交界处的三锅腔都要举办一年一度的年会。生活在芦根河的两个傈僳姑娘穿着节日的盛装，背着找猪草的篮子到三锅腔与来自四面八方的傈僳族青年男女一起弹起口弦，吹起葫芦笙，围着火堆踏脚起舞。她们唱的歌比百灵鸟还好听，跳的舞比金凤凰还好看。唱够了，跳够了，就背起篮子，钻进洼子里找猪草。猪草找够了，顺手采了些猪鬃草回到打歌场，用自己的巧手编编折折，一个姑娘编成了一个手心大的四方块，另一个姑娘编成了一个饭团大

的草球。她们就把草球放在四方块上，再用四方块上的叶子从四边收拢，把草球包好、捆住，在捆线上方留 5 寸长的叶子，把叶子撕成细条，一个完整的草球就做成了。姑娘左手拎着草球的细叶，右手掌心使劲向上一抬，草球飞得老高，然后晃晃悠悠，飘落而下，不等草球落地，另一个姑娘双手并拢使劲向上抬，草球又高高飞起。两个姑娘高兴地叫起来："嘟哒哒，嘟哒哒！"傈僳语的意思是："快来玩，大家快来一起玩！"场上姑娘都跑过来跟她们一起玩，并规定草球落地为输。

一时间笑语欢声撒向了三锅腔两边的山洼，山鸽子翻飞，画眉鸟驻足。小伙子的陀螺不会转了，射弩也找不准靶心，就围拢来看姑娘们玩"嘟哒哒"，有的还跑进场一显身手。尽管小伙子们想在姑娘面前尽量地表现自己，在地上左翻右滚，还是比不赢芦根河姑娘轻盈的步伐，灵活的双手。结果，勐蚌的小伙子输了，勐堆的小伙子输了，象达、赧洒的小伙子也输了，只有黄连河的小伙子拼尽全力赢得了最后的胜利。

黄连河的小伙子们成了芦根河姑娘心目中的英雄，红着脸，羞涩地唱起了情歌：“勐蚌的输了，勐堆的输了，象达、赧洒的输了，黄连河的胜者是英雄，这才是我们心上人。”分别时，芦根河姑娘又向黄连河小伙表达了心意：“我们是芦根河人，邀请你们到芦根河来玩，芦根河边有箐林的地方就是我们的家。”于是，一项掺杂着友情和爱情的傈僳族体育项目“嘟哒哒”就这样诞生了。从那以后，只要是农闲、节日、聚会、喜庆日子都会玩“嘟哒哒”。“嘟哒哒”上的情歌被编成了曲子，用三弦、口弦弹，用葫芦笙、笛子吹。

“嘟哒哒”属抬击球类运动，傈僳族特色浓郁，如果穿上节日服饰进行表演，更像彩蝶纷飞，令人眼花缭乱，是一项极富观赏性的体育运动。2002 年 11 月，在云南省第七届少数民族运动会获二等奖；2003 年 9 月，在全国第七届少数民族传统体育运动会获表演赛二等奖；2005 年 1 月 5 日获国家专利；2009年被列为省级非物质文化遗产保护名录。

嘟哒哒，傈僳族的“排球”运动。

综合卷

六、神奇滇西，英雄保山

半个多世纪前的滇西抗日战争，是一场侵略与反侵略、正义与非正义之间的战争。中国远征军在滇西各族人民的支持和盟军的协助下，歼灭了占领滇西的2万余名日军，残余被赶出了中国国门，取得了战争的胜利，让世人见识到了边疆各族人民的铮铮铁骨和浓郁的爱国之情。

综合卷 ZONG HE JUAN

神奇滇西，英雄保山

1941年太平洋战争爆发，日本军队以极为嚣张的气焰横扫了东南亚地区，1942年3月在攻陷缅甸后，立即沿滇缅公路长驱直入，企图占领昆明，威逼重庆，灭亡中国。于是，地处西南边陲的保山瞬间由抗战后方变为最前沿，历时三年的滇西抗日战争也由此拉开了序幕。

面对侵略者，从铮铮铁骨的读书人、心系国运的青年学生，到世袭领主土司、侨居海外的爱国华侨，都拿起枪杆与侵略者展开殊死搏斗。为了收复失地，中国军民在极为艰难的条件下开展大反攻，滇西各族人民作出了巨大的牺牲，可谓“一寸河山，一寸血”，最终把侵略者彻底地赶出国门。

滇西抗战是中国抗日战争的重要组成部分，也是世界反法西斯战争的重要组成部分。滇西抗日战争的胜利，是中国八年抗日战争中的首次战略性反攻的胜利，极大地鼓舞了中国人民的斗志，对推动中国抗日战争的最后胜利产生了深远影响，是中国抗日战争的重要转折点，为中国抗日战争和世界反法西斯战争作出了重要贡献，谱写了中华民族反侵略历史上光辉的一页。

半个多世纪过去，昔日的战场变成遗迹，滇西抗战不仅是作为一段历史成了永远的追忆，而是一个夹杂着失败与胜利、荣耀与屈辱的时代的标志，也是边地民族不屈不挠、不畏外敌、保家卫国的精神象征。

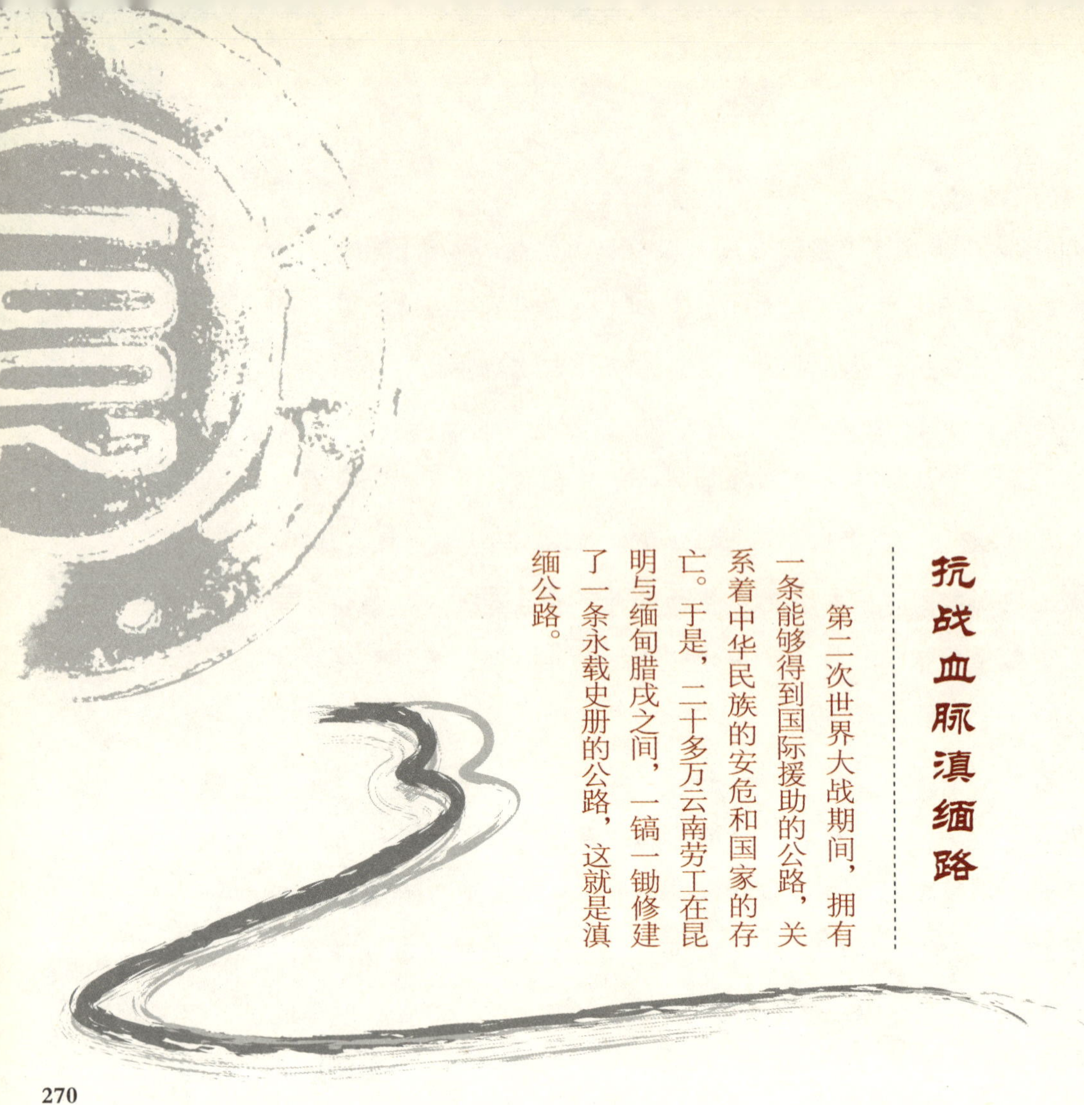

抗战血脉滇缅路

第二次世界大战期间，拥有一条能够得到国际援助的公路，关系着中华民族的安危和国家的存亡。于是，二十多万云南劳工在昆明与缅甸腊戌之间，一镐一锄修建了一条永载史册的公路，这就是滇缅公路。

滇西抗日战争从一定意义上来说，是一场关于一条路的战争，这条路是两千多年前南方丝绸之路的历史延伸。自史前时代起，滇西走廊就是中华各远古族系往返迁徙的通道。这条远古民族走廊以成都平原为起点，经云南进入缅甸再到印度，进而远达中亚及欧洲的商道，在公元前4世纪时便已开通，汉代时称为“蜀·身毒道”。蜀即四川，身毒即古代对今印度的音译。到了唐代，这条丝道更加兴旺发达，对中外社会、经济、文化的交流作出了重要贡献，史称西南丝绸之路。就是这条路，因着战争的需要，在第二次世界大战期间不再仅仅是商贸通道，而是中国接受国际援助的唯一通道。公路沿线的滇西各族人

修建滇缅公路中，敲碎石的妇女。

各界民众和驻军在保山城南门欢迎首批滇缅公路车队到来

民舍家保国，浴血奋战，为中国抗日战争的胜利作出卓越的贡献。

1931年，日本制造“九一八”事变，侵占中国东北三省，翌年3月建立“满洲国”傀儡政权。1937年7月7日，日本发动全面侵华战争占领了中国北方的京津地区，并迅速攻陷南京、上海、汉口、广州等地，华东、华中和华南地区也先后陷落。中国95%的工业区，主要的大城市，沿海几乎所有的港口都在日本帝国主义的控制之中，这不仅摧毁了中国本来就十分可怜的国防工业，还堵死国际上援助中国的海上通道，使中国处于孤立无助境地。特别是武汉会战以后，中日双方进入战争的相持阶段，变成了消耗战。对于中国来说，物资供应问题此时显得异常严峻起来，拥有一条能够得到国际援助的道路，关系着中华民族的安危和国家的存亡。

抗战全面爆发后，云南省政府向国民政府提出建设滇缅公路的计划，即修筑一条从昆明出发经云南西部到缅甸北部最后直通印度洋的公路，来自海外的物资从缅甸港口仰光上岸，通过公路运到中国的大西南后方基地。1937 年 10 月，也就是上海沦陷前十天，国民政府官员赶到昆明，同云南省政府一起确定了滇缅公路由昆明经下关、保山、龙陵、芒市、畹町出国，然后在腊戌与缅甸的中央铁路相接直通仰光这一路线，计划修建的滇缅公路一下子成了全国关注的焦点。

然而，要在短时间内修建这么一条长达上千公里的国际公路谈何容易！这条路 80% 的路段经过的是崇山峻岭，要翻越高黎贡山、怒山、云岭等横断山系，跨越澜沧江、怒江两大峡谷，英、美盟国断言这条路的修筑起码要 3 年。

国际援助物资源源不断通过滇缅公路运往抗日战场

1938 年 1 月，“滇缅公路总工程处”紧急成立，开始了滇缅公路的全线勘测工作。与此同时，滇缅公路沿线近 30 个县约 20 万各族劳工走出家门，在公路沿线摆开一条长达千余里的“人路”，每隔 3 米就有一个人，许多路段是测量员在前面刚一测完，民工们在后面就开挖了。

由于严重缺乏施工机械，在几乎所有的路段上，劳工们都是用畚箕搬运泥土，用锄头挖掘石块。这也可能是世界上最奇特的一支筑路大军，因为云南的青壮年大都已开赴中原参加抗战，劳工中的绝大部分人是老人、妇女和孩子。工程开始后，疟疾大规模爆发，工伤事故每天都有发生，夺去了很多筑路者的生命，但滇缅公路的建设却从未因此而停止过。在一些人死去之后，马上又会有一些人替补上来。施工期间，每天约有 10 人的生命永远留在这条公路上。

1938 年 8 月底，滇缅公路终于通车了。当第一批 6000 吨国际援华军用物资沿滇缅公路运入中国的时候，世界惊呆了。美国罗斯福总统不相信滇缅公路通车是真的，命驻华大使詹森进行核查，詹森在了解情况后向罗斯福总统道出了滇缅公路通车的真正原因是“全赖沿途人民的艰苦耐劳精神，这种精神是全世界任何民族所不及的”。

1939 年，日本全面封锁了海上交通，滇缅公路成了中国接受国际援助的唯一通道，同盟国援华物资通过滇缅公路源源而来，支撑着广大的抗日战线，对中国乃至整个亚洲和太平洋区域的抗日战争产生了极为重要的作用。日军把滇缅公路视为眼中钉，1940 年 10 月 7 日，日军飞机降落越南河内，组成“滇缅路封锁

交通部滇缅公路局徽章

首批援华物资运抵昆明

这张经典图片，已成为滇缅路的当然代言。 继成桥是中国第一座贝雷桥

委员会”，以河内为基地大规模轰炸滇缅公路。在对滇缅公路的空中截断破产后，转而实施其南进战略。1941 年 12 月 7 日，日军偷袭美国珍珠港，太平洋战争爆发。日军顺利击败东南亚各地的英军和美军而席卷东南亚，由泰国进入缅甸，仰光是滇缅公路的入口，占领仰光就等于切断了中国这条唯一与外界相连的国际运输通道。1942 年，国民政府为保卫滇缅公路畅通和西南后方的安全，组织 10 万中国远征军出国抗日，但因有关各方协调指挥失当，贻误战机，让日军先手得利，援缅行动以失败告终。1942 年 4 月底日军突袭腊戌，沿滇缅公路长驱直入，进入中国云南境内，德宏全境沦陷，腾冲、龙陵和隆阳区怒江以西沦陷，滇缅公路被截断。

为了确保国际社会对中国的援助不中断，中国驻印军经训练和休整后由史迪威将军指挥直接反攻侵缅日军，同时组建一支机械化筑路部队，从印度雷多修筑公路至缅甸密支那，接通滇缅公路。1942 年 4 月 28 日，云南省再次紧急出动总数为 10 万的滇西民工前往中印公路工地，加上已先期到达的工程技术人员和就地招募的民工，这支筑路大军已达 12 万之多。计有中国工兵第 10 团、第 12 团，美军工兵第 45 团、第 3302 团、第 84922 航空工程营等 7000 多工程兵。1943 年 10 月，美国特派陆军工程专家刘易斯·皮柯少将任公路工程总指挥，公路在莽林中快速延伸。

1944 年 5 月，中国远征军强渡怒江，沿滇缅公路向日军发起攻击。9 月克腾冲，10 月克松山，11 月血战龙陵、芒市，1945 年 1 月克复畹町。中国军队二次入缅，浴血奋战，全歼日军 2 个师团，重创 2 个师团。1945 年 1 月 27 日，驻云南滇西的中国远征军与驻印度的中国远征军在芒友会师，28 日在畹町举行中印公路通车典礼。

滇缅公路恢复通车后，每天约 600 多辆汽车穿行在这条路上，为中国的抗日战争输送了大量的战争物资。从加尔各答起，经汀江、雷多、密支那、八莫、畹町至昆明，全长 3000 多公里的中印输油管也随之接通，石油源源输送至中国战场，有力地支持了中国的抗战。从 1938 年到 1945 年抗日战争结束，从这条路运入中国的物资共约 50 万吨，其中包括油料 20 多万吨，武器、药品、交通通讯器材等 20 万吨。

历史就像一条静静的长河，无声地流淌在我们的身边。它守护着先祖的荣耀与光辉，也记忆着英雄的鲜血与怒吼。它悄然地与我们并行前进，用一种骄傲的沉默，等待着我们用心去翻阅，去解读，去感动，去沸腾。如果说，自西汉开始开辟的这条南方丝绸之路带给人们的是美好的追忆、诗意的遐想和财富的话，2000 多年后沿着古道修筑的滇缅公路留给我们的就只有铁与火，血与泪。

隆阳区，滇西抗战最前线

不是主战场，却是最前线，承担着抗日支前的重任，隆阳区民众为滇西抗日战争的胜利所作出的贡献是不会被忘却的。

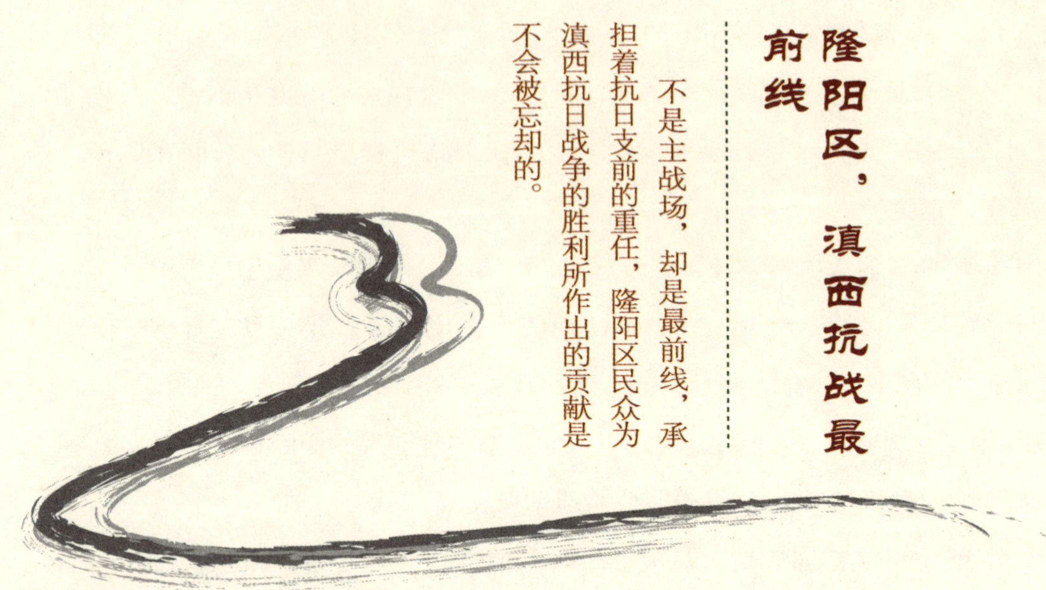

隆阳区古为哀牢国首邑，肇自西汉，“蜀·身毒道”辟为官道后，与中原渐通还往，汉文化的影响逐渐深远，哀牢国内附后置永昌郡，为中国四大郡之一，是云南开发较早的地区。又因是滇西要地，区域辽阔，澜沧江和怒江四面环绕，平坝土地肥沃，是为粮仓。滇缅公路通车后，遂为国防重镇，国民中央政府昆明行营派有部队驻防。1942年缅甸失守，德宏、腾冲、龙陵及隆阳区怒江以西大片区域沦陷，隆阳区遂为战地最前线。对于前方作战的支援，对于整个滇西抗日战争的胜利作出的牺牲与贡献最为重大。

倾家为修路 战时的隆阳区为保山县，包括现今施甸县在内，划为南三哨、北四哨、由旺、施甸、姚关、蒲缥、五城、五邑东三乡、凤溪、周北10个区。1938年1月，奉令修筑澜沧江功果桥到怒江惠通桥之间的公路，全长180公里，路宽9米，任务分到各乡镇分段负责。民工

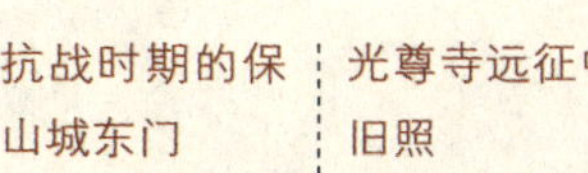

抗战时期的保山城东门

光尊寺远征中学旧照

为大反攻运送粮食的马帮

自带行李、伙食和劳动工具，昼夜赶修。还抽调部分民工支援龙陵、芒市，投工300多万个，按期完成任务后，征派民工协修保山到云县公路，投工150多万个。1941年春，奉命改善滇缅公路保山县境内路段的宽度、坡度、弯度，路面由9米扩为12米，派民工赴龙陵、芒市铺设沥青路。1941年冬，奉令协修滇缅铁路，征调民工1.2万人，负责云县富坡羊头岩到临沧100多公里的路段，投入100多万工日，因中国远征军援缅作战失利而停工撤回。当芒市、腾冲、龙陵先后沦陷后，为配合远征军第71军阻敌于怒江以西，急征民工5000余人组成破路队，在国际工程处工兵配合和空军110站指导下，破坏707到惠通桥的公路和保山飞机场。1943年春，为准备滇西反攻作战，征调30000民工组成修路大军，修复所破坏的公路，并新修公路支线，拓展驿道。1944年复征民工5000名，用工210万个工日，赶修滇缅公路保山境内段，

修筑公路支线4条。征用熟练木工100名，石工300名，抢修惠通桥。是年冬天，再次征集民工协修中印公路保山至密支那段。1945年1月17日，中印公路保山至密支那段通车，满载援华物资的卡车穿街过巷，保山民众为自己的付出感到欣慰。中印公路开辟后，运输量大增，由滇缅路每月运输量15000吨增至45000吨；中印油管自印度加尔各答经缅北至昆明绵延千里，从此大量的飞机用油，不必靠飞机运过喜马拉雅山了。

光尊寺曾是远征军司令部驻地，并在这里多次召开军事会议。1945年抗日战争胜利后，为表彰保山军民抗日功勋，在此创建远征中学。

荡产为支前 大反攻时，原定主力由滚弄方向推进，渡过怒江后包抄龙陵，直下芒市。反攻开始后计划改变，主力调保山瓦窑一带集中，从栗柴坝、猛古渡、双虹桥、惠人桥等渡口渡江后翻越高黎贡山，后方补给所遇到的困难可想而知。1943年春，中国远征军兵站总监部在保山城成立，又有美军作战参谋团协助，设保山军运代办所，并在板桥、卧狮窝、辛街、冷水箐、蒲缥、瓦窑等14个重要乡镇设立长运分所，负责征雇夫马，运输军粮，输送材料。先后共征集民工216.4万名，骡马119.36万匹次，驮牛38万头次。人背马驮，将支前物资源源不断送往前线，保证了大反攻的胜利。而这是在保山"五四被炸"、霍乱肆虐，死亡约6万人之后，人民在艰难困苦中，对前线作出的贡献。时任保山县县长孟立人在其《保山战时县政》中记述，滇西抗日战争的胜利，"第一是我作战将士英勇，第二是美军帮助，第三是人民之合作，而以保山之协运粮弹，贡献尤大。"

牺牲为反攻 1942年保山"五四被炸"，缅甸失守，中国远征军退至保山，又有侨胞难民逃难回国，当时警备部队第六旅龙奎垣放火烧城，保山百姓雪上加霜。为了支援抗战，老百姓吃草根、树皮、观音土，也要把口粮省出来给远征军。自1942年至1945年间，以垫积谷碾米，配额采购等方式供应军粮35万大包（每包计100公斤），豆料899万斤，马草190.6万斤，猪牛肉47万斤。民夫肩挑背负支前物资，还要自带运具、炊具，昼夜兼程。在支援前线作战的过程中，全县有3854名民夫献出了自己的生命，损失骡马4794匹，驮牛1510头。在兵荒马乱的战争年代，此统计数字只是大概，时任县长孟立人也说"遗漏尚多，实际并不止此"。滇西大反攻开始后，前线伤亡惨重，仍需补充兵源，共征交部队壮丁22416名，应征壮丁大多编列60军、58军，自愿当兵的大多在远征军所属各部队，除了老弱病残，已是家无男丁。反攻胜利，前方部队均调回保山整编，10万大军云集，军粮告急，而秋粮又未完全成熟，政府下令提前收割以供军需，却置百姓于无粮过年之境地，保山民众以国事为重，艰难度日，困苦可想而知。保山民众倾力支前，为滇西抗战胜利，提供了强有力的保障。

抗战时期的兵站旧址

高黎贡山，云层上的战场

「一支超过十万人的部队、一万多头骡马和毛驴、两万多挑夫散布在险峻曲折的山路上，骡马的铜铃声，回响在七千至八千码的深谷中。……这是第二次世界大战中海拔最高的陆上作战，被称为云层上的战场。」

——中国远征军美军顾问团参谋长弗兰克·多尔《回忆录》

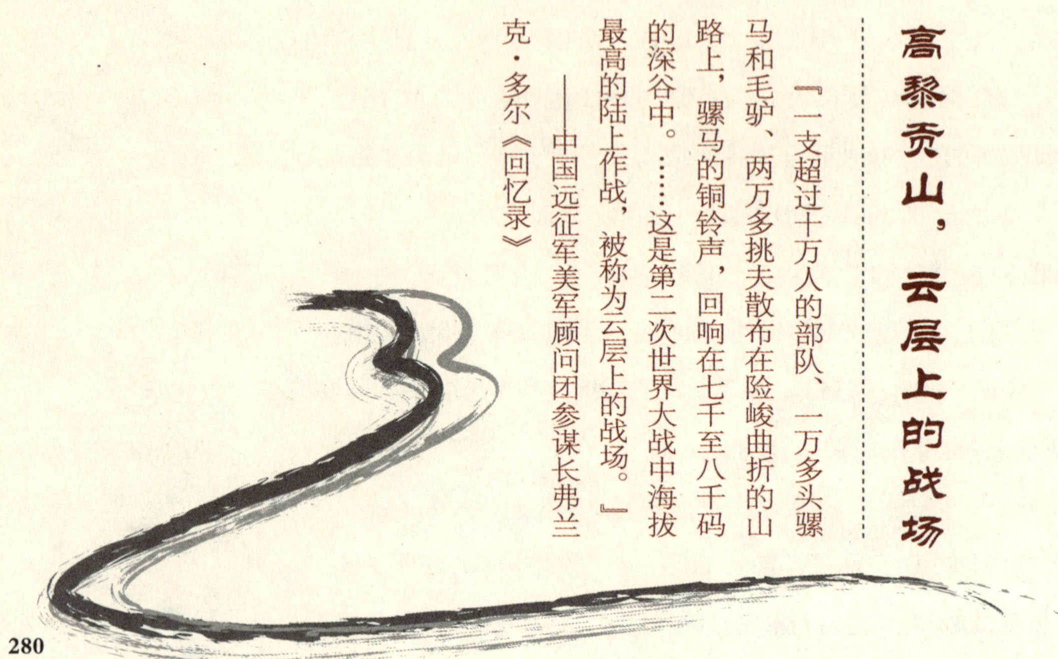

1944 年 5 月 11 日，中国远征军第 11、20 两个集团军及直属特种兵部队，先期兵力 10 万人，由栗柴坝、双虹桥、惠人桥、打黑渡及三江口以橡皮艇、竹筏、木船强渡怒江，拉开滇西大反攻的序幕——高黎贡山之战。

灰坡争夺战

南、北斋公房如同高黎贡山的双肩，海拔均在 3000 米以上，是二战中海拔最高的战场。

灰坡山梁地处怒江猛古渡与高黎贡山北斋公房之间，是西南丝绸古道从云龙经栗柴渡或从保山经猛古渡前往腾冲两条古道的交汇口，也是翻越高黎贡山的必经之路。1942 年 5 月，日军 148 联队占领腾冲后，为了寻找东渡怒江的突破口，曾以该地为依托，多次派兵下至栗柴坝和猛古渡等地骚扰。1943 年以后，为防止我远征军渡江反攻，遂在该地修筑工事，驻有一个中队的兵力。

1942 年 5 月 12 日，远征军第 54 军 198 师从栗柴坝和猛古渡等地渡江后，即进攻日军高黎贡山灰坡据点，是中国远征军渡江反攻高黎贡山古道北线的第一战。但因山高坡陡，很快就被敌人的强大火力压制。中国远征军二十集团军中尉通讯员张庆斌回忆："日军在灰坡修筑了坚固的工事阵地，碉堡上头盖着一抱粗大树，横架一排，竖架一排。用小钢炮、迫击炮往碉堡上打，根本不起作用。主堡的旁边、下边还有子堡，我们从正面攻击，到处都是枪在打来，死的人很多。"日军 56 师团卫生兵吉野孝公在自己的回忆录里也写道："中国军人在黑暗中涌了过来，头顶上照明弹如同白昼一般明亮，炮口喷着火，将几个中国兵的影子抛向了空中。但中国兵并没有就此败退，他们似乎连抬下同伴尸体的时间都没有，在我方重机枪的枪口下，像小山一样堆积。他们在层层堆积的尸体上架起机枪，继续对我实施轮番进攻。"

198 师师长叶佩高是海南文昌人，自幼失去双亲，毕业于中央陆军大学。1937 年参加淞沪会战，在罗店与日军血战 73 昼夜，此后升任陆军 198 师中将师长，此次滇西远征，是他主动请缨前往。第二次攻击灰坡失

联合作战的中美指挥官

整装待发

高黎贡山作战，中国远征军损失上万人。 受伤的中国远征军士兵

利后，叶佩高亲临前沿阵地。他平常穿衣服跟士兵没有什么区别，怕的是敌人狙击手认出是当官的而挨枪，那天他把师长呢子制服穿上了，给自己立下军令状："第三次攻不下灰坡，这里便是本人的成仁之地。"士兵们冲不上去退了下来，瞧见师长亲临阵地指挥，又转回去往上冲。第592团第一营从右侧迂回，攻至山腹遭敌反包抄，损失惨重。他从当地老乡那里打听到有一条小路可绕到敌堡后面，于是派592团第二营从左翼绕攻敌灰坡后路，第593团第一营从右翼增援，分散日军火力。在盟军飞机和江东炮兵支援下，远征军士兵以同伴的尸体作掩护，一直爬到碉堡跟前，从枪眼里把炸药包塞进去，才把碉堡炸毁。经过三天激战，于14日从三面攻入敌灰坡核心阵地，夺取了该古道交汇要口。

灰破一役共毙敌副联队长以下100余人。远征军重伤营长一人，阵亡连长朱开勋及以下兵员200余人。战斗中，美军教官夏泊尔中尉带头冲锋，中弹牺牲，成为大反攻中第一个献身的美军人员。

冷水沟、北斋公房围歼战

灰坡攻克后，198 师第 592 团乘胜前进，协助第 594 团进攻北斋公房及冷水沟垭口。5 月 16 日，第 594 团从小路绕袭敌后的马面关，第 592、593 团分两路沿古道两侧向冷水沟、北斋公房发起进攻。

北斋公房地居高黎贡山极顶，海拔 3600 米，是西南丝绸古道的要冲。日军用两年时间修筑了工事，为防我远征军反攻，又增派工兵沿山口修建碉堡，还在深山丛林中埋竹签和布下地雷阵，决心守住任何一个有路的地方。

198 师在悬崖和深谷间艰难推进，与以逸待劳的日军反复争夺阵地，付出沉重的代价后，于 24 日攻占了冷水沟阵前的茶房、茎菜地等高地，

夺占了冷水沟大部分工事，坚守北斋公房的日军第148联队第二大队日隈太郎大尉率残余人员退至北斋公房，缩进水泥砌筑的碉堡里固守，进攻更加艰难。

能否拿下高黎贡山，关系到整个滇西反攻的成败。叶佩高在后来的回忆中说，拿下高黎贡山太难了，他曾想过自杀，让别人替他来完成任务。据特务连连长曹英哲回忆，那一天师长叶配高不顾劝阻，执意穿着师长的制服要爬上大树上观察敌情。他没有把握是否能拿下北斋公房，作为军人，拿不下北斋公房，活着也是苟且偷生，倒不如死在前线阵地上。

参加滇西作战的盟军

198师一寸一寸向北斋公房推进，当部队最终推进到北斋公房日军最后的阵地的时候，攻不上去了。592团团长陶达纲接到参谋长的一份手令，手令上严令负责攻击北斋公房的一营马上攻占北斋公房，否则营长由特五连带回师部枪毙。陶达纲拿着手令带着一个班，立刻跑到阵地前，把手令给一营长看，一营长看了手令，面无表情淡淡说一句：我到前面看看去。不到三分钟，一个士兵跑过来对陶达纲说：营长受伤了！陶达纲跑到前面看的时候，一营长已经身中两弹牺牲了，这个营长叫鲁砥中。陶达纲急令副营长代职，可是副营长跑到了密林里号啕大哭：我打不下来，我也不愿意跟你去师部。陶达纲后来回忆：我知道打下北斋公房只是时间问题，可是一个营，拿人命去拼，没道理！然而抗战8年，不都是这样吗？没装备，苦无办法，就只能一味的靠一级压一级，这么硬打出来的。

日军缩在碉堡里，硬攻伤亡太大，师长叶佩高派593团两个营越过5座山峰奔袭位于北斋公房侧后的桥头、马面关，切断了日军补给线。6月7日完成了对北斋公房和冷水沟垭口日军的合围。6月13日，日军148联队的两个大队突袭冷水沟，救出了守军日隈大队的残部。6月14日，第198师攻克北斋公房。此役为整个滇西反攻中地势最高的要塞争夺战，消灭日军300多人。由于日军据险死守，加之风雨交加、气候寒冷，进攻异常艰苦。进攻中，团长覃子斌不幸被日军机枪打断大腿动脉，因失血过多而阵亡。

如今的北斋公房横向两个山头各有钢筋混凝土碉堡一座，周围有战壕工事层层环绕，对丫口通道形成交叉俯控之势。工事之间，密布大大小小的弹坑，时有战争研究专家前往考察。

残存在南斋公房的碉堡

云雾之上是战场

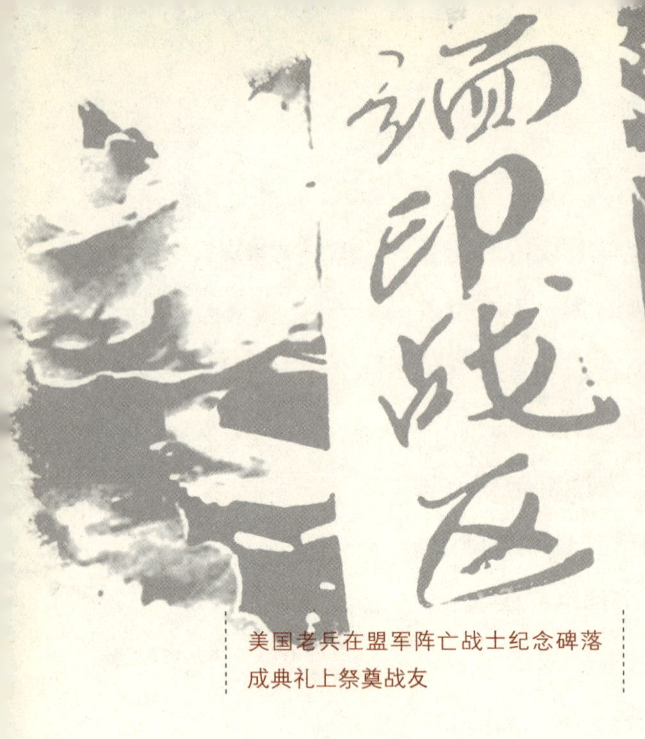

美国老兵在盟军阵亡战士纪念碑落成典礼上祭奠战友

大塘子战役

大塘子其地东接怒江双虹桥，西通高黎贡山南斋公房，东西纵距约 7 公里，南北横距约 2 公里，是保山至腾冲古道中线翻越高黎贡山的主要隘口。日军 56 师团 148 联队宫原春树少佐第 3 大队 1600 人驻守大塘子，沿大尖山、麻栗山等山头修筑前后两道防线，对双虹桥至大塘子南北两条古道予以控制。

中国远征军渡过怒江，于 5 月 11 日发起攻击，由左翼第 54 军 36 师 108 团北向攻击江边的敢顶寨，以第 107 团攻唐习山寨，经过两天激战，唐习山的日军向大塘子方向退却。当 107 团逼近大塘子日军阵地时，遭到猛烈的炮火袭击。宫原春树少佐率队从山上分路向下猛冲，对 107 团形成包围态势，第 36 师伤亡惨重，被调到唐习山以北整顿，反攻任务交由第 53 军负责。

5 月 14 日，第 53 军 116 师、130 师分三路从双虹桥渡过怒江，130 师沿大尖山、麻栗山主脉攻敌正面。116 师一部沿烫习村北幸腊山攻敌左翼，一部沿安乐寨、玛瑙山攻敌右翼，一举攻下日军唐习山、大尖山据点，乘势攻占百花岭，占领了大塘子四周高地。随即又占领鸡心山、旧街、马蹄山，对大塘子的包围圈进一步缩小。5月18日，在盟军飞机的协助下，再次对大塘子发起攻势。至5月19日，第130师388团伤亡大半，团长佟道、营长李度光、美军军官欧阳容、翻译姚元等人身负重伤，营长王福林、美军联络官马利瑞少校当场阵亡。后经6天的反复争夺乃至短兵相接的血肉拼搏，终于5月24日将该核心阵地全部占领，攻下大塘子，打开了反攻高黎贡山的前进通道。53军分兵两路，一路以116师向南斋公房攻击前进；一路以130师向江苴攻击前进。

高黎贡山这个云层上的战场，还有翻越高黎贡山的中线的南斋公房战役，南线的禾木树战役，都打得非常惨烈，克敌几千人，中国远征军损失上万人，才翻越过了高黎贡山。

如此艰难的战斗，不能忘却的还有支前民工。

山地作战，后勤供给是最难解决的问题，在这关键时刻，保山民众为远征军成功翻越高黎贡山作出巨大牺牲。原远征军20集团军后勤部少校主任杨洪恩回忆：前方作战的炮弹、子弹、手榴弹、蔬菜、军粮一起要运上去，运不上去这个仗怎个打哪！骡、马、牛、人全上阵，10个乡要出1万多民夫，其中有3000多是妇女，男的背粮60斤，女的是背粮40斤，每人一天发一斤米。在路与非路之间攀登、穿越，谷深林密，涧水长流，蚂蟥“飞舞”，蚊虫叮咬，路上也没办法支锅煮饭，就是吃生米，冷死、饿死、病死的人不少。

如今的高黎贡山，已是国家级自然保护区，世界野生生物A级保护区，列入世界自然遗产名录。然而，当人们踏入当年远征军与日军反复争夺激战的战场，看到几堵断墙和淹没在荒草间的碉堡堑壕，就会被当年那种血雨腥风的气息所笼罩，静默无语……高黎贡何以巍巍？隐约间也就找到了答案。

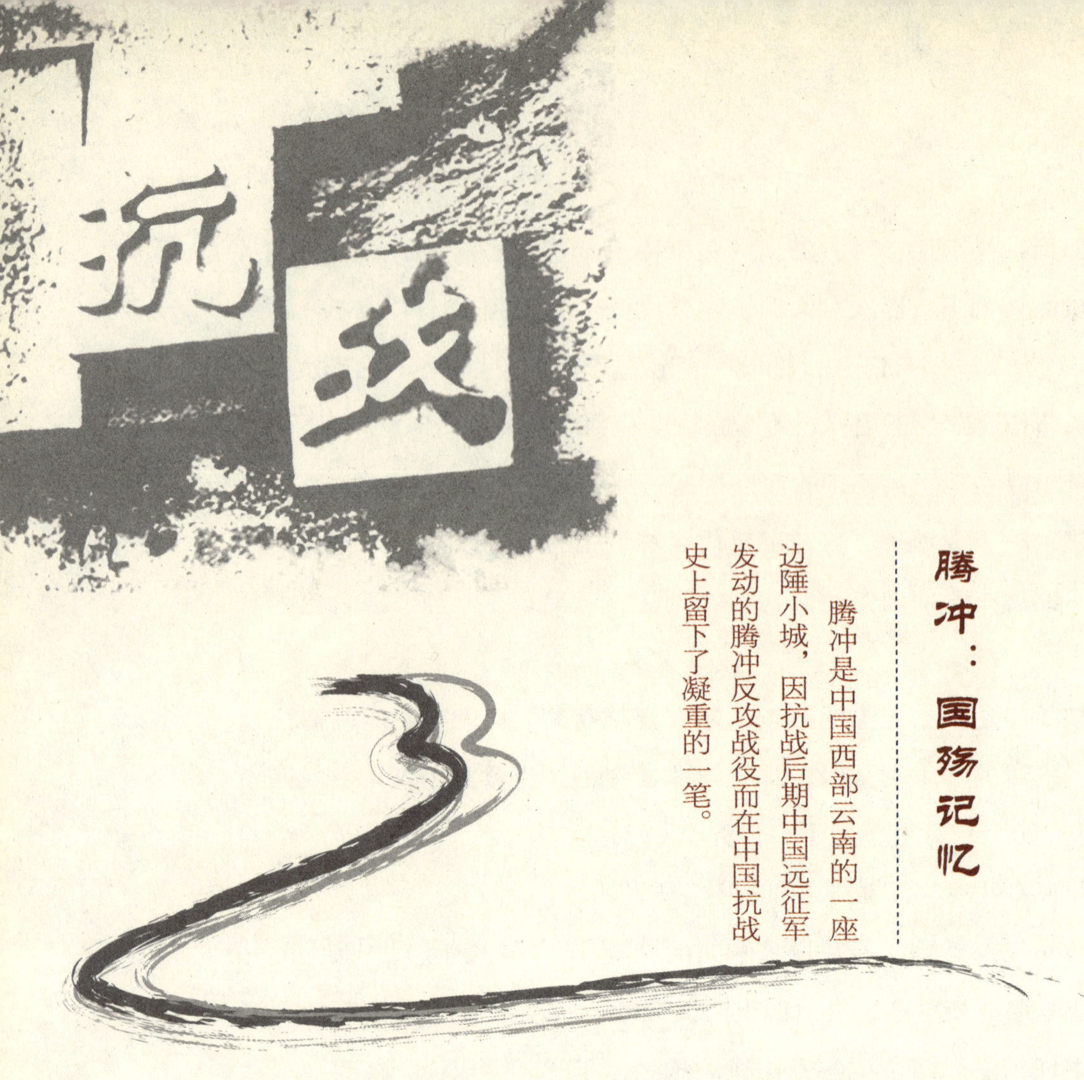

腾冲：国殇记忆

腾冲是中国西部云南的一座边陲小城，因抗战后期中国远征军发动的腾冲反攻战役而在中国抗战史上留下了凝重的一笔。

1944年5月11日，中国远征军第20集团军强渡怒江成功，强攻高黎贡山。敌56师团148联队、146联队凭险死守，经9天血战，远征军攻占高黎贡山顶之南、北斋公房，又经10多天激烈战斗，进至腾北马面关、界头、瓦甸、江苴附近。日军从步兵113、114、146联队和炮56、搜56等5个联队各抽调一部火速增援，中国远征军打退敌人反扑，攻下腾北敌军中心据点桥头、江苴，沿龙川江乘胜南下，扫清固东以北和龙川江两岸残敌，形成合围腾冲城之势。

来凤山是腾冲城的屏障，日军在上面修建了坚固的工事和5个堡垒群。1944年7月26日，中国远征军在空军配合下，以优势兵力向来

凤山猛攻，经 3 天激战，在付出重大牺牲后最终攻占来凤山，腾冲城遂成为一座孤城。此时，所有由北而南溃逃的日军均退至城内，与腾冲守城日军合编为一个混合联队，由 148 联队长藏重康美大佐指挥，7 月 27 日，日军第 56 师团长松山祐三中将电令藏重康美大佐死守腾冲城至 10 月底以待援军到来。

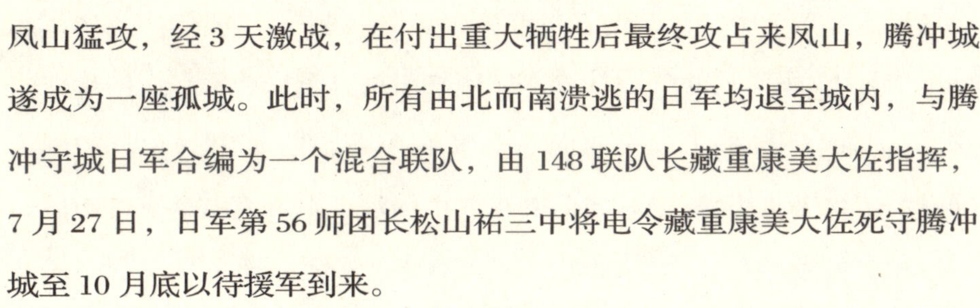

腾冲城是 1445 年明朝 15000 名戍边将士历时 3 年筑成的，城墙全用火山石砌筑而成，高 7 米，厚约 2 米，是滇西最坚固的城池。加上日军经过两年多的经营，城墙上堡垒环列，城墙四角更有大型堡垒侧防，易守难攻。

8 月 2 日，远征军先以云梯登城，牺牲惨重。在盟军美国志愿航空队“飞虎队”的支援下，轰炸机飞临腾冲城上空，轮番轰炸投弹，腾冲城笼罩在滚滚硝烟烈火之中，城墙被炸塌 10 多处，中国远征军从缺口强行登城。53 军 116 师 346 团向东门外帮办衙门和东方医院进攻，

滇缅抗战博物馆是我国第一个民间出资建设、民间收藏、以抗战为主题的博物馆。

在国殇墓园相聚的抗战老兵

连续攻占日军 4 个堡垒并占领帮办衙门。下午 4 时，348 团由东南城角空军炸开 10 余米宽的缺口处攻入城内并击退日军反扑，在城内据地防守。8 月 3 日，城内日军一再向东南城角缺口反扑，均被 348 团打退，同时由工兵爆破将缺口扩大到 50 米。中国远征军从南城墙突进市区，与日军展开巷战。由于腾冲城内街巷稠密，房屋相连，日军利用民房家家设防、巷巷筑堡，中国远征军每前进一步都要付出惨烈的代价。8 月 7 日，日军运输机 4 架，由 4 架战斗机护航飞临腾冲城向守城日军空投物资，均被美空军击落。8 月 9 日清晨，远征军从被炸毁的西南角和东南角突入城内，占领了部分城墙阵地，日军反击，与远征军在城墙上展开白刃战，远征军伤亡惨重，被迫撤出城墙阵地。8 月 13 日，在得知日军第 148 联队队部设在城东门后，盟军美国志愿航空队“飞虎队”的飞机集中轰炸城东门，城东门被炸塌，联队长藏重康美及部下 30 余名官兵被炸塌的城墙捂死在废墟里。腾冲战役中幸存的日本军

官吉野后来回忆："8 月 13 日，敌人的飞机袭击了城里。其中有颗炸弹命中了位于我们阵地后面的城东门。随着一声巨响，城东门燃烧着倒了下来。联队队长藏重康美及部下 30 余名官兵刹那间从这世上无声无息地消失了。"8 月 14 日清晨远征军发起第二次全面进攻，日军又一次顽强地死守，双方展开激烈的巷战。从城西门突入城里的第 36 师 108 团，被挡在了 1921 年英国人在腾冲历时 10 年精心打造的英国领事馆前面。领事馆墙壁全部是用火山石砌成，墙体厚达 1.5 米，日军将这里作为野战仓库，成为双方争夺的焦点。坚守在这里的 400 多名日军用轻重武器顽强地阻击中国军队的进攻，中国远征军第 108 团二营营长陈艺以下 600 多名官兵全部牺牲，最终在空军的协助下才将其攻克。8 月 20 日，东南三面城墙上之日军大部肃清，21 日晨向城内日军发起攻击。8 月 25 日 12 架日军战机向日方空投补充武器弹药成功，8 月 27 日在夜幕的掩护下，日军再次向中国军队展开夜袭。8 月 30 日，第

活蹦乱跳的弟兄，已是缺胳膊断腿，再是上过战场的人，也忍不住拭泪。

攻城之坚

和平鸽是盟军士兵用机枪弹壳镌刻而成的，和平是世界人民永恒的祈望。

116 师 348 团攻打到文昌宫时，在一座大钟前再也无法前进。这口倒扣着的大钟铸造于公元 1450 年，高 1.9 米，口径 1.4 米，腰身部位有一个洞孔，藏在大钟里的一名日军士兵从洞孔向外射杀中国士兵，远征军用大炮轰击大钟，大钟完好无损，日本兵终被炮弹震得耳鼻流血而毙命。日军已是强弩之末，9 月 1 日被迫向东退却，战至 9 月 2 日，中国远征军已占领半个腾冲城，但躲藏在断垣残壁背后的日军残兵，仍然用冷枪冷弹继续给中国远征军造成很大的伤亡。中国远征军一街一屋地争夺，一砖一瓦地肃敌，最后将残存的日军压缩在李家巷一处窄小的阵地上。9 月 13 日，中国远征军预备 2 师第 5 团向日军发起最后攻击，团长李颐亲自带领士兵冲锋，不幸中弹牺牲，年仅 36 岁。9 月 14 日 10 时，随着最后几声枪响在李家巷停息，中国远征军占领了腾冲全城。残余的零星敌人逃进山里，很快被当地人民俘获。

腾冲战役历时 43 天，日军第 148 联队全部被歼，无一漏网。但中国军民也付出了巨大的牺牲，中国远征军第 20 集团军共阵亡官兵 8671 人，其中军官 1234 人，运送弹药的民夫殉难 1000 多人，10 余名美军顾问团的军人也献出了宝贵的生命。

腾冲之战的胜利，有力地促进了滇缅战场的胜利，在中国抗日战争及世界反法西斯战争史上谱写了光辉的一页。

龙陵，永远的要塞

龙陵战役是滇西抗战中最艰苦、最激烈的城市攻坚战，双方十多万精兵强将飞蛾般扑向龙陵的战火硝烟之中，最终以中国远征军的胜利而告终。

龙陵北有松山之险，南有南天门峡谷拱卫，进可攻，退可守，是滇缅公路上的一大要塞。1942 年 5 月，日军侵入滇西，龙陵成为日军重兵集结之地。日军第 56 师团 113 联队第 1 大队第 7、8 两个中队，第 56 炮兵联队，第 146 联队第 1 大队，第 53 师团第 119 联队第 2 大队，第二师团第 29 联队第 1 大队、炮兵一中队，将近 4000 名日军盘踞于此，并在龙陵城区周围各制高点构筑了防御工事。

1943 年冬，日军在太平洋战场处处掣肘，情况不佳，兵力因战场辽阔分散，早已不敷分配。开始还将滇缅路上的兵力调剂到各战场，后来改变策略，对滇缅公路沿线各据点死守，以消耗和牵制中国及盟

中国远征军向龙陵县城负隅顽抗的日军发起最后的攻击

1944 年 10 月 13 日，中国远征军运输队正往龙陵战场运送给养。

中国远征军开进龙陵城

军兵力不能分身支援其他战场。

1944 年滇西大反攻，中国远征军负责右翼攻击任务的第 11 集团军从第 2 军和第 71 军中抽出精锐组成突击队，绕过松山侧翼直插龙陵，兵分三路向驻守龙陵县城的日军发起进攻。在长达 5 个月零 14 天的战斗中，发生了大小战斗数百次，经过三次拉锯争夺，又称三战龙陵。

一战龙陵 1944 年 6 月 4 日，中国远征军第 11 集团军从攀枝花、毕寨、火石地各渡口渡过怒江，第 87 师进至红木树、蕨叶坝、蚌渺、尖山寺一带，以一个团的兵力前击腾龙桥，截断了腾龙公路；主力部队相继占领了镇安街、黄草坝，攻入县城占领了文笔塔及伏龙寺。第 28 师向腊勐街发起进攻，一部随 71 军军部抵达董安，进占放马桥，截断了龙陵至芒市之间的公路。6 月 8 日晨，第 87、88 师主力向龙陵东南郊进击，力图抢占猛岭坡。日军拼死坚守，猛岭坡阵地 9 次易主，第 88 师 263 团团长傅碧人负重伤，全团官兵伤亡 500 多人，直到下午 5 时才将该阵地完全攻克。此后两天中，远征军向龙陵城外的日军发起猛攻，87 师攻克赧场、大坝、文笔坡和龙陵以东的公路要点；88 师攻克广林坡、老东坡、风吹坡、三关坡；新 33 师攻克云龙寺。到 6 月 10 日，龙陵城郊的所有高地都被远征军攻占，残余日军退守城内，守备队长藤木隆认定大势已去，向师团长松山佑三发出诀别电报。眼看苦心经营的核心据点龙陵即将失守，松山佑山立即组织增援。就在龙陵守备队奄奄一息之时，从腾冲抽调的 1000 余人，附炮 4 门，分三路渡过龙川江向邦腊掌、邦乃一线猛攻，一部进入龙陵，主力则由老户蚌向第 71 军左翼迂回；从芒市增援的日军 800 多人，绕经伏龙寺与龙陵城内与日军会合，于 6 月 16 日向龙陵城内中国军队实施内外夹击，第 71 军主力部队被从中截断，腹背受敌的 87 师伤亡惨重、险遭覆没。迫于情势，远征军于 17 日退出龙陵城区，回到城郊一线，首战龙陵功败垂成。

二战龙陵 7 月 13 日，远征军第 71 军又集结了 87 师、88 师、荣誉 1 师、新 28 师、新 39 师等五个师的 3 万兵力，向龙陵县城的日军据点发起第二次进攻，经过 10 多天的逐次争夺，荣一师攻占了文笔坡、龙陵老城；第 87 师攻占了古泽山、封家坡，第 88 师攻占了文昌宫、段家祠堂、桅杆坡，新编 28 师攻占了老东坡、风吹坡，新编 39 师攻占了三关坡、锅底塘。至此，龙陵城郊各战略要点均被中国远征军攻克，控制了龙陵至芒市、腾冲的公路。日军仅剩下三四百人死守核心据点。中国远征军本应一鼓作气拿下龙陵，客观原因是松山尚未克复，弹药及各类军需物资难以为继。主观原因很难评说，也许从国军历史中能找到答案。加之盘踞在芒市的日军第 56 师团接收到从日本国内运来的 2000 名补充兵员，并由缅甸调进第 2 师团第 16 联队及第 4 联队的一部，向中国远征军发动了疯狂的反扑。第二师团向三关坡进攻，第 56 师团由伏龙寺向龙陵城进攻，其中一个大队突破了第 71 军的搜索营防线，进至龙陵西南 8 公里的象塘，另一部进入龙陵，打通了龙陵至芒市之间的公路，攻占了城北的大脑子坡、土官寨等地。远征军伤亡惨重，被迫于 9 月 10 日再度退到龙陵城外，进攻龙陵城再次失败。

三战龙陵 9 月中旬，中国远征军攻克松山、克复腾冲，左、右两翼主力部队相继汇聚龙陵，空运第 5 军第 200 师至保山投入战斗，于 10 月 29 日向龙陵城区发动了第三次总攻。为配合龙陵城总攻，第 76 师在美军航空兵和炮兵强大火力支援下，全线出击，截断了龙陵至芒市公路，据守龙陵的日军再次陷入中国远征军的包围之中。日军求援无望，于 11 月 3 日向芒市撤退，中国远征军跟踪追击，相继收复了团坡、张金山、南天门、放马桥一线的日军阵地，夺回了龙陵这个至关重要的战略要塞。

龙陵一役长达 5 个月零 14 天，中国远征军先后投入了 11.5 万人的兵力，经过 3 次拉锯争夺，历经大小战斗数百次，共击毙、击伤日军 10364 人，俘虏 266 人。而中国远征军也为此付出伤亡 25869 人、失踪 2462 人的巨大牺牲。龙陵战役是滇西反攻作战中规模最大、耗时最长、牺牲最多的攻坚战，也是歼灭日军最多的战役。

遗留在龙陵城内的日军碉堡

龙陵抗日战争纪念广场

松山，民族荣勋的华表

滇缅公路经惠通桥越过怒江后，在山的悬崖峭壁间盘旋四十余公里，美国军事家称之为『东方直布罗陀』。第二次世界大战期间，中国南方最大的战役在这里展开，最终以战役级投入和牺牲，赢得了战略级的战争目标，这就是松山大战。

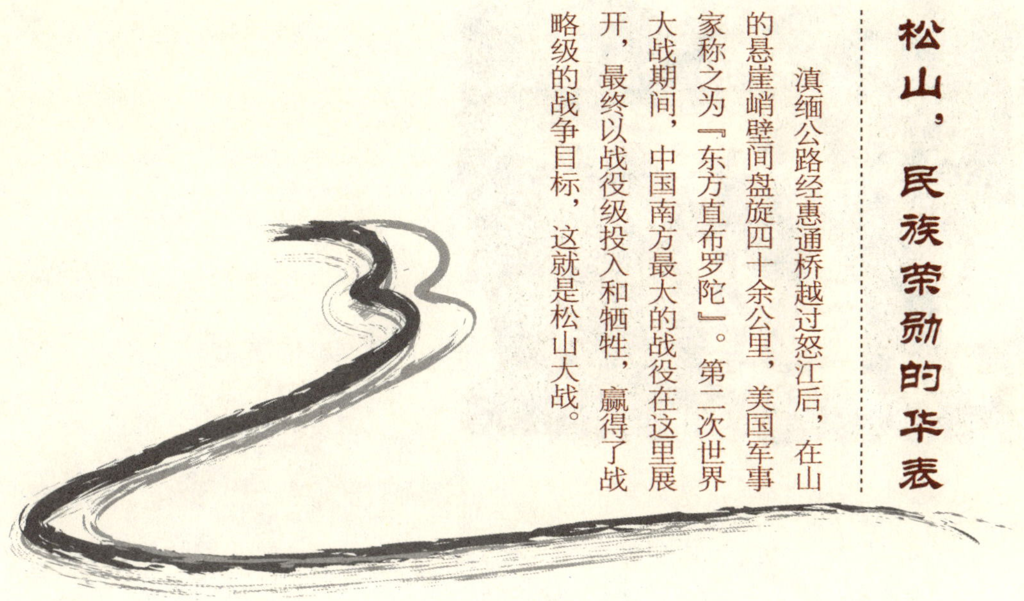

松山位于龙陵县境内，属横断山系高黎贡山山脉，由大小 20 余个峰峦构成，主峰海拔 2019 米，面积约 29 万平方公里。它东临怒江，山势崎岖险峻，地形复杂。滇缅公路经惠通桥越过怒江后，在山上盘旋 40 余公里，遂有“一夫当关，万夫莫开”之势，是滇缅公路的咽喉要塞，被视为“东方直布罗陀”。

1942 年 5 月，日军占据松山后，缅甸方面军 15 军令第 56 师团出动工兵联队，并从中国滇西、缅甸、印度等地强征民夫 1670 余名，昼夜施工，利用优势地形构筑了要塞式的阵地群。由滚龙坡、大垭口、长岭岗、松山主峰 12 个阵地组成，松山主峰为主阵地。每个高地均构筑有 1–2 个主堡，两侧又构筑若干个子堡，并筑有侧射暗堡。各阵地间构成了远近、曲直结合的交叉火力网，作好了长期固守的准备。

1944 年 5 月，日军在中国远征军反攻前完成了松山地区的堡垒构筑。堡垒一般分三层，大致相当于三层楼埋于山体中。上层作射击或

每年都有成千上万来自各地的人到松山凭吊英魂

观测，中层作为寝室并可射击，下层作掩蔽部或弹药粮食仓库。堡垒上面用 20–70 厘米粗的圆木码起 3–5 层，其上覆盖 3 厘米厚的钢板数层，再加土覆盖，积土厚逾 1 米。堡垒四周加装了内填沙石的汽油筒 3 层，汽油桶间再夹以 3 厘米厚的钢板数层，桶外盖土，即使是 150 毫米榴弹重炮命中也不能破坏，内部所受之震荡亦微。堡垒外围遍布蛛网状交通壕，以连接各主要阵地，甚至步兵炮亦可移动。交通壕侧壁还凿有洞穴式掩蔽部，连缀着大量散兵坑。部分据点外设有铁丝网两三道，纵深 4 米。随着堡垒阵地群的建成，整个松山也将近挖空，状如大型蚁巢，地下交通网络四通八达，电灯、供水俱已解决。因伪装良好，无论空中还是陆上，均不易察觉。

阵地建造过程中，日本南方军总司令官寺内寿一大将，缅甸方面军司令官河边正三中将，第 15 军司令官牟田口廉也中将，都曾在第 56 师团长松山祐三中将陪同下亲临视察，他们现场观看了重炮轰击和飞机轰炸试验。试验表明，500 磅的重型炸弹直接命中，亦未能使工事内部受到损害。日军把松山称为东方的“马其诺防线”，狂言中国军队不牺牲 10 万人就不要夺取松山。

历史无情地粉碎了入侵者的狂言，松山最终成为不可一世的入侵者的葬身之地。1944 年 6 月 4 日，中国远征军第 11 集团军第 71 军新编 28 师向松山发起攻击，经激战攻占了腊勐、竹子坡，6 月 17 日攻占阴登山。20 日军长钟彬亲率 84 团和新编 39 师第 117 团加入围攻松山、大垭口作战。日军凭借坚固工事死守，中国远征军虽经多次攻击均无进展，而且伤亡惨重。6 月 24 日，中国远征军长官部命令驻守滇南的第 8 军增援滇西，渡怒江后荣誉第 1 师两个团配合友邻部队进攻龙陵，主力则接替 71 军新编 28 师围攻松山。7 月 5 日，第 8 军 103 师、82 师协同有输送团、山炮团、工兵营、重榴弹炮营在美空军的支援下向松山发起总攻，一部进入滚龙坡，荣 3 团攻入松山主阵地，受到日军交叉火力猛烈射击，伤亡很大，虽然一再增援也未能巩固已得阵地。远征军改变战术，以单炮对日军阵地实施破坏性射击，配合步兵逐一夺取目标，先后攻占了日军数个高地，并击退日军较大规模的反冲击，战斗异常激烈。战至 25 日，攻击部队切断了日军大垭口与滚龙坡之间的交通联系，为随后的进攻创造了有利条件。

随着战役的推进，远征军决定对子高地实施“坑道爆破”，并为掩护坑道作业而进行牵制性攻击。8 月 19 日晨，远征军将 120 箱共 3000 公斤美制 TNT 烈性炸药，装入子高地敌堡下两个药室。20 日 9 时 15 分引爆成功，主峰敌碉堡被掀起数米，烟柱冲起近一百米高。随着这个顽堡被拔除，远征军迅速夺取了松山主峰，相继占领各高地，并肃清残敌。

松山之战自 1944 年 6 月 4 日始至 9 月 7 日全歼松山守敌，历时 3 个月零 3 天，先后动用了 6 个步兵团及一个炮兵营的兵力，发起 9 次大规模攻击，共击毙日军 113 联队及 56 师团

中国远征军收复松山后在原日军兵舍前

松山主峰子高地地堡被中国远征军炸塌后的陷坑

野战炮第三大队金光惠次郎少佐以下官兵2000余人，俘获28人。松山战事结束当天，卫立煌立即向重庆汇报战果：“我先后俘获除敌埋于地下未清出者不计外，计已获重炮8门，山炮4门，平射炮2门，轻重机枪20余挺，高射机枪4挺，步枪千余支，战车20辆，汽车9辆，牵引车2辆及其他武器弹药器材、被服、工具、粮食、罐头等无数。又俘虏敌军9名，内有中尉1员，此外并俘敌妇5名。我先后伤亡约7000员名。”后来史料上使用的统计数字是中国远征军伤亡、失踪6725人，这是日军死伤数的三倍多！松山佑三“不付出10万以上的伤亡代价难以攻下松山”虽是狂言，但中国军队的确付出了巨大的牺牲。

松山之战以战役级投入和牺牲，赢得了战略级的目标，打破滇西战役僵局，拔下滇缅公路上最硬的钉子，为最终打通滇缅公路奠定了基础，拉开了中国抗日战争大反攻序幕。它是中国抗日战场首次获得胜利的攻坚战，也是中国战略反攻阶段转折之战。

战争是残酷的，而战争留下的遗迹会以各种方式启迪着后人。如今，循着卫立煌、宋希濂、陈明仁、钟彬等一代抗日名将征战的足迹，踯躅于松山的层峦叠嶂之间，一种深沉的悲壮与苍凉感油然而生。当看到各个高地上坍陷的地堡、隐没于荒草的堑壕、疮痍般的炮坑、积水成潭的弹药库……这一切，仿佛在无声地诉说着那段血腥而悲壮的岁月。曾化为一片焦土的主峰，如今新木茁壮，主峰上那直径超过30米的巨坑，宛如仰天的一声长叹。石碑上英雄的姓名也被岁月剥蚀得模糊不清，唯有烈士的鲜血融入了青松的年轮，一株株伟岸如一个个抗日将士不灭的灵魂，

隐藏在岁月里的堑壕

庄严地挺立在松山之巅。

现在的松山战役遗址，是第二次世界大战中保存最为完整的战场遗址之一。主要集中在腊勐乡大垭口村东、西两侧的松山山顶一带，范围约 4 平方公里。在松山、黄土坡等大小 7 个高地上，地堡、战壕、弹坑等随地可见。其中较重要的遗迹有：松山主阵地我军坑道作业遗迹及大爆炸坑；滚龙坡、鹰蹲山等战场遗址；日军发电站、抽水站和慰安所遗址等。1986 年 5 月，松山战役遗址被列为龙陵县重点文物保护单位。1993 年 11 月松山被列为省级重点文物保护单位。2006 年 5 月松山战役旧址被国务院核定、文化部确定为第六批全国重点文物保护单位。

中国远征军士兵小心翼翼地向日军炮兵阵地逼近

建功立业的保山飞机场

这里的天空曾经因飞机的轰鸣使世人震惊，当中国的抗战进入最艰难的时期，保山机场作为『驮峰航线』的一个起降点，将大量国际援华物资运送到抗日前线。

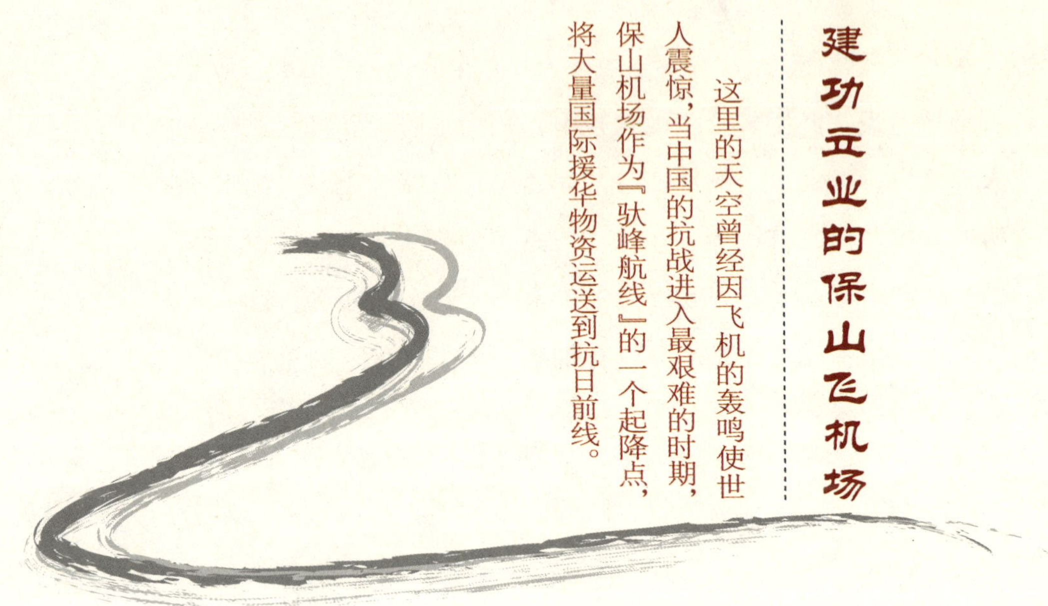

保山机场位于保山坝子中间，是著名的“驼峰航线”的主要起降机场，为滇西抗日战争的胜利作出了重大贡献。

机场于1929年12月2日动工兴建，在保山县（今隆阳区）五城、北上、北中、板桥、凤仪、汶上、东哨、兴华、永和、甘罗、仁爱、中正、里上、周里14个乡镇征役劳工24.364万人次，占用卧狮窝、双龙寺、庄家坡、大树屯、小沟园5个村的田地782.9亩，迁去坟墓576冢，砌筑土方18万立方米、石方1.5万立方米，建成用粗石铺成的跑道和停机坪，机场面积26.96万平方米，可供轻型飞机起降。修建机场过程中，没有大型机械，就自制重约5吨的石碾子充当压路机，要100多人才能拉动，牵引的绳索非常粗大，形成一个长达四五十米的扇形牵引面，场面非常壮观也甚为悲壮。一个还未强大的民族为了民族独立，以血肉之躯做基础，筑腾飞的跑道。机场建成后，航空部队进驻，设油料、机械等科室，成立了养场大队、运输队、航转站，设守备团、宪兵队、高炮连等三类地勤兵种，共同负责机场的维修、养护与保卫。

1937 年 7 月，日寇在卢沟桥燃起全面侵华的战火。中国的海路、陆路交通相继被日军封锁而断绝。中国政府为了获得国际援助，加之中印缅战区对日作战的需要，在美国的支持下，不惜一切代价联合开辟了连通中国的空中运输线“驼峰航线”，继续对中国给予军事援助。1938 年 4 月 1 日，国民政府航空委员会将保山飞机场设为空军第 92 飞行场。保山机场再次扩修，占用民田 829.5 亩。是年 10—12 月全县用工 23 万多个，扩修的机场长 1200 米、宽 800 米，于卧狮窝建起了空军军官学校，用以培训航空人才。

是民众的力量，使保山机场得以建成。

1940 年 7 月，抗日军事紧急，中央航空委员会命令再次扩修机场，并改保山机场为空军第 110 站。7 月 24 日成立扩建工程处，先后征用义务工役 39 万人次，完成土方 7.7 万立方米，石方 6293 立方米，扩修机场面积 40.44 万平方米，可供两架飞机同时起降。1941 年 6 月 1 日归空军第五总站，原驻贵阳空军作战部队移驻保山。同年 8 月，征集民工 27130 名再次扩建，毁小沟园村民房 55 所，建特种营房于卧狮窝，计用民田 57 亩，并建第二组营房于刘家洼。

1942 年 5 月 4 日，保山遭日机轰炸，当场死伤 6000 余人，房屋被毁无数。作为军事重要设施的飞机场却幸免于难，是日军的疏漏还是有意要将机场保留下来，为日后使用不得而知。而当时军情紧急，腾冲、龙陵失陷，敌机频频袭境，日军兵临怒江，大有越过怒江进击保山之势。

5 月 6 日，驻保山之空军部队全部撤退至大理、云南驿等处。为不使机场落入敌手，又是大规模的征役劳工，每天出动劳工 2000 人对机场实施破坏，焚烧了备用汽油、各种物资和器材，仅有跑道保留下来。

1942 年 8 月，中日军队隔江对峙局面形成，保山情势相对稳定，原自芒市撤回的空军第 112 站官兵奉命来保山驻守，保山第五总站之一部亦合并编入，9 月改组成空军第 67 站。1944 年 4 月，为滇西反攻作战，征用劳工 9 万多个，再次将机场修复。9 月奉命征集民工 80 名，作为机场长期用工。10 月再度扩修机场，累计征用劳工 12 万余个，改善了跑道，新建和修复停机库 9 个，机场周围设有铁丝网，筑有公路。在机场东南部大树屯宝华寺设立无线电台，美空军源源不断开来驻防，计有工程处、航空站、气象台、电台、飞行中队部、高射炮连、运输队。机场为美国空军使用，每天飞机起降数 10 架。保山机场成为驼峰航线空运战略物资的重要中转站，从 1942 年 5 月至 1945 年 8 月的 3 年多时间，中美两国在驼峰飞行共投入 1100 多架飞机，往来运送各种战略物资 80 多万吨。

时为空军第 110 站的保山机场

1945年4月，为将保山飞机场作为滇西反攻之空军基地，续由27工程处扩建跑道，筑成跑道1880米，宽45米，底层铺混碴，上层铺三合土，面层铺粗砂，又在飞机场附近建营房30多间。滇西大反攻期间，尽在怒江流域和高黎贡山之间作战，山路崎岖，军需运输供应极为不便，虽有成千上万民夫协助作战，也有人力不能及的地方。中国远征军血战松山、克复腾冲城、三战龙陵，保山机场为军需空投、空袭敌阵，给日军最大打击，功不可没。当时保山机场能起降战斗机和小型运输机，每架飞机能载26人。在收复龙陵的战役中，将在昆明的中国远征军第5军第200师从昆明空运到保山参与龙陵作战。美国空军派出5架运输机，每架飞机一天飞行5次，一天可运送650人，约一个营的兵力。下飞机后立即乘车从惠通桥上过怒江增援龙陵，保山机场在大反攻的作用可见一斑。

保山机场在抗日战争中，前后经历了大大小小的扩建和修复8次，投入劳工100多万人次。保山机场为收复滇西起到了至关重要的作用，为全民族抗日战争胜利立下不可磨灭的功勋，是中国军民同美国援华部队同心抗击日本法西斯的光辉见证。

1958年4月1日，中国民航保山站成立，是中国民航总局在全国成立的第一个地州级民用航空站。如今的保山机场，占地1820亩，飞行区等级为4C，跑道长为2400米，可供波音737、空客320以下机型起降。除正常航班外，还承担飞播造林、航空护林、航空测绘等飞行任务，是滇西重要的交通枢纽之一。

看着这张照片，令人百感交集。

一架C–46运输机通过驼峰航线飞临机场上空，正准备降落。

中国远征军总司令卫立煌和盟军窦恩将军视察保山机场

天堑阻敌进，功勋惠通桥

一座桥梁，可以决定一场战役的胜利或是失败；一场战役，可以因为一座桥梁而展开。

惠通桥始建于清道光十九年（1839 年），初为仅能行走马帮的驿道桥，是连接怒江两岸的唯一通道。1932 年得驻缅华侨公会会长梁金山先生慷慨捐资，将旧桥改建为新式柔型钢索大吊桥，于 1935 年 1 月建成，全桥长 205 米，跨径 190 米，由 17 根巨型德国钢缆飞架而成，是怒江上第一座钢缆吊桥，也是云南修建柔性钢索吊桥的开始。

1938 年 4 月修建滇缅公路，为加强通过能力适应战争需要，将惠通桥两岸钢塔用混凝土填实，改成钢筋混凝土结构，主索各增加 7 根，吊杆加粗，横梁改为工字梁，吊杆及横梁均增密加固。同年 10 月，改造工程完成，每次可通行一辆 10 吨汽车，1939 年 2 月正式投入使用，

1938 年 4 月，为加强通过能力适应战争需要，将惠通桥改扩建为公路桥。

日军曾出动轰炸机 168 架次，累计投弹 4000 余枚，对惠通桥进行狂轰滥炸。

成为滇缅公路上重要桥梁之一。

日军视惠通桥为眼中钉，从 1940 年 10 月 28 日至 1941 年 2 月 27 日一百多天里，日军六次出动轰炸机 168 架次，累计投弹 4000 余枚，对惠通桥进行狂轰滥炸，每次都使桥梁受到不同程度的破坏。如果仅仅是这样，惠通桥的历史意义也就没有什么特别之处。重要的是，惠通桥对于整个滇西抗战具有决定意义的那一瞬间还是发生了。

1942 年 2 月，10 万中国远征军从滇缅公路出发，进入缅甸对日作战，5.7 万名战士血洒异邦为国捐躯。当远征军在缅甸失利以后，日军第 56 师团紧追而来，沿滇缅公路向中国境内挺进。1942 年 5 月 2 日，日军从畹町进入中国境内，两天推进 200 多公里，5 月 4 日到达怒江边的惠通桥西岸。扬言不用 5 天即可占领昆明，不超过 10 天即可到达重庆。为了夺取惠通桥，日军派快速纵队 200 多人混在匆忙而又惊慌的难民中间，企图神不知鬼不觉地抢占惠通桥，就在万分危急的瞬间，中国工兵将大桥引爆，只听轰隆一声，惠通桥坠落江中。

这只是一瞬间，却是永驻历史的一瞬间，急速挺进的日军在怒江边上被迫停下了入侵的脚步。为继续东进，日军组织皮筏艇强渡怒江，怒江东岸的中国守桥军队与敌激战死亡殆尽。300 多日军强渡成功，占

等待过桥的车辆排成长龙

见到已是退役的惠通桥，总难抑思今缅昔的万缕情思。

领了怒江东岸孩婆山等有利地形。日军快速部队的坦克、装甲车随即抵达桥头，工兵在炮火掩护下开始架桥。幸亏中国远征军36师106团及时赶到，与日军展开激战。5月7日至12日，陈纳德飞虎队第三中队的飞机从云南驿起飞，空袭集结在惠通桥西岸的日军。地面上中国军队也源源不断地赶到，500多名过江日军大部被歼，仅20来人泅水逃回西岸。日军沿滇缅公路向东突击，直驱昆明的战略企图终被粉碎，稳定了整个大西南的战局，确保了中国抗战大后方的安全。之后，两军隔江对峙，滇西人民开始了长达2年零4个月的艰苦卓绝的抗日战争。

1944年5月，中国军队强渡怒江，开始被称为“滇西复路战”的反攻，惠通桥再次修复，军火物资通过惠通桥源源西运，保证了前线作战的需要。中国远征军经过浴血奋战，于1945年1月全面获胜，滇缅公路重新成为中国人民抗日战争的一条大动脉，直至全国抗日战争胜利。新中国成立后，在惠通桥下游400米处新建了当时滇西最大的一座钢筋混凝土箱型截面拱桥——红旗桥，惠通桥遂停止使用，仅供后人凭吊了。

朱嘉锡与龙潞抗日游击队

一两千字的短文要叙述一支一千多人的游击队两年多的武装抗日活动是很难的，世人应当记住在极地边关曾经有过这么一群人，他们保家卫国、不惧牺牲……

1942年5月，龙陵沦陷。在中共云南地下党人朱家璧、张子斋的支持下，龙陵、潞西在昆明的热血青年一致推举前滇军99师师长朱晓东之子朱嘉锡向省政府请缨，组织在昆明的家乡子弟回乡抗日。经国民政府昆明行营批准，成立龙（陵）潞（西）游击队，朱嘉锡为昆明行营龙潞区游击司令，兼任龙陵县县长，赠“智勇”番号，龙潞抗日游击队正式成立。

龙潞抗日游击队在昆明郊区海源寺进行短期训练，主要内容为抗战形势、政治宣传、红军游击战术、武器使用、谍报方法等战术战法。又拟出《龙潞抗日游击队工作大纲》，规定龙潞抗日游击队活动区域为龙陵、潞西一带地点，主要任务是袭击敌人，兼以破坏交通，扰乱敌后，侦察敌情，严惩汉奸，救助伤员，协助军队作战。为了筹措军费，朱嘉锡毅然变卖昆明晓东街全部家产，并将“茂恒商号”和南屏街电影院股金全部抽出，用于购买枪支弹药和药品。

1942年6月8日，朱嘉锡带着100多人的队伍离开昆明，途经大理时又有当地爱国青年加入进来，队伍发展到300多人。6月27日，游击队进驻施甸万兴天王庙挂牌成立“龙潞游击队司令部后方办事处”，沦陷后的龙陵县抗日政府也宣告成立，实行“军政合一”，便于开展武装抗日和县政府工作。7月13日，龙潞游击队从酒房打黑渡口强渡怒江天堑，进入敌占区，在龙陵平达设立司令部，建立游击抗日根据地。

龙潞游击支队的补给主要依靠地方百姓，滇西民众遭日军烧、杀、抢、掠，早已家徒四壁，因而游击队的补给一直处于很低的水平。游击队所用武器除了朱家锡变卖家产购得外，还收集远征军溃退之时沿滇缅公路丢弃的枪支弹药，但数量有限。很多队员仍用砍刀长矛与敌作战，傈僳族队员们大多带来土枪和弩箭，艰难程度可想而知。

这支匆匆组建起来的队伍多为青年学生，虽然游击支队的骨干大都来自军校或接受过简单的军事训练，毕竟缺乏实战经验和领导部队的能力，手里仅有的军事教材是中共地下党紧急提供的《八路军游击战术》、《抗日战术》等小册子。渡江之前，游击队行军中适逢怒江西岸日军对东岸一些重点目标进行例行炮击，头一次看到炮弹横飞，队伍中当即有人被吓跑，但大多数人坚持

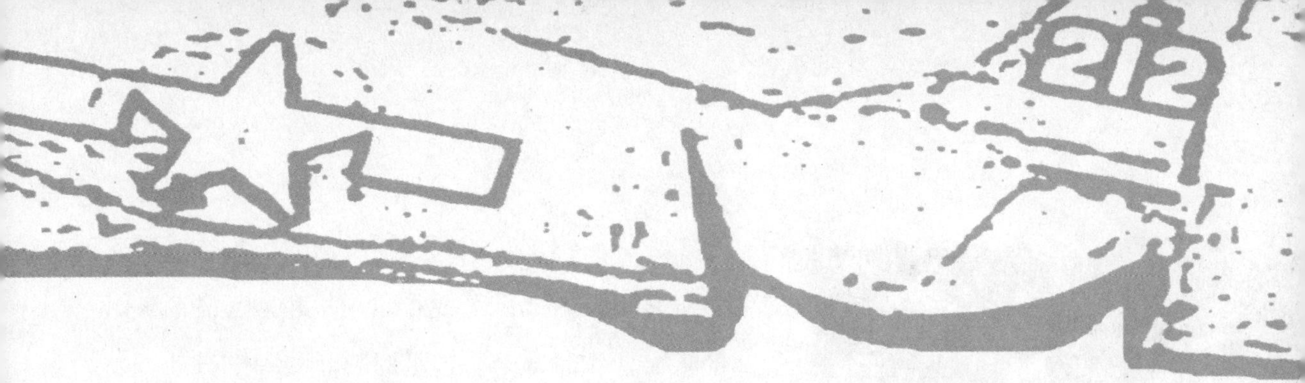

住了，他们大步穿越了自己的软弱、家园沦丧的悲哀，义无反顾地走向抗战的前沿阵地。在以后长达两年的游击战争中逐渐获得了实战经验，在队伍逐渐壮大的同时领导能力也不断加强，在复杂多变的局面中，他们面对重重困难，顶住种种压力，化解重重危机。

龙潞游击队的作战方式主要是伏击，在山地丛林中兜圈子消耗敌人的攻击锐气，一有机会就攻击日军的外围据点。游击队设立有20多个情报组，搜集日军调动、扫荡方面的情报。除了对日作战，汉奸也是游击队的攻击目标，选派精干小队潜入汉奸所在地，直接捕杀，既能扩大游击队的影响，又能获得一些枪支、弹药、军饷之类补给。

第一仗在勐戛打响，日军在这个据点囤积了大量物资。为了丰富游击队的装备，朱嘉锡派出精干的小分队，不惜长途奔袭100多公里，突袭勐戛。夜深人静，突然枪声炸响，游击队已经打到眼前，战斗仅40分钟就结束了，待附近日军赶来增援时，在当地群众的掩护下游击队已经绕道转移。

1942年8月，200多日军带着迫击炮、轻机枪向勐卯、洋烟河扫荡，龙潞游击队第1大队配合第87师加强连急行军赶到洋烟河夹槽地带，设下埋伏圈，当日军大队人马全部进入游击队预设的口袋，机枪、步枪、手榴弹一起打响，50多日军倒在这狭长的夹槽沟。游击队名声大震，其间有潞西勐戛杨思敬带领的“潞西青年抗日救亡团”、余有福带领的“傈僳族抗日队”等相继参加进来，龙潞游击队发展到2000多人，整编为4个大队，分别开赴象达、杨梅田、木城、勐戛、潞西等地防暴除奸、袭击日军。由于枪支弹药严重不足，很多游击队员手持猎枪、弩箭参战，他们用毒弩杀敌，箭无虚发，矢矢中的。

龙潞游击支队的大规模游击战争，持续了近两年时间，消灭日军800余人。并与远征军游击部队配合作战，干扰日军对腾北的围剿行动。这些游击队员靠自己的英勇顽强，动员民众奋起抗日，成为日军攻击的重点目标。在日军的优势兵力围剿下，龙潞游击支队遭受了重大损失，但仍在坚持作战，直到迎来中国远征军的滇西大反攻。有施甸作者苏锦泽在采访了许多当年参加龙潞游击队的老战士后写成纪实文学《龙潞游击队》一书，详细记述了这段历史。

1945年初，滇西大反攻战取得胜利，游击队奉命停止活动，接受收编。朱嘉锡所带队伍的2000多人不服国民党收编，坚持加入朱家壁领导的共产党队伍。朱嘉锡回昆明处理一些抗战胜利善后工作，不料被龙云软禁于五华山两年之久。两年的软禁生活结束后，朱嘉锡在文山、建水组织了一支反蒋武装，后被西南特务组织暗杀于建水。一个爱国的仁人志士，没有倒在敌人的枪口之下，却死于自己统治者的屠刀之下，悲哉！壮哉？

龙潞游击队与美国士兵在一起

伏击战是龙潞游击队常规战术

龙陵县抗日政府县长、龙潞游击队司令朱嘉锡。

故国旧将军，风雨立煌营

以一个人的名字为一个地方命名，这个人肯定非同一般；这个地方与一个人联系在一起，这个地方肯定有不同寻常之处。

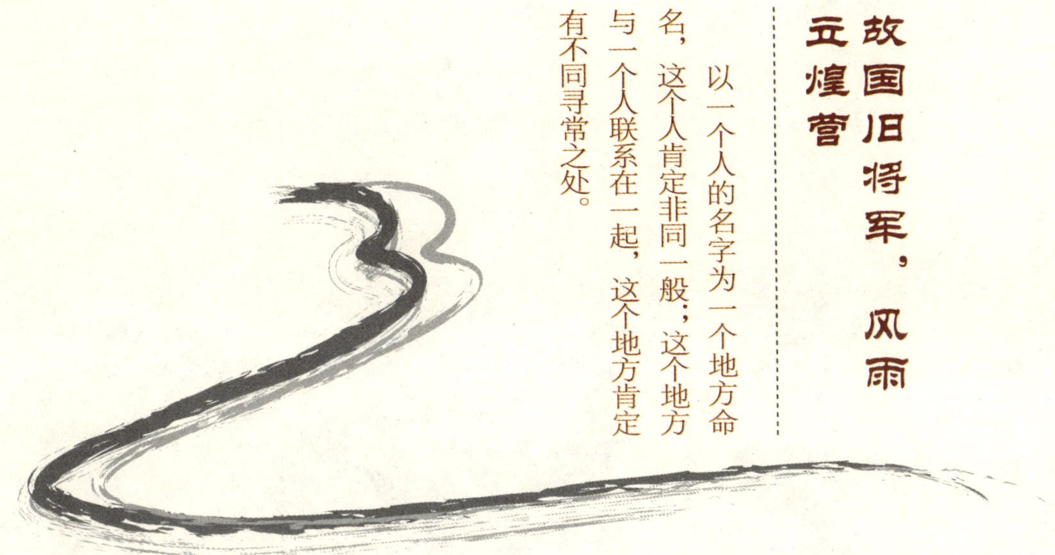

说到立煌营，自然会联想到是军队驻扎的地方。真的到达那里时，又会很失望。这里没有军营，就是遗迹也很难发现。看到的是一大片长着栗子、桃树和枇杷树的果园。正当你茫然时，村民会告诉你，立煌营就在你面前。

也许这个地方从来就与军事有缘，在更名为“立煌营”之前，是“马王屯”。“屯”有聚集、存储之意，其实就是驻扎军队的地方。一个姓马和一个姓王的官在这里屯兵耕田，把两个官员的姓联在一起，就叫“马王屯”。马王屯这个村名沿用了近千年，也许就这样沿用下去，却因滇西抗日战争而改变了。

1944 年 5 月 5 日，卫立煌将军在炮兵总指挥邵百昌中将陪同下在怒江东岸观察西岸松山日军阵地。

1943 年 11 月 23 日，中国远征军司令长官由卫立煌接任后，卫立煌详细研究了敌我态势，为便于靠前指挥，将位于楚雄的司令长官部迁往保山，驻扎在离怒江约 70 公里的马王屯。这里原是一个规模很大的战略物资仓库群，保山“五四”被炸后，战略物资运走一空，余下 30 多间空房分散隐藏在密林中。中国远征军 71 军到保山后，在这里设立了教育总队，用以轮训军官和军士。远征军长官司令部进驻后，司令部各处室、警卫部队共占马王屯南面山坡库房 10 间。中印缅战区美军最高指挥官史迪威指派的顾问窦恩准将和联络组住在董家山的长凹子，占库房 6 间，随远征军长官部活动的后勤人员都分别住在其他仓库里，

1944 年 5 月 15 日，中国远征军司令长官卫立煌上将和远征军参谋长萧毅肃将军出发至怒江前线视察。

卫立煌将一座库房略加改造后，作为他的办公室兼寝室，工兵还在马王屯修建了战壕、碉堡、防空洞、高炮阵地、飞机起降跑道、弹药库等军事设施。还建有美军俱乐部和小型电影院。马王屯这个古老的屯兵之地，再次成了数十万大军和一场举世瞩目的鏖战的神经中枢。

1945 年 2 月，滇西战事胜利，由天主教主教于斌任团长的重庆全国慰劳总会组织远征军慰劳团来保山，在文忠小学开慰劳大会，远征军师长以上将领及地方官绅均到会参加。会上慰问团提议将远征军长官部驻地马王屯改为立煌营，于远征中学立础石碑，于斌撰《立煌营记》："立煌营原名马王屯，我滇西远征军司令长官卫立煌将军驻节处也。为崇将军功并以我军远征胜利示来滋，全国慰劳总会滇缅远征军慰劳团为之改今名。"马王屯改名"立煌营"，并非仅为纪念卫立煌，而是通过这样一种方式，记述在保山发生的这一场战争。《立煌营记》中充分肯定了滇西抗战在中国抗日战争中的历史作用，称滇西抗战使国内"局势陡变，耳目一新，是诚我抗战史中一大关键也"，表彰了中国远征军"前赴后继，冲骇浪越荒山，即伤亡枕藉矣，犹自勇往直前，义无反顾，其意若日，男儿应如是也"。更是钦佩滇西民众对于抗战所做的牺牲，"滇西民众飞刍挽粟，协助远军之热忱，忽为之喜然，忽为之怵然，忽为之肃然起敬。其可歌可泣，实不胜一一述。"同时也不忘美军的援助，“我在战术上收立体作战之功，美空军实助之。我征战穷荒，不能备粮糈，美空军空投之……其义可钦，其诚可尚矣。”最后点明主题，“则斯碑之建又不止纪我忠勇将士远征之胜利也。”不足千字的碑文，记述了中国抗日战争的爆发，滇缅公路的修筑，远征军入缅作战，滇西抗战的过程，保山人民的贡献，实属难得。

惊天地、泣鬼神的滇西抗战已经过去了70年了。生命的秋风拂过果园，清新中带着成熟的气息，带刺的栗壳让人敬畏，剥开来是带着金黄色的果。弹石路寂寂无声，把人们引向历史的深处。立煌营如一册尘封的史书，没有书皮，只有内容，向后人昭示曾经的过去。历史在此浓缩，也在此放大，永恒于生者与死者，永恒于今天和昨天。立煌营是民族史的一个片断，没有太多的遗迹，却把苦难、屈辱、抗争、拼搏都书写得淋漓尽致。国之忠勇将士，于怒江之滨，高黎贡之上，为民族争生存，为国家血奇耻，为军人树人格，共洒最后一滴血，上慰炎黄祖宗的在天之灵，下以救滇西民众沦亡之惨。立煌营的命名，并非是对一个人的颂德，人们对重大事件的记忆，总是通过一个地名，这个地名后面的掌故，掌故后面的背景，背景所反映的历史来了解这个地方曾经的过去。

闪耀着滇西军民抗日卫国光辉的立煌营旧址

卫立煌等中美指挥官在保山远征军指挥部马王屯驻地，从左至右分别是：上校约翰·塞尔斯，准将费兰克·多恩，中将黄杰，上将A.C.魏德迈，上将卫立煌，中将俞大维。

倾家为救国，赤子梁金山

为抗战散尽万千家财，以一介布衣终老家乡，这就是一个海外侨领、国之孝子的传奇人生。

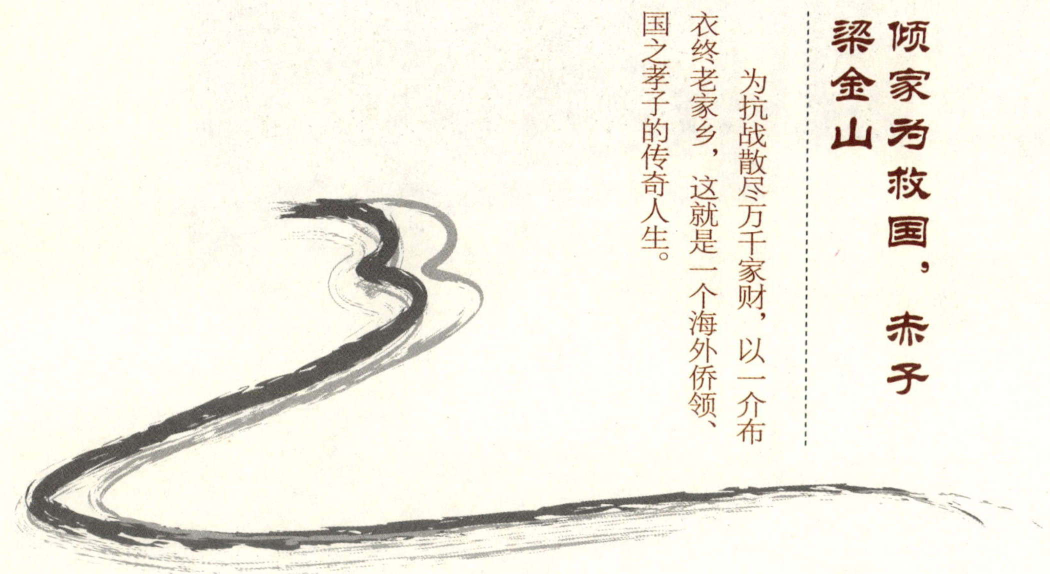

梁金山生于保山市隆阳区蒲缥镇方家寨村，从小与母亲相依为命，生活甚为艰难。16 岁那年母亲去世，成了孤儿的他靠砍柴、割马草度日，受尽地主恶霸的欺凌，忍无可忍之下痛打恶少，后于 1903 年“走夷方”，流浪于缅甸瓦城、仰光等城市，赶过马，当过修路工、码头搬运工、炼油工。一个偶然的机会流浪至英国人开办的缅甸邦海银厂，解决了银厂炼不出银的技术难题。1916 年根据各种矿象推测矿洞有塌方的危险，已升任总工头的梁金山不怕与英国总管闹翻，坚决停工，拯救了 3000 多民工的生命，此事震动英伦三岛。英国女王召见梁金山到伦敦，赞扬其“毅力感天，智能通神”，赠与镌刻有梁金山英文名字的大银

刀1把、左轮手枪1对、猎枪1支，出任邦海银厂大总管、总经理。梁金山一生急公好义，1910年加入同盟会，在华侨中募资支持辛亥革命，任缅甸华商会长。

1932年，几经修建始终不成的惠通桥又要重建，龙陵县长赶往缅甸邦海向梁金山求助，梁金山慨然承诺。为筹措资金，梁金山到缅甸瓦城、仰光拍卖了自己的两个商号和一家工厂，将所得全部用作建桥专款，并聘请美国阿柏兰德工程师帮助设计。为尽快把桥建好，一面在缅招工修筑境内腊戌至南坎的公路，一面将庞大的铁件、粗长的钢缆、笨重的机器，用火车、汽车从仰光经腊戌运至缅甸边境南坎，再雇马帮和劳工，人扛马驮，一站一站经畹町、遮放、潞西、龙陵运到怒江峡谷建桥工地。大桥每天投入劳力达100多人，历经3年建成，耗资8万银元。通车典礼上，一个中年农民因母亲得病急着过桥去请医生，在场的人不允，一定要梁金山第一个过桥（即“踩桥”）。梁金山笑着说：“哪个先过都是一样，何况人家是求医救母，但第一个上桥的人必须给大桥唱个吉利。”中年农民急不可耐地冲上桥头唱道：“梁

梁金山故居

金山，好心肠，造座大桥通四方。此桥本是金山桥，两年造好万年牢。”于是有人提议把这座桥命名为“金山桥”，梁金山笑着说：建桥就是要施惠交通，就叫惠通桥吧！1938年在赶修滇缅公路中，根据惠通桥图纸，利用原桥墩，桥架塔改建成可通卡车的大桥，是贯通滇缅公路的咽喉。1938年8月31日，滇缅公路昆明至畹町段全线贯通，苏联援助我国的6000吨武器弹药用火车经仰光运至腊戌，转运畹町后过惠通桥直接运往昆明，是滇缅公路通车后首批运回国内的抗战物资。

1932年在上海保卫战中，梁金山捐助给驻守上海的蔡廷锴十九路军白银4000两；1937年“七七”事变后，捐给保卫古北口宋哲元将军所带领的部队白银5000两。卢沟桥事变后，日本侵略军占领了我国华北、华东及东南沿海广大地区，截断了中国海上国际交通，对我国进行全面封锁。滇缅公路修通后成为直通印度洋的国际交通线，当有十几万吨盟国支持的抗战物资滞留仰光，国内战事吃紧之时，民国政府交通部长俞鹏飞到缅甸找到梁金山请求支援，梁金山二话不说，就将其金光公司拥有的120辆美国大道奇货车，全部投入到为国家运输军用物资上来，又购买80辆汽车捐献给国家，一同用于运送军用物资。当俞鹏飞为找不到80名汽车司机而发愁时，梁金山就地招聘，解决了司机来源问题，俞鹏飞呢喃无语。

日军占领缅甸后，知道梁金山有巨额财产，又是华侨领袖，企图利用他的声望和资产征服缅甸、进攻云南，派日军小分队到缅甸邦海抓捕梁金山，日军进到梁金山

惠通桥在抗日战争中的作用，通过图片可见一斑。

梁金山的传奇故事，人人耳熟能详。

邦海家中，只见一个老人在堂屋里的躺椅上休息，就问：“梁金山在家吗？”老人睁眼看了几个日本人后说：“他回中国开会去了。”日本人看了看老人说：“等他回来后告诉我们，我们还会再来的。”

这个老人，就是梁金山。当晚即通知在缅家人，组织公司的全部车辆，装载援华物资，舍弃了在缅甸辛苦经营了几十年的全部家产，日夜兼程回到保山。据保山居民回忆，汽车顺城南公路摆着，少说也有200辆。梁金山将全部车辆派人送到昆明，交给国民政府官员宋子文，为运输抗日援华物资服务。正是梁金山无偿提供的这些大道奇货车，在几个月的时间内，完成了将几十万吨援华物资转运回国的艰巨任务，为中国的抗日战争作出了不可磨灭的贡献。

1943年是抗战最为困难的时期，全国金融内移昆明，梁金山为倡导侨资内移，充实战时财政，辅助国内经济建设，增进侨胞福利，筹集华侨资金1500万元，在昆明建立侨民银行，又捐款30万元，修建志舟体育场（今国防体育场）。当时国民党中央派给云南省的救国公债，梁金山先生一个人就购买了一半还多。为了拯救祖国，为了中华民族的独立，梁金山先生倾家荡产，辛劳奔波，不愧为中华民族之子！

抗日战争胜利后，梁金山因抗日贡献突出，1946年被选为国大代表，出席国民政府在南京召开的国民代表大会。新中国成立后，以古稀之年为修建保山至腾冲的公路而操劳奔波，这条长达156公里的公路于1953年4月全线贯通后，又为寻找煤、铅、锌、水银等矿藏进行勘察，翻山越岭、奔走不息。1953年至1964年间，梁金山被选为全国一、二、三届人民代表大会代表，全国侨联委员，受到毛泽东、周恩来等党和国家领导人的接见。1977年8月，93岁的梁金山在隆阳区蒲缥镇方家寨去世。也就在这一年，光荣的惠通桥也宣告退役，梁金山与惠通桥一起写完了自己的历史。2009年，在建国60周年之际，梁金山被评为云南省“60位为解放云南作出突出贡献人物”之一，人们以特殊的方式纪念这位国之孝子。

土司抗日举义旗，尽瘁安民线光天

作为少数民族地区首领，面对外敌侵入，高举民族义旗，最大限度保护人民的生命财产安全，不愧为『为国干城』。

线光天，潞江安抚司第22任土司，为人精明正直，有理想抱负，关心民众生活，任职后的第一个春节，在司署大堂上，自撰春联一副："忆吾祖靖边扶黎因功而长斯土，愿此身勤俭节约尽瘁以安吾民"。在他执掌潞江司署期间，从未发生过反对司署事件。抗日战争时期，日寇由缅甸侵入时，这位偏安一隅的世袭领主在国家蒙难之际毅然高举抗日大旗，成立潞江自卫支队，并以卓有成效的抗日业绩受到各界肯定，被誉为"为国干城"。

修筑滇缅公路时，潞江安抚司承担惠通桥到龙陵松山垭口10多公里的路段，悬崖峭壁，土石坚硬。线光天动员民众，每天出工1500人开山凿石，按期完工，民工伤亡比例远低于其他路段。第一拨中国远征军入缅作战失败，难民、溃军如潮水般退回国内，线光天要求潞江各族人民“以同胞的关心”给予接济、收容，并安排竹筏、木船运送过江。

1942年5月初，日寇兵临怒江，针对线氏家族中有个别人主张吸取历史经验，搞骑墙态度求稳的意见，线光天认为：“中日战争是中华民族存亡的战争，是外族入侵，无历史可比。如果骑墙或不抵抗，只会加重民族灾难，只有坚决靠拢抗日军队，才是正确道路。”当时潞江土司署各地公仓有存粮100多万斤，为避免落入敌手，线光天安排人力、骡马和竹筏抢运过江，用以支援前来怒江设防的中国远征军。

5月21日，日寇分头来犯，潞江大部分失陷。线光天的家属及司署工作人员退到上江乡的大塘子，即派人与中国远征军取得联系，在大塘子组建了潞江自卫支队，编为两个大队，每个大队100多人，武器装备最初为潞江土司署的一些老式土枪，后经线光天四处周旋，逐步配上了轻、重机枪等新型武器，战斗力有了明显提高。8月15日，日寇进行扫荡攻入坝湾寨，自卫队与日军交火，战至次日2时，将来犯日寇击退，缴获枪支弹药若干、军用地图一张。

此后，自卫支队审时度势，开展游击战袭击日军。日军在松山修碉堡时，修了一条公路至潞江，自卫支队多次出动进行袭扰，击毙日军2人。此后在新城、坝湾、禾木树、跑马山多次打击日寇，还捕获日军伍长、士兵各1名，缴获一批枪支弹药。有一次线光天接到71军军长钟彬的电话，称日军近日内将在潞江土司府新衙门小洋楼开会，军部准备用飞机去轰炸洋房，问线光天有没有意见。线光天说“日寇不灭，

土司府仅存的建筑“憩娱楼”

被誉为“为国干城”的线光天

何以为家”？并把这间洋房的坐落地段及大致坐向结构向71军讲清楚。两天后的一个早晨，自卫支队队员听到了轰隆隆几声巨响，随即出动人员接应搜查，只见新衙门的小洋房已被炸平。随后得知，4名日军及20名汉奸被炸死。

在开展游击战的同时，潞江自卫支队还宣传群众，组织生产，坚决抗日，不做汉奸。听有日寇窜入的消息，马上鸣枪报警，通知正在田地中劳作的人迅速疏散。因有自卫队与敌作战，保护生产，使日军不敢轻举妄动。1944年大反攻时，线光天组织人力扎制竹筏100多张，供远征军渡江使用。大军过江后，又动员和组织大批民工、骡马赶运弹药、粮食保证军需，组织救护队到前线救护伤员。反攻胜利后，线光天在大青树下小山丘上为10多位民族抗日烈士建了一座公墓，亲自主持揭墓祭奠典礼。

线光天作为一个民族首领，他的抗日活动获得了多方肯定，1943年9月，线光天在昆明谒见省主席龙云时，龙云对他的抗日行动大加赞赏：“你毁家为国，组织民众坚决抗日，配合国军行动，这种精神和行为令人十分敬佩。”11集团军总司令宋希濂赠予他“为国干城”的锦匾，李根源赠诗一首：“土官世代笃忠贞，与我交深兄弟情；今为宗邦捍边国，人人应起作干城。”

富饶美丽的潞江坝曾是潞江安抚司辖地

抗日县长张问德，正气凛然斥敌遒

一篇檄文《答田岛书》，表现了中华民族的浩然正气，被誉为全国沦陷区五百个县中骨头最硬的县长。他的感人事迹，至今仍在民间传颂。

1942 年 5 月 3 日，日军撞开了中国西南大门，以闪电之势，相继占领畹町、芒市、龙陵。5 月 7 日至 9 日，腾龙边区行政监督龙绳武、腾冲县县长邱天培、66 军 28 师师长刘伯龙等望风而逃。5 月 10 日，日军未费一枪一弹进入腾冲。

张问德 (1880—1957)，字崇仁，民国初年任腾冲府司法科长、干崖行政委员、腾冲道署实业科长，1934 年被选为腾冲参议会议长，1936 年应鲁道源邀赴任滇军五旅秘书，继任省府秘书，1939 年出任昌宁县长，1940 年因病辞职回家休养。腾冲沦陷后，已是 62 岁的张问德受云南省府委派，于 1942 年 7 月 2 日在腾北界头临危就任腾冲县抗日政府县长。

张问德领导的抗日县政府，以辅助部队作战、以期收复腾冲为第一要务，与深入敌后的中国陆军预备二师一起在腾北建立抗日根据地，采用民选办法委派腾西北各乡镇长，建立战时基层政权，开展广泛的游击战争；动员组织群众出粮、出人，配合抗日游击部队在灰窑桥、瓦甸、界头等地，给侵略者以沉重打击；为了帮助从缅甸回国的溃军、难侨、难民，建立了四个侨胞和撤退军人转运站，承担繁重的食宿、医疗和接送任务，向下关、大理的腾越籍商人筹赈100万元，向难民、灾民发放；成立物资调运委员会，抢运沦陷区的花纱、布匹、百货等物资，组织调运盐巴1400多担，使腾冲抗日游击区食盐奇缺的状况得到缓解；1942年夏荒期间，清理全县积谷发放群众，藏粮于民，秋收后在腾北深山掘洞168个，分散屯储积谷150万斤，随时供应军需；成立战时联合学校，收罗流亡失学青年入学，开办行政人员训练班，服务参军、参战；致力于安定抗日根据地秩序，将流氓地痞、抢劫犯逮捕归案；恢复停刊的《腾越日报》，传播抗战消息。

面对以张问德为首的腾冲抗日政府和腾冲各族人民的斗争，日本侵略者心惊胆战，多次暗杀未遂。1943年6月，国军预二师开始后撤移交防务给36师，时至8月换防尚未完毕，腾北抗日力量十分薄弱。敌侦知情况，重兵压境，8月30日敌行政班本部长田岛致函张问德，邀请张

抗战时期的张问德

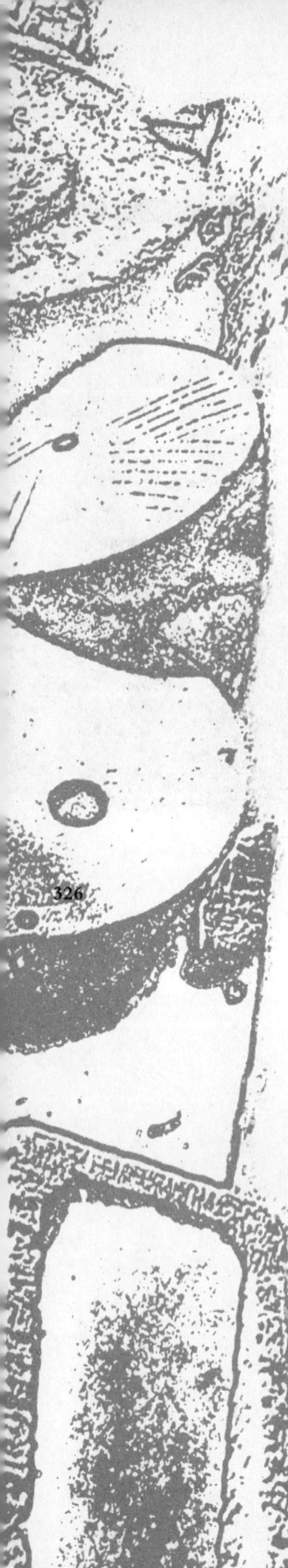

问德到小西乡董官村董氏宗祠“参加谈话”，以“解决双方民生上之困难问题”，而且绝不“涉及双方之军事问题”。张问德识破敌人的诱降阴谋，于9月12日复函田岛，严词拒绝了邀请，严厉谴责了敌人的罪行：“自事变演变以来，腾冲人民死于枪刺之下，暴露尸骨于乡野者已逾二千人，房屋毁于兵火者已逾五万幢，骡马损失已过五千匹，谷物损失达百万石，财产被劫掠者近五十亿，遂使人民父失其子，妻失其夫，居则无以遮蔽风雨，行则无以图谋生活，啼饥号寒，坐以待毙；甚者为阁下及其同僚之所奴役，横被鞭笞，或已送往密支那，将充当炮灰。而尤使余不忍言者，则为妇女之遭受污辱一事。凡此均属腾冲人民之痛苦，余愿坦直向阁下说明：此种痛苦，均系阁下及其同僚所赐予。此种赐予，均属罪行。”又说：“余所能贡献于阁下者，仅有请阁下及其同僚全部返回东京。……余关切阁下及其同僚即将到来之悲惨末日命运，特敢要求阁下作缜密之长思。”

张问德《答田岛书》是一篇大义凛然、伸张中华民族爱国正气的讨敌檄文，是中国人民抗战的正气之歌。当年的《中央日报》、《大公报》、《云南日报》等争相发表，张问德被誉为“沦陷区500多县长之人杰楷模，不愧富有正气之读书人。”

敌人诱降失败，即发动了“十·一四”大扫荡，我军抵抗不利，张问德率县府突围。

1944年5月，中国远征军开始全线反攻，全县即供应军粮830万斤、马粮210万斤，以及大量副食品、日用百货、燃料和用具。克复腾冲战役打响后，张问德随军前进，组织5000民工承担向导、侦察、救护、运输、构筑工事等，又动员3000民工抢修道路、桥梁、飞机场，发动群众煮饭、做菜送往我军一线阵地，为攻克腾冲提供了强有力的后勤保障。

张问德出任腾冲抗日县长期间，手拄藤条拐杖，八次翻越高黎贡山，六次渡过怒江天险，辗转于漕涧、保山、大理、腾冲之间，一身正气、铁骨铮铮。

然而，就在收复腾冲仅40天，因对汉奸民族败类等力主严惩，因此不见容于腐败的官场，毅然辞去县长职务，并吟诗一首《书怀》：

时来亲旧问寒暄，怜我衰庸治剧烦。
晚节黄花香浪吐，少年英气老犹存。
纵无寸效酬乡国，未有株桑遗子孙。
生本穷酸穷到底，不将穷字向人言。
青袍白发五花骢，备历艰危两载中。
谋国有心扶正气，惩奸无法止贪风。
羞为墨吏留污点，敢借冰壶鉴苦衷。
浊世竟成孤影势，岁寒挺立一株松。

鉴于张问德在腾冲沦陷的抗日功绩，国民政府授予张问德光华甲种二等奖章一枚以示奖励，后于1946年被委顺宁（今凤庆）县长，1948年告老还乡时，当地民众沿街送别，赠“除暴安良”绸缎彩匾和“万民伞”，1956年被推举为德宏州政协常委，1957年2月17日病逝，结束了他忧国忧民的一生，终年77岁，长眠于他为之浴血奋战过的土地上。

国殇墓园芳草碧

当年遗留在高黎贡山雪峰莽林中的军号战鼓、枪支弹壳早已被风雨剥蚀得锈渍斑斑，然而那些为这片土地的和平宁静献出生命的勇士将会被永远铭记。

在腾冲风光秀美的来凤山下叠水河边，有一个地方让世人牵怀，它就是长眠着抗日远征军 9000 英灵的国殇墓园。在树荫深处，镌刻着阵亡将士名字的墓碑间芳草碧连，绵绵不尽，仿佛是人们寄予的生生不息的怀念之情。

腾冲国殇墓园始建于 1945 年 1 月，占地 80 余亩，是腾冲人民为纪念中国远征军第 20 集团军攻克腾冲阵亡将士而建立的陵园，也是全国建立最早、规模宏大的抗日烈士陵园。

步入墓园大门，松柏森森，碧草萋萋，一派肃穆气氛。循林荫便道行百米，可见一高台，迎面“碧血千秋”4 个大字赫然夺目，为蒋中正题、李根源书。高台之上便是墓园主体建筑之一的忠烈祠，重檐四廊，格门圆窗，庄重典雅，具有清代祠祀建筑的显著特征。祠前上檐悬蒋中正题“河岳英灵”匾，下檐悬于右任手书“忠烈祠”匾；格门两侧木刻何应钦、卫立煌、霍揆章、周福成、阙汉骞、顾葆裕等人题联；祠堂中央有孙中山像及“总理遗嘱”，左右分佩国民党党旗、民国国旗；两侧壁镶嵌巨幅碑铭，记存腾冲抗战阵亡将士英名；门外走廊侧列刻石数通，计有李根源《告滇西父老书》碑、张问德《答田岛书》碑及《国民政府军事委员会布告》碑等著名抗战文献。祠堂两厢为展厅，珍藏并陈列着数十幅反映当年战况的历史照片，往事历历，让人扼腕。墓园空地遍植松、柏、竹，林下绿草如茵，阶沿多置盆花，环境清幽肃穆。

庄严肃穆的国殇墓园，是9168名牺牲者安息的陵园。

忠烈祠后，一峰突起，旧名小团坡。山头苍松翠柏间，一座用腾冲特有的火山岩雕凿砌筑的玄色方身锥顶高塔直插云天。塔身正面书

“远征军第二十集团军克复腾冲阵亡将士纪念塔”；塔基正面刻有蒋中正题、李根源书“民族英雄”4个大字，其余三面为腾冲抗战纪要铭文。

小团坡整山俱为烈士冢。这里安葬着在整整42个昼夜的攻城血战中壮烈牺牲的3346员将士的忠骨。他们的墓碑很小，碑文也极简略：仅刻有职务和姓名，但他们从此深深烙进了以后无尽的时光中。3346块墓碑集结在高耸入云的纪念塔下并以之为中心呈放射状环山排列，一行行、一队队，像依然严阵以待的军队，谱写着一曲感天动地的壮歌。墓园内还筑有一埋葬着四名日军尸骨的“倭冢”，与雄伟壮丽的纪念塔、烈士冢形成强烈对比。把侵略者就地埋葬，既是正

一束束金菊，是对民族英雄的仰望。

国殇墓园内《滇西抗战盟军阵亡将士纪念碑》

义的彰显，也是人道主义的光照，它让人们在愤恨和悲哀中深刻地记住历史，感悟现实。

作为我国规模最大、保存也最完整的抗战时期正面战场阵亡将士纪念陵园，国殇墓园自20世纪80年代修复并开放以来，以其独特的历史价值与强烈的震撼力为海内外所共崇，前来拜谒凭吊者络绎不绝，国殇墓园是云南仅有、国内少见的大型抗日战争纪念陵园，在海内外广有影响，并先后被列入国家级重点文物保护单位及全国青少年爱国主义教育基地名册。

后记

《文化保山·综合卷》从2011年年底启动，到2012年底完成，经历了刚好一年的时间。将稿件送交出版社，就迎来了2013年的元旦，是新的一年。

尽可能展现文化的保山，是我们编者的努力方向，至于结果如何，那就要听取本书每一位读者的批评意见。保山文化源远流长，内涵丰富，绝非是几个人或是几本书所能说得清楚的。别说整个保山文化，就是其中的一部分或某一方面，就可以洋洋洒洒百万言。

作为边地文化，保山文化是多维的，既有汉文化的传承，又有边地民族文化特征，是中国文化博大精深的一部分。保山文化的研究，有赖于多方面的知识、经验和长期的积累，因而本书所介绍的内容，只能算是保山文化的片鳞支羽。

哀牢文化引人遐思，却依然云遮雾罩。毕竟历史之河太过悠远，地上文物有存不多，只是一些与之相关的地名和山水，隐约透露出远古岁月的信息。从考古发掘成果看，哀牢古国无论是石器文化、青铜文化，还是耕织文化、服饰文化、饮食文化、婚姻丧葬文化和音乐、舞蹈等民族民间文化都十分丰富而独具特色。

山水文化，是以高黎贡山为代表的，却又不止于山与水，还有民族文化的孕育、历代战争遗存。以至于冬春之季，人们游高黎贡山，去感受古道文化、生态文化，增加动植物知识，因而是一部百科全书。

滇西抗战是中国抗日战争的重要组成部分，也是世界反法西斯战争的重要组成部分，范围涉及保山市、德宏州、大理州、怒江州部分县区。本书对于滇西抗战的记述，局限于现在的行政区划，不能概全，是为遗憾。

金银宝货之地的保山，不仅有翡翠和黄龙玉，还有玛瑙、琥珀和丝绸。大甸山春秋末期至汉代大型古墓葬群和白沙坡发掘出土琥珀串珠、铜镯、贝币和孔雀石，距今已是两千多年。保山自古就是出珍品异物的地方，有些还失传了，如料丝灯是用石烧炼后制成的，说明保山历史悠久，文化繁荣，手工业发达，唯有“永子”近年复产，才令我们有稍许的欣慰。

南方丝绸古道蜿蜒几千公里,保山是出境前的最后一段,也是最为艰难的一段。多少故事随风飘散了，我们只能从遗存在山间的驿道和已经或正在消亡的村庄驿站中体会曾经的繁荣和艰辛，而丝绸之路文化却永远融于人们的生活中。

民族文化部分只取之列为省及国家非物质文化遗产中较有代表性的部分作为介绍，没有介绍保山民族文化的洋洋大观，也没讲述保山民族文化的全貌，仅撷取其中一片树叶，这也是本书取巧之处。

参加本书撰稿的作者，大多在宣传岗位上工作，与文化有关，却没有哪一位是专门从事文化研究的，年纪又大都在三十五至四十五岁之间，算不上“资深”，但出于对保山文化的热爱，却是尽心尽力，勇于担当，令人欣慰。同时也要感谢蔡红燕、黄明万、吴丽佳、闵承龙、贾志伟、苏新、段龙山、张宏武、杨淑颖、罗嘉坤、李新云、周潞等为“山水绘就的多民族画卷”非物质文化遗产部分提供了相关调研资料。

本书由多位作者撰写，风格自是不一。虽然在统稿中尽可能做到相对协调，却也是小同大异。毕竟每一位作者的知识、阅历不一样，撰文时的出发点不一样。再就是本书文化为重，有些部分注重了知识的介绍和史实的准确，文采就不可能那么飞扬了。

我们特别缅怀第二次世界大战期间在中、缅、印战场上随军参战的中、美战地记者，是他们用生命和鲜血为我们留下了大量的战场纪实照片，这是任何文字都无法替代的视觉记忆，也是保山文化中的珍贵遗产。

过去缓缓落幕，未来冉冉升起，我们怀着对新年的期盼，祝福《文化保山·综合卷》的诞生。

《文化保山·综合卷》编委会

图书在版编目（CIP）数据

文化保山．综合卷 / 王琨楼主编．-- 昆明 ：云南人民出版社，2013.3
ISBN 978-7-222-10654-3

Ⅰ．①文… Ⅱ．①王… Ⅲ．①保山市一概况 Ⅳ．①K927.43

中国版本图书馆 CIP 数据核字（2013）第 006368 号

创意策划 云南出版集团公司产业发展部

出 品 人 刘大伟
责任编辑 苏映华 马跃武
设计总监 亚 雄
创意设计 云南非鸟文化传播有限公司
责任校对 陈春梅
责任印制 陆卫华

文化保山·综合卷

本卷主编 王琨楼
出 版 云南出版集团公司 云南人民出版社
发 行 云南人民出版社
社 址 昆明市环城西路 609 号
邮 编 650034
网 址 www.ynpph.com.cn
E-mail rmszbs@public.km.yn.cn
开 本 787×1092 1/16
印 张 21.75
字 数 150 千
版 次 2013 年 10 月第 1 版第 1 次印刷
印 刷 云南新华印刷二厂
书 号 ISBN 978-7-222-10654-3
定 价 60.00 元